イラストを見るだけでわかる

新NISA

著 頼藤太希
制[illegible]パワークス

二見書房

はじめに

2024年から新NISAがスタート。日経平均株価も史上最高値を更新し4万円を突破しています。今や〝投資〟にもっとも注目が集まっている時期といっても過言ではありません。

このいわゆる「投資ブーム」に何も考えずに、乗っかっていくのはおすすめしませんが、誰もが投資と向き合い、長く付き合っていく必要性が高まっています。

なぜならば、私たちを取り巻く経済環境を鑑みれば、**投資をしないことがリスクでしかない**からです。

2000年以降、日本人の平均給与はまったく伸びていないにもかかわらず、社会保険料はじわじわ上昇しているので、手取り収入は減っている現実があります。そこに追い討ちをかけたのがインフレ（物価上昇）です。インフレによりお金の価値は下がりますので、ますます生活は苦しくなります。お金を少しでも増やすために預貯金に預けていても、利息はほとんどゼロですからまったく増えません。

投資にはリスクがつきもので、お金が減る可能性は当然あります。

しかし、上述の通り、**投資をしなくても、お金が減っていく現実があるのであれば、お金が増える可能性がある投資を行った方が良い**のです。

もちろん、投資だけがすべてでなく、副業も含め勤労収入を増やしたり、支出削減で使えるお金を増やしたりする工夫も大事です。しかし勤労収入アップや支出削減には限度があります。

そういった点からも、働いている時間や寝ている間に、自分以外がお金を稼いでくれる株や投資信託などの金融資産に投資をすることは大切です。

投資の必要性はわかったものの、損はできる限りしたくないのが人間です。
そこで、「お金を減らさず、堅実にお金を増やしていく」方法を実践することをおすすめします。

誰もができる「再現性」を兼ね備えながら「お金を減らさずに増やす」方法が、本書で解説する【新NISA】×【長期・積立・分散投資】×【投資信託】です。

本書では、長期・積立・分散投資の基本から、新NISAの仕組み、金融機関選び、口座開設や注文設定のしかた、株・投資信託の特徴や銘柄選びのポイント、おすすめ銘柄、新NISAの活用戦略、運用開始後のメンテナンスやチェックポイント、売却タイミングや取り崩し方法など、**投資を学ぶのが初めてという方にとっても理解してもらいやすいように、イラスト・図をふんだんに使って解説**することを心がけました。

また、私の著書の特徴は、網羅的な解説に終始せず、**読者が「実践できる」ように書く**ことにこだわっているのですが、今回の本も試行錯誤して書き上げました。

今まで多くの方にアドバイスする中で、成功する人と失敗する人を見てきましたが、その違いは「行動・実践するかどうか」でした。

願っているだけ、知っているだけでは意味がありません。**行動・実践してはじめて人生が変わります。**そしてその行動・実践も継続することが重要です。

1人でも多くの方が本書をきっかけに投資をスタートし、経済的自由を手に入れることを心より祈っています。

2024年4月吉日　頼藤太希

もくじ

巻頭ダイジェスト

第1章 新NISAを始める

第2章 基本編 つみたて投資枠で商品を選ぶ

第3章 発展編 成長投資枠で個別株を選ぶ

第4章 運用・管理する

よくあるギモンをササッと解決 Q&A

人生に必要なお金を知ろう

人生100年時代とも呼ばれるようになり、定年を迎えてもまだまだ人生は続きます。当然、生きていくためにはお金が必要です。長い人生を豊かに過ごすためには、しっかりとお金の計画を立てておくことが大切です。

結婚

平均400万円〜500万円

結婚式
平均327万円
新婚旅行
平均43万円
新居への引越し
平均100万円

結婚式やハネムーン、新居への引越しにかかる金額は平均400〜500万円。

※リクルートブライダル想研「ゼクシィ結婚トレンド調査2023（全国推計値）」「新生活実態調査2023」より

3大支出

住宅購入

平均3,000万円〜5,000万円

不動産価格指数（住宅）（令和5年9月分・季節調整値）

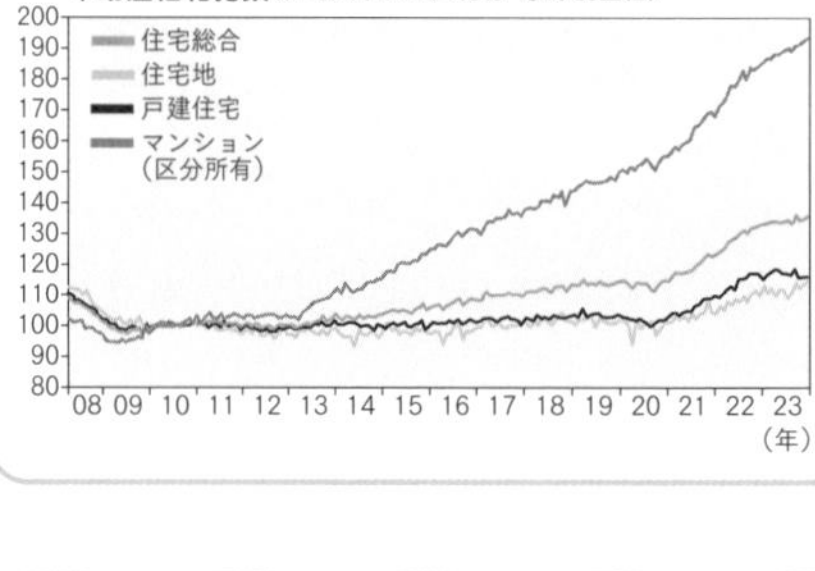

200
190
180
170
160
150
140
130
120
110
100
90
80
住宅総合
住宅地
戸建住宅
マンション（区分所有）
08 09 10 11 12 13 14 15 16 17 18 19 20 21 22 23
（年）

人生で1番大きな買い物。住宅価格は年々上昇しており、住宅購入価格は新築マンションが最も高く、全国平均は約4,800万円。戸建てかマンションか、都内か郊外かによっても価格は大きく異なります。

※住宅金融支援機構「2022年度フラット35利用者調査」より

GOAL

親の介護

約500万円
（月平均8万円×5年間で計算）

介護費用の平均額は月約8万円。介護にかかる期間は平均61.1ヶ月といわれています。施設の規模やサービス内容によって金額には差があります。

3大支出

老後資金

約1,300万円～約1,800万円

夫婦2人の老後の生活費は22～23万円、ゆとりある暮らしを望むなら36万円ほど必要です。年金だけでは生活費が不足するため、現役世代のうちに備えておきましょう。

3大支出

教育費用 1人につき

約1,000万円～約2,500万円

子どもの教育費にかかるお金は教育方針により異なりますが、大学まで進学する場合は一人あたり1,000万円は必要です。進学費用だけでなく、習い事にもお金がかかります。

これらのお金を
用意するためには
自助努力が必要です

UP

お金を増やす3つの方法

「収入－支出」で残ったお金が貯蓄できる金額です。お金を増やすためには、①支出を減らす、②収入を増やす、③お金に働いてもらうの3つの方法が基本になります。どの方法でもお金は増えますが、給与などの収入が増えると、そのぶん社会保険料や税金の負担も大きくなり、手元に残るお金は意外と増えません。「使えるお金」を増やすためには支出を抑えるのがおすすめです。

もらえるお金はこう決まる

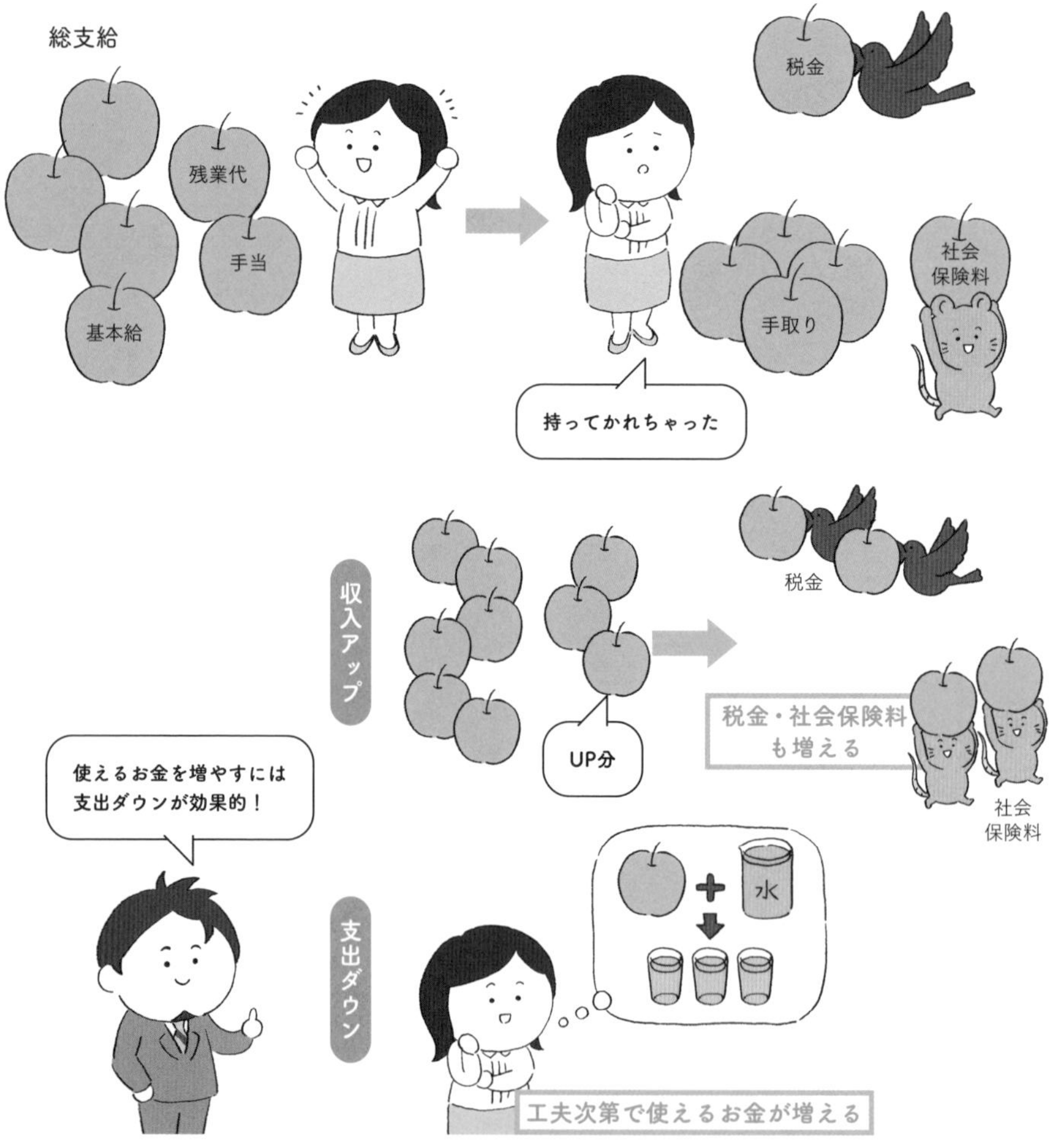
総支給
残業代
手当
基本給
税金
手取り
社会保険料
持ってかれちゃった
収入アップ
UP分
税金
税金・社会保険料も増える
社会保険料
使えるお金を増やすには支出ダウンが効果的！
支出ダウン
水
工夫次第で使えるお金が増える

お金を増やす3つの方法

1. 支出を減らす

固定費から優先して見直す　　不要なサブスクは解約する　　節税する

格安SIMに変更する

格安でも
十分
使える！
¥7,000
↓
¥2,000

スッキリ！

医療費控除

支出を減らすためには、まず固定費から見直しましょう。一度見直せば、節約効果が長く続きます。スマホは大手キャリアから格安SIMに変更し、不要なサブスクを解約すれば、数千円は浮くはずです。iDeCo、医療費控除またはセルフメディケーション税制の利用で所得を減らす節税もおすすめです。

2. 収入を増やす

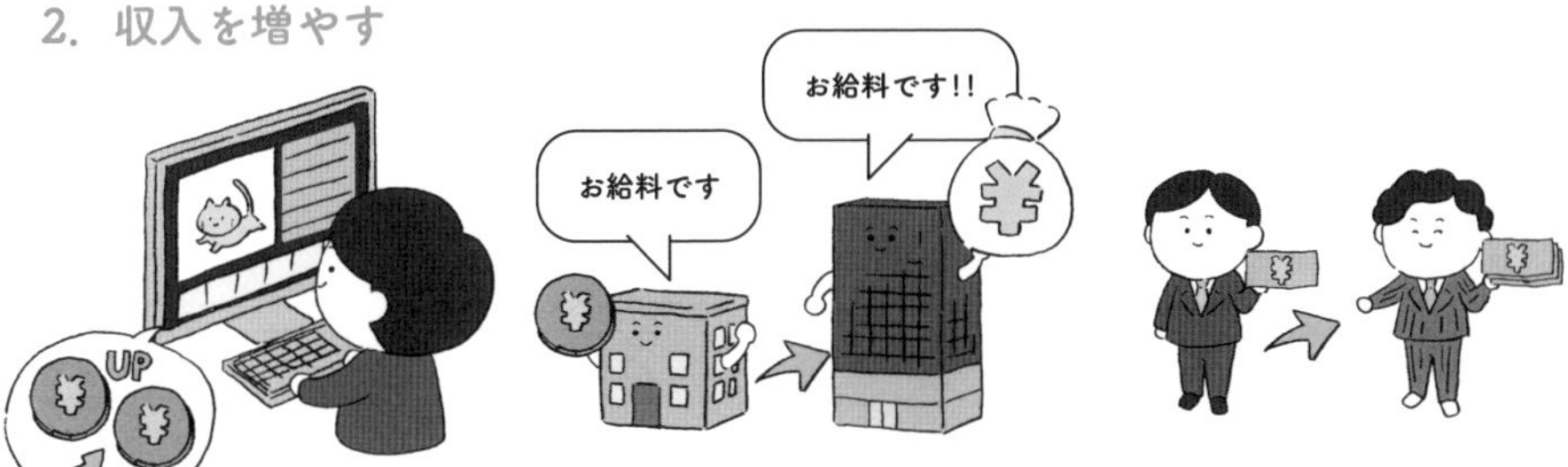
UP
お給料です
お給料です!!

副業　　転職　　昇進

副業や転職、スキルアップで昇進を狙うなど、収入を増やす努力もしましょう。ただし、10ページでも説明したように収入が増えると社会保険料や税金が増える点には注意が必要です。

3. お金に働いてもらう

これを使って
ください！
出資
有効活用
するね
もらった
リンゴ（出資）
で大成功！
ありがとう
めちゃうまアップルパイ
リターン
お店も自分も
うれしい!!

「支出を減らす」「収入を増やす」を実践して余剰資金ができたら、そのお金を運用して増やすことも検討しましょう。投資というかたちでお金に働いてもらえば、企業も自分もプラスになる可能性があります。

投資＝「お金の置き場所」を変えるだけ

投資と聞くと、お金持ちがやるようなもの、あるいはギャンブルのようなイメージを持つ人もいるかもしれません。しかし、投資とはあくまでお金の置き場所を変えるだけなのです。

「銀行に預けておけば安心！」と思って投資をしていない人は、実は「超低金利の円に全額投資」しているのと同義です。昔は預貯金の金利も高く、預けるだけでお金が増えていましたが、現在の金利では、預貯金でお金はほとんど増えません。むしろ、インフレで資産の価値はどんどん目減りする一方なのでお金の置き場所を変え、資産価値を守ることが大切です。

●預貯金でお金は増えない

●むしろインフレで資産が目減りする

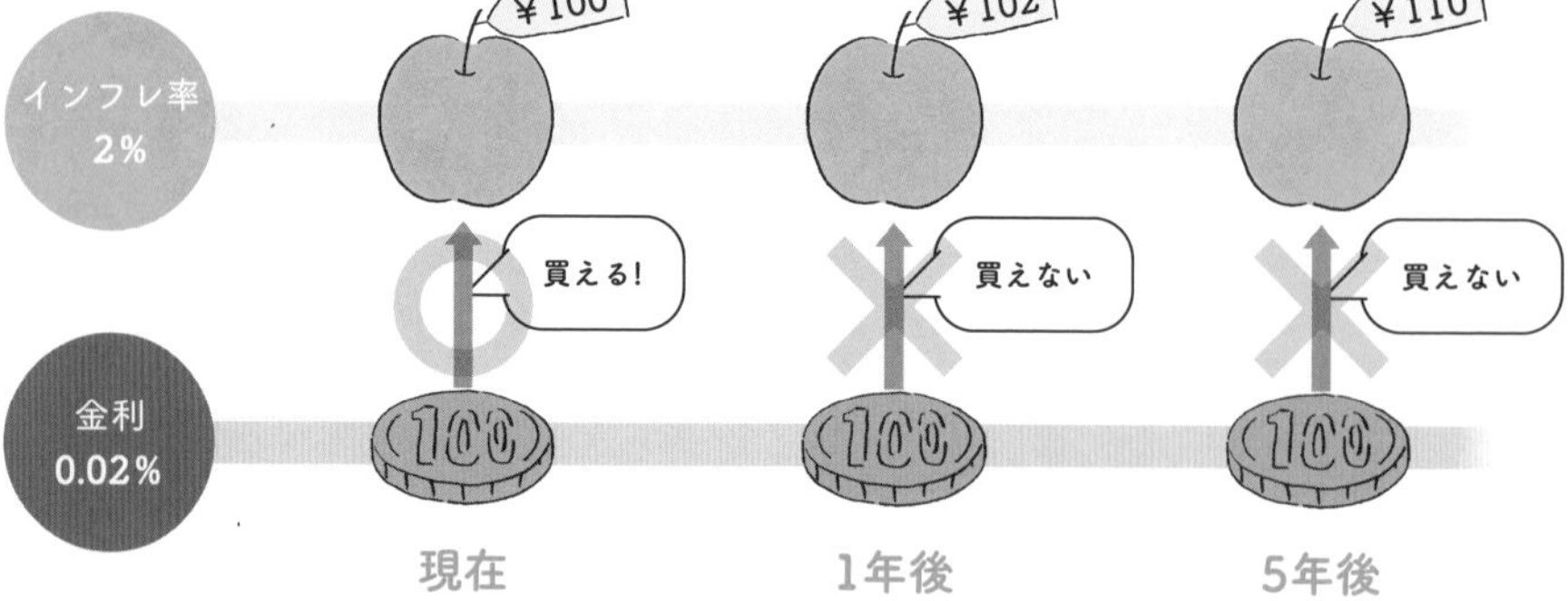

資産はどのくらい目減りする？

1,000万円の目減り

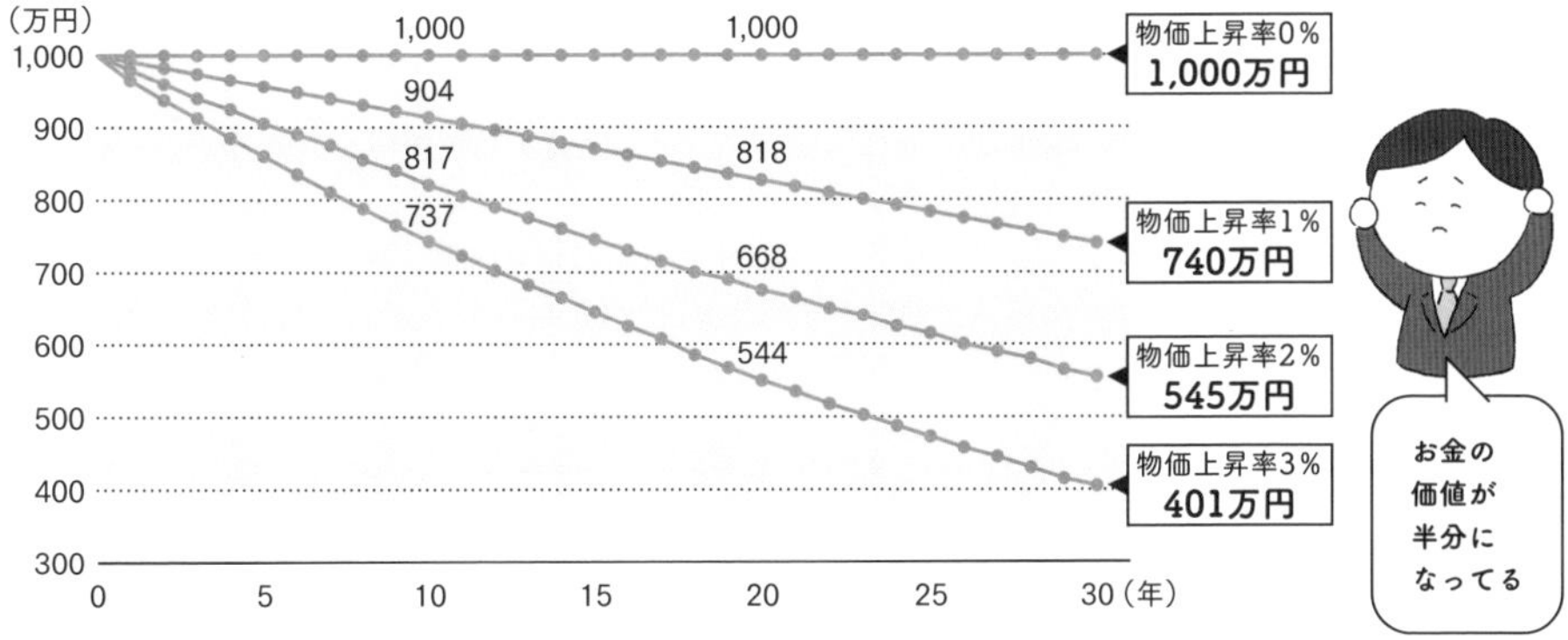

（万円）
1,000
900
800
700
600
500
400
300
0
5
10
15
20
25
30（年）
1,000
1,000
904
818
817
668
737
544
物価上昇率0％
1,000万円
物価上昇率1％
740万円
物価上昇率2％
545万円
物価上昇率3％
401万円
お金の価値が半分になってる

上のグラフはインフレ（物価上昇）が続いた場合、資産価値がどのくらい目減りするかを示したものです。インフレ率3％が30年続くと、お金の価値は約6割も減ってしまいます。

「お金の置き場所」で増え方は変わる

各資産クラスの期待リターン

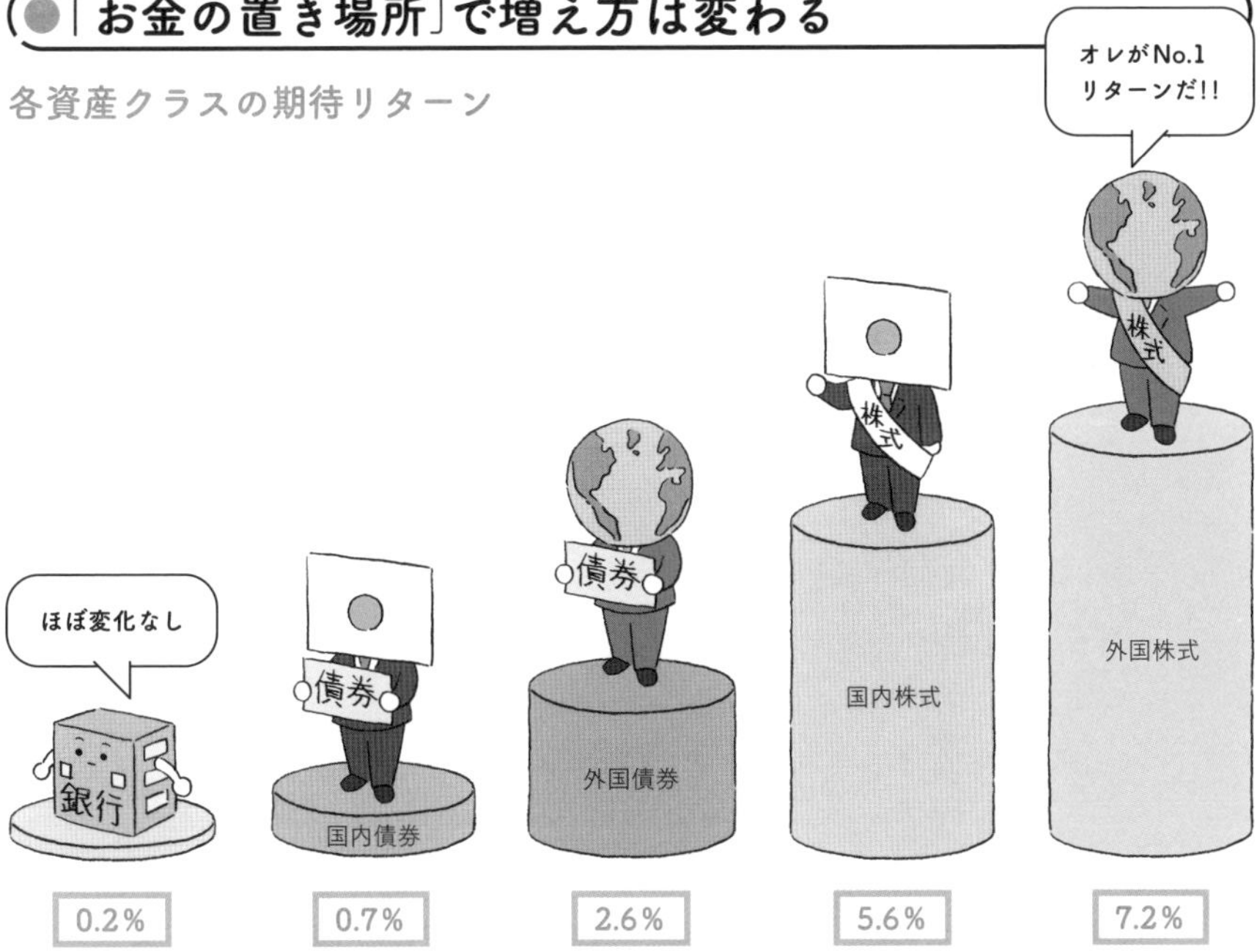

ほぼ変化なし
銀行
債券
国内債券
債券
外国債券
株式
国内株式
オレがNo.1 リターンだ!!
株式
外国株式
0.2％
0.7％
2.6％
5.6％
7.2％

※GPIF（年金積立金管理運用独立行政法人）の推計より作成

預貯金のみ＝低金利で「円」に全額投資しているのと同じ

生活費は必ず確保する

資産運用は大切ですが、必ず守らないといけないのが「投資は余剰資金で行う」ことです。投資は預貯金のように元本《がんぽん》が保証されておらず、相場によってはマイナスになる可能性もあります。毎日の生活費や近い将来使う予定の決まっているお金を投資に回してしまうと、いざというときにお金が足りなくて困ってしまうかもしれません。

また、お金は目的や準備期間ごとに管理する方法を分けることが大切です。すぐに使うお金は引き出しやすい預貯金、数年以内に使う予定のあるお金は安全に管理できる定期預金や個人向け国債、10年以上使わないお金は投資で運用するといった方法があります。

3ヶ月分の生活費をまず貯める

〈預貯金がない場合〉

預貯金が確保できていないという人は、まずは生活費を3ヶ月分貯めましょう。それから、少しずつ投資を始め、預貯金に余裕ができたら投資に回すお金を増やすといった方法なら、無理なく続けられます。

NISAは万能とは限らない

MSCIワールド・インデックスの推移

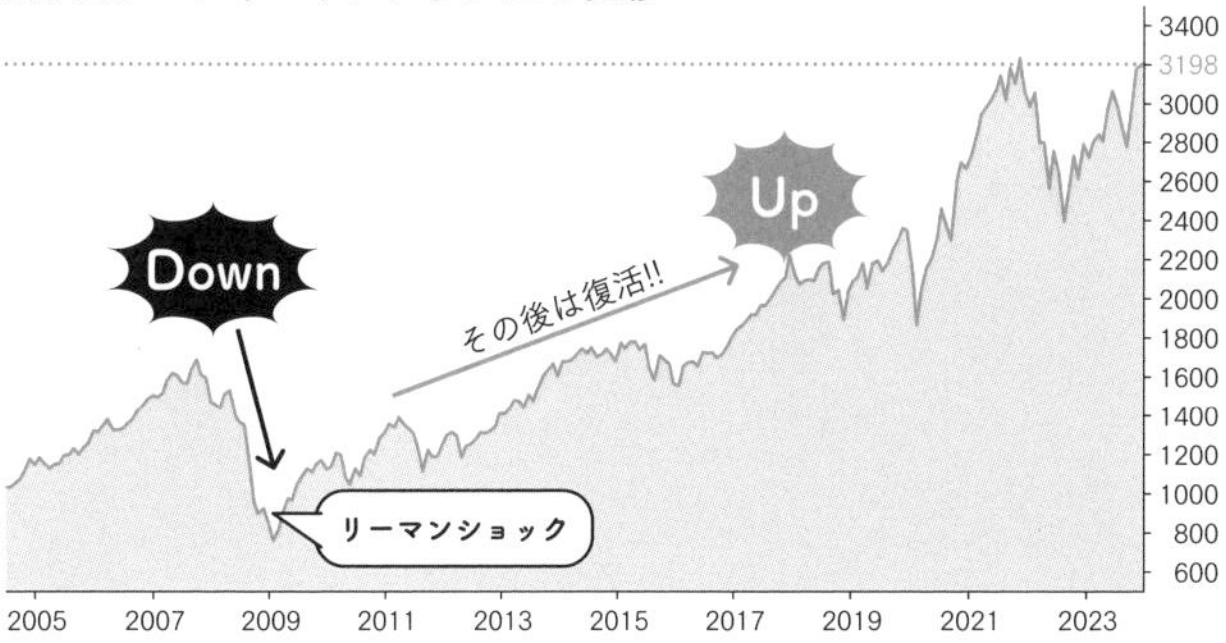

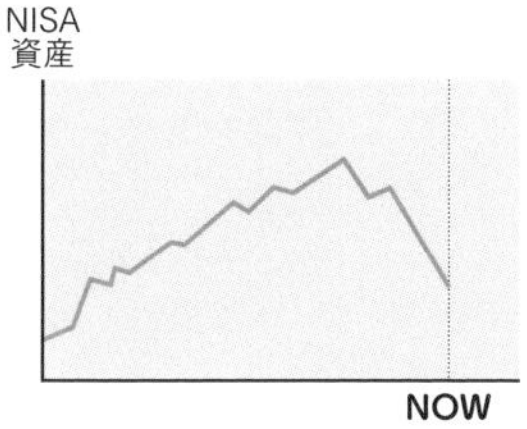

鉄則

NISAは投資
॥
元本割れのリスクあり

NISAの資産はタイミングによっては元本割れの可能性も。リスクを許容できる金額を投資しましょう。

目的ごとに資産を管理する

重視するポイント

流動性
▶ お金がすぐに使えること

〈日々使うお金〉
- 食費
- 住居費
- 日常の生活費など

安全性
▶ お金が確実に準備できること

〈数年以内に使うお金〉
- マイホームの頭金
- 車の購入費用
- 結婚資金など

収益性
▶ お金が効率よく増やせること

〈10年以上使わないお金〉
- 子どもの大学費用
- 老後の生活費など

準備期間　短期　中期　長期

第1章 新NISAを始める

新NISAってどんな制度？

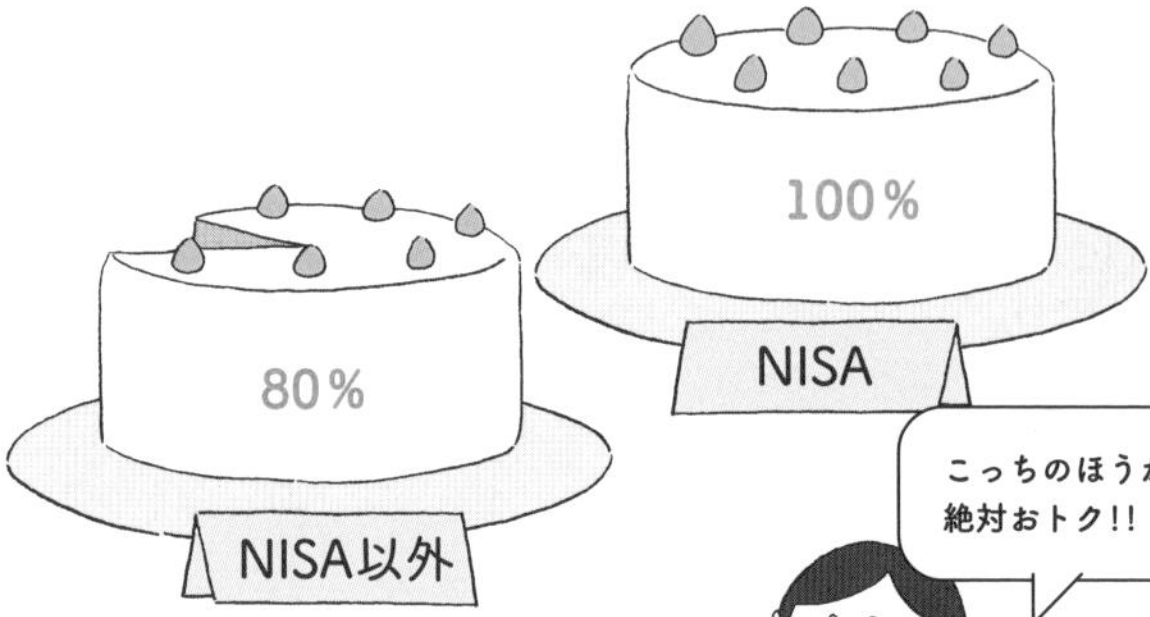

投資で得た利益が
まるまる手に入る制度

口座開設は3STEP

金融機関を選ぶ

身分証を用意し、
必要事項を入力する

税務署の審査が
完了したら
NISA口座開設

投資の基本「長期・積立・分散」

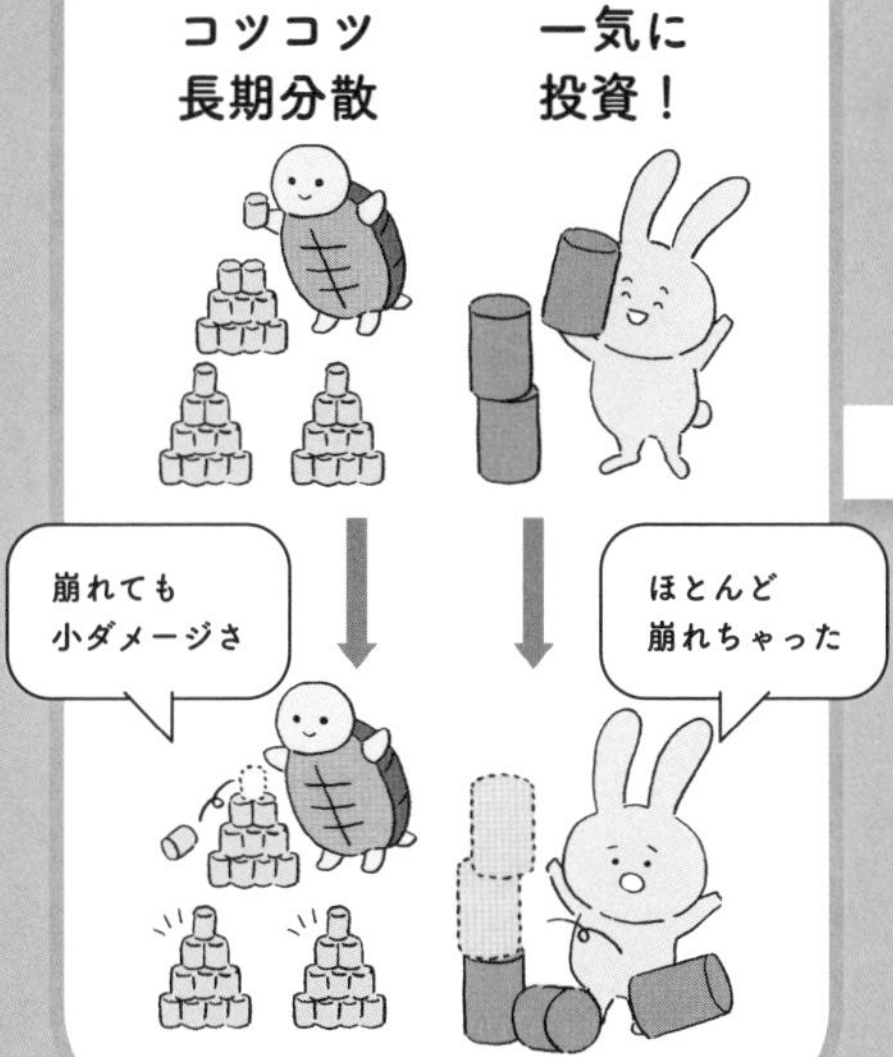

2つ合わせて新NISA！

つみたて投資枠

年間	120万円まで
対象	投資信託・ETF
非課税期間	無期限

成長投資枠

年間	240万円まで
対象	株・ETF・投資信託・REIT
非課税期間	無期限

NISA口座はネット証券がおすすめ!!

ネット証券なら

クレジットカード決済でポイントが貯まる

24時間いつでもスマホで注文できる

新NISAってどんな制度？

●投資の利益が非課税になる制度

通常、投資で得た利益には２０・３１５％の税金がかかります。ＮＩＳＡとは、投資で得た利益（売却益・配当金・分配金）に一生涯税金がかからない非課税投資制度です。利益を非課税で受け取るためには、ＮＩＳＡ口座を開設し、その口座内で運用を行う必要があります。

ＮＩＳＡは２０１４年に「一般ＮＩＳＡ」が、２０１８年から「つみたてＮＩＳＡ」が開始しました。２０２４年から、制度内容が拡充され、新ＮＩＳＡとして生まれ変わりました。旧ＮＩＳＡと新ＮＩＳＡの主な変更点は３つです。旧ＮＩＳＡでは一般ＮＩＳＡとつみたてＮＩＳＡのどちらか１つしか利用できませんでしたが、新ＮＩＳＡでは「成長投資枠」と「つみたて投資枠」を併用できるようになりました。また、年間で投資できる金額も拡大し、生涯非課税投資額は１人につき１８００万円です。非課税で運用できる期限も撤廃され、無期限で非課税運用が可能になりました。

【投資の利益が非課税になる制度】

通常、投資で得た利益は、20.315％税金がかかります。投資で100万円の利益があったとしても、実際に手元に残る金額は約80万円しかありません。しかし、NISA口座で得た利益は、全額手元に残ります。これから投資を始めるなら、NISA制度の活用は欠かせません。

投資で利益が出た場合

通常の投資
利益の約20％が税金として引かれる
ちょっともらうね
意外と少ない……
税金
利益
NISA
まるまる手に入る！
利益
新NISAはこれから投資するならまず活用すべき制度!!

Close Up

「NISA」は商品名ではない

ニュースなどで「NISA」という名前は聞いたことがあっても、いまいち内容はよくわからないという人は少なくありません。そのため、「資産形成にはNISAを買うといいらしい」といった勘違いをしてしまう人もいます。NISAとは制度の名称であり、商品名ではないことを覚えておきましょう。

銀行
NISAを買いに来ました
NISAは売っていません！

【NISA口座は1人1つまで】

NISA口座は1人につき1つしか持てません。すでにNISA口座を開設している場合、ほかの金融機関に同時に2つ目以降のNISA口座の開設はできないため、金融機関選びは慎重に。

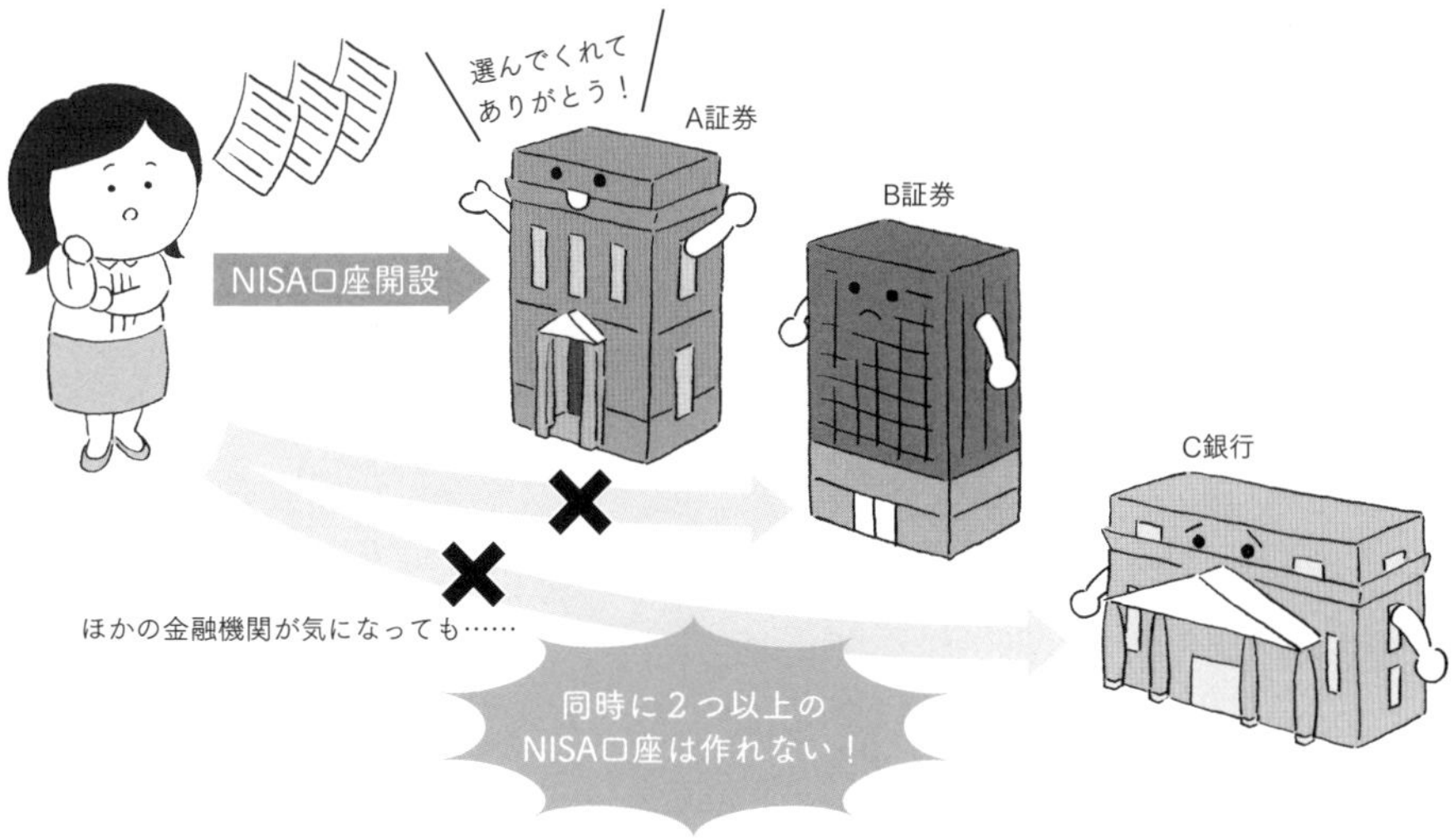
選んでくれて
ありがとう！
A証券
B証券
NISA口座開設
C銀行
ほかの金融機関が気になっても……
同時に２つ以上の
NISA口座は作れない！

【これまでのNISAとどう違う？】

2023年までの旧NISAと2024年からの新NISAは、「利用できる投資枠」「年間投資額」「非課税期間」が変更されました。旧NISAよりも多くの金額を長く非課税で運用できるようになり、さらに資産形成しやすい制度へとパワーアップしています。

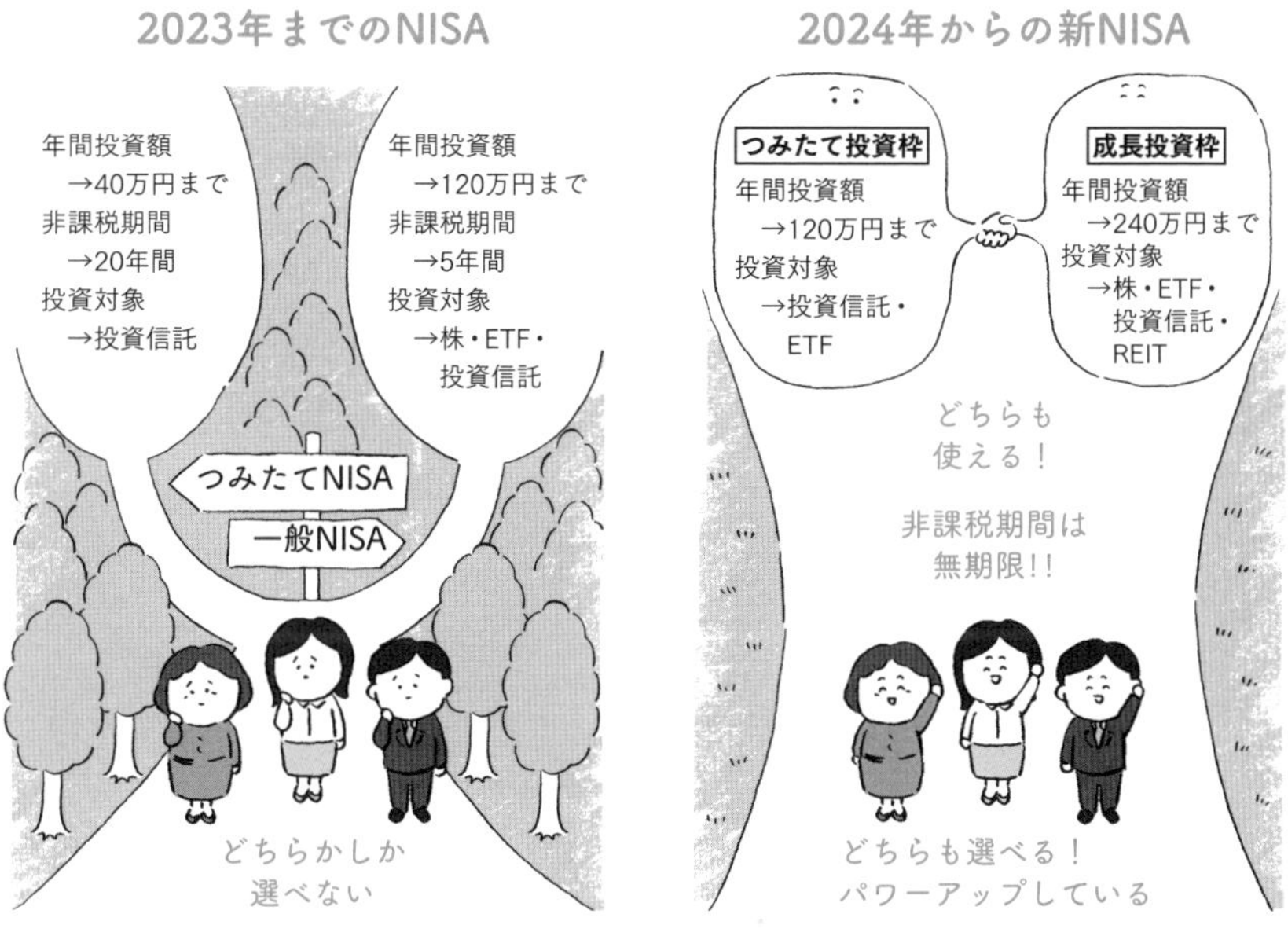
2023年までのNISA
年間投資額
→40万円まで
非課税期間
→20年間
投資対象
→投資信託
年間投資額
→120万円まで
非課税期間
→5年間
投資対象
→株・ETF・
投資信託
つみたてNISA
一般NISA
どちらかしか
選べない
2024年からの新NISA
つみたて投資枠
年間投資額
→120万円まで
投資対象
→投資信託・
ETF
成長投資枠
年間投資額
→240万円まで
投資対象
→株・ETF・
投資信託・
REIT
どちらも
使える！
非課税期間は
無期限!!
どちらも選べる！
パワーアップしている

つみたて投資枠と成長投資枠

2つの投資枠の特徴を理解しよう

新ＮＩＳＡでは、つみたて投資枠と成長投資枠の2つの制度を併用できるようになりました。つみたて投資枠は旧制度の「つみたてＮＩＳＡ」、成長投資枠は旧制度の「一般ＮＩＳＡ」の特徴を継承しており、投資できる商品や年間投資額の上限が異なります。

ＮＩＳＡで購入できる金融商品にはいくつか種類があり、それぞれリスクや期待できるリターンが異なります。基本的に、投資をするときには、自身の目的に合った商品を選ぶことが大切です。つみたて投資枠で購入できるのは、金融庁の定める基準を満たし、届け出をした投資信託とＥＴＦ（上場投資信託）のみです。成長投資枠は、それらの金融商品にくわえて株式やＲＥＩＴ（不動産投資信託）も購入できます。さらに、つみたて投資枠の対象ではない投資信託にも投資可能です。ただし、成長投資枠でもレバレッジ型や毎月分配型など、長期の資産形成に適していない商品は対象外となっています。

【金融商品の特徴を知ろう】

金融商品にはいくつか種類があり、それぞれ特徴が異なります。ここで、NISAで購入できる金融資産を確認してみましょう。

株式

企業に出資し、株価の値上がり益や配当金、株主優待といったかたちで利益を得ます。日々の価格変動は比較的大きく、ハイリスク・ハイリターンの金融商品です。

リスク・リターン　低 ☆ 高

REIT《リート》

不動産投資信託を指します。投資家から集めた資金で不動産投資を行い、そこから得られる賃料収入や不動産の売却益を投資家に還元する金融商品です。

リスク・リターン　低 ☆ 高

投資信託《とうししんたく》

投資家から資金を集め、運用会社がかわりに運用してくれる金融商品です。株式、債券、不動産といったさまざまな資産に分散投資します。

リスク・リターン　低 ☆☆ 高

E T F《イーティーエフ》

投資信託のうち、上場しており市場で売買できるものをETFといいます。株式よりも分散投資がしやすく、運用時のコストは投資信託よりも低い傾向にあります。

リスク・リターン　低 ☆☆ 高

【つみたて投資枠と成長投資枠】

新NISAは日本在住の18歳以上なら利用できますが、購入できる商品や投資上限額は投資枠によって異なります。つみたて投資枠は年間120万円まで、成長投資枠は年間240万円まで投資可能です。

つみたて投資枠
成長投資枠
シンプルな
商品が多いのね
たくさんあって
迷っちゃうな
18歳以上
お一人様
年間120万円まで
18歳以上
お一人様
年間240万円まで

Point
つみたて投資枠だけで生涯非課税投資額の1,800万円を使い切ることは可能。
成長投資枠だけでは1,200万円までしか投資できない

【つみたて投資枠の対象商品】

つみたて投資枠で購入できる商品は、金融庁が定める基準を満たした投資信託とETFのみです。信託報酬が低かったり、運用実績が長かったりと、いずれも長期・積立・分散投資に適した特徴を持つ商品ラインナップとなっています。

つみたて投資枠＝金融庁が認めた投資信託・ETFのみ

条件
信託報酬＝0.75％以下（外国株）
　　　　　0.50％以下（国内株）
運用実績　5年以上　など

手数料が安く、
長期・積立・分散に
適している商品だけ
なので選びやすい！

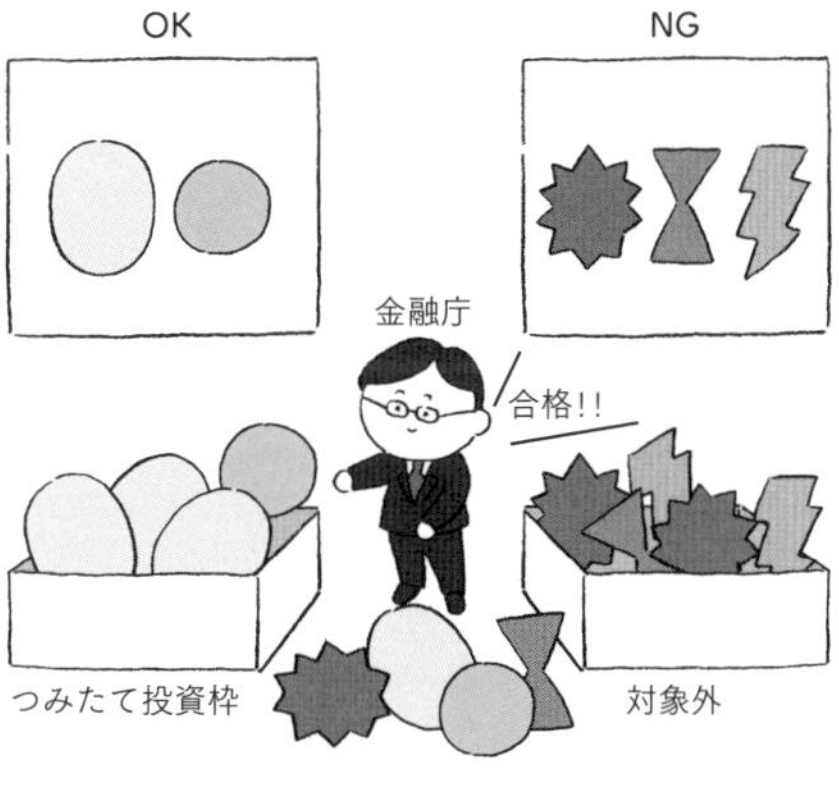
OK
NG
金融庁
合格!!
つみたて投資枠
対象外

長期・積立・分散をNISAで実現！

●長期でコツコツ資産形成を実現

投資を成功させるコツは「長期・積立・分散」を意識することです。投資と聞いてまず不安に感じるのは、「運用成果によっては損をするのでは」ということではないでしょうか。もちろんＮＩＳＡも投資の一種なので、元本割れの可能性はあります。ただし、過去のデータを見ると、長期運用を続けることで元本割れのリスクを抑える効果が期待できることもわかっています。

また、積立投資は一定額ずつ購入することで、高《たか》値《ね》掴《づか》みや安値での買い逃しを防ぐ効果もあります。このように、安いときにはたくさん買い、高いときには少なめに購入する方法を「ドルコスト平均法」といいます。購入価格を下げることができるため、相場が上がったときに恩恵を受けやすくなります。購入のタイミングだけでなく、投資先を分散することも大切です。複数の資産にまとめて投資する投資信託なら、1つの商品を購入するだけで簡単に分散投資が実現できます。

【長期運用で元本割れリスクを抑える】

長期運用とは、その名のとおり長い時間をかけて運用することです。短期的な値動きを見ると下落することがあっても、長期的に見れば経済は成長しているので、長期間運用することで元本割れのリスクも抑えられます。

長期投資の効果

毎月1万円ずつ積み立て、年利3%で運用した場合

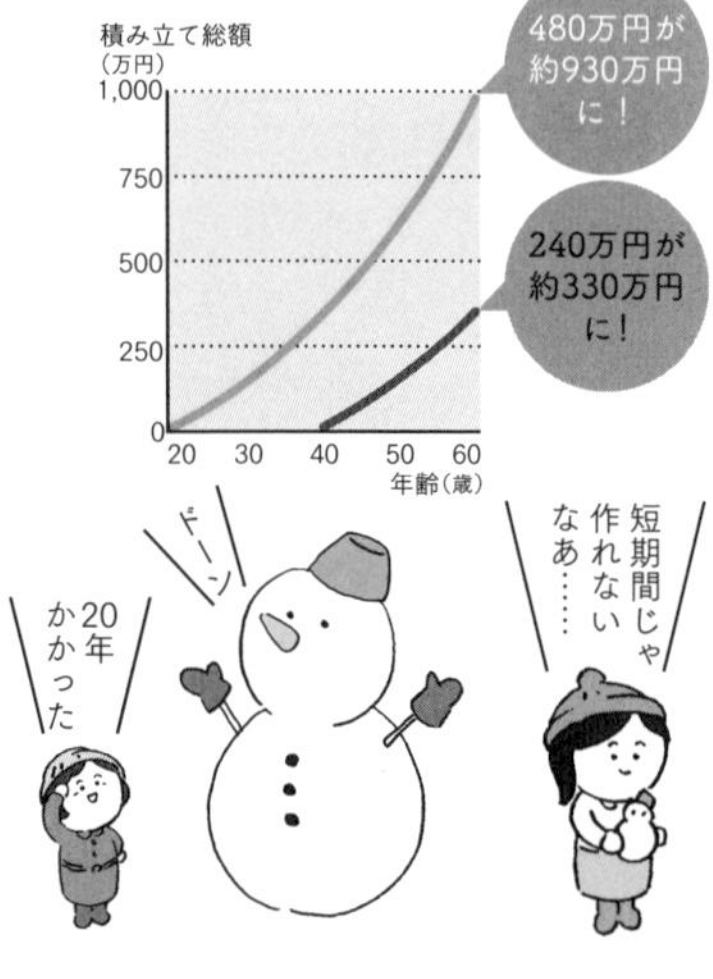

積み立て総額
（万円）
1,000
750
500
250
0
20
30
40
50
60
年齢（歳）
480万円が約930万円に！
240万円が約330万円に！
ドーン
20年かかった
短期間じゃ作れないなあ……

積立・分散投資の運用成果

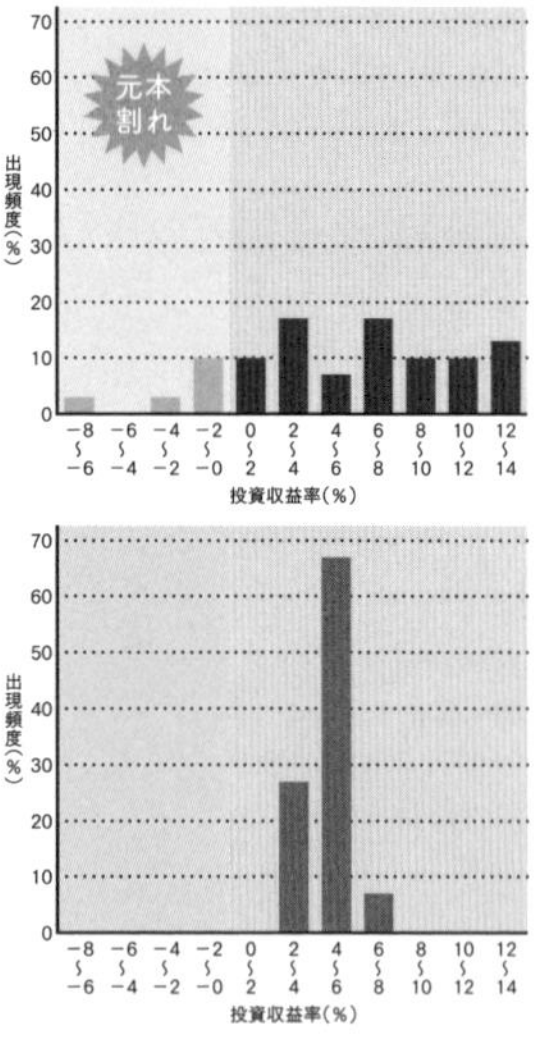

元本割れ
出現頻度（%）
70
60
50
40
30
20
10
0
−8〜−6
−6〜−4
−4〜−2
−2〜−0
0〜2
2〜4
4〜6
6〜8
8〜10
10〜12
12〜14
投資収益率（%）

保有期間5年

100万円が5年後に

74万円〜176万円

5年間といった短期間の運用では、利益が出ることもあれば元本割れすることもあります。

保有期間20年

100万円が20年後に

186万円〜331万円

20年間運用した場合は、元本割れは起こらず収益率は2〜8％内に落ち着いています。

出典：金融庁「はじめてみよう！NISA早わかりガイドブック」　※1989年以降、毎月同じ金額を国内外の株式と債券に積立投資した場合の年間収益率を計算したもの

【積立投資でドルコスト平均法を活かす】

一定額ずつ積み立てる積立投資なら、安いときにはたくさん買え、高いときには買いすぎを防ぐことができます。このような購入方法を「ドルコスト平均法」と呼びます。ドルコスト平均法を活かせば、平均購入金額を下げることも可能です。

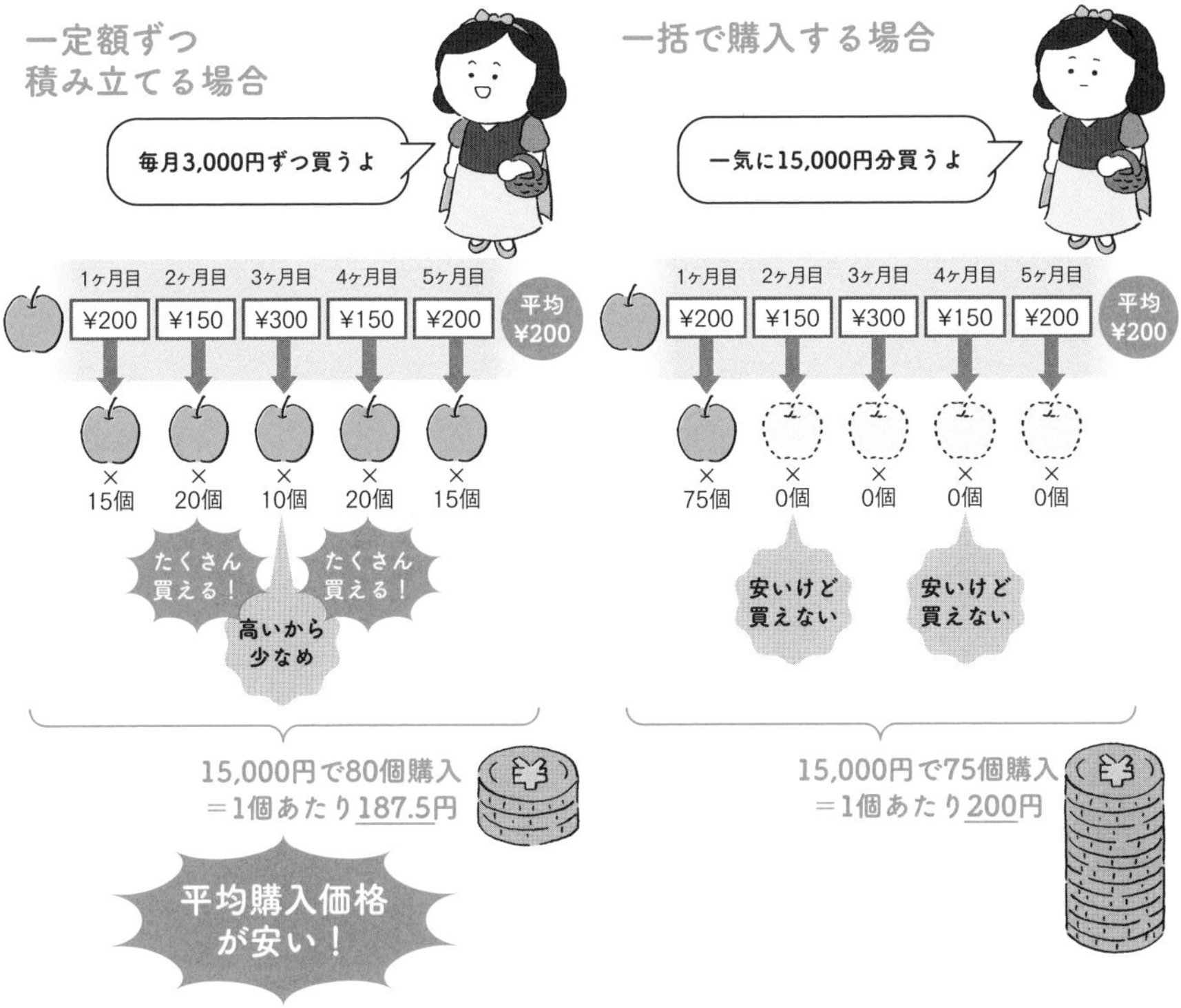

【投資信託なら分散も簡単！】

個別株投資の場合は、資産額が投資先の業績に大きく依存します。一方で、NISAで購入できる投資信託は、20ページでも紹介したように複数の資産への投資を組み合わせた金融商品です。投資先の1つの業績が悪くても、ほかの投資先でカバーできます。

〈投資信託の場合〉

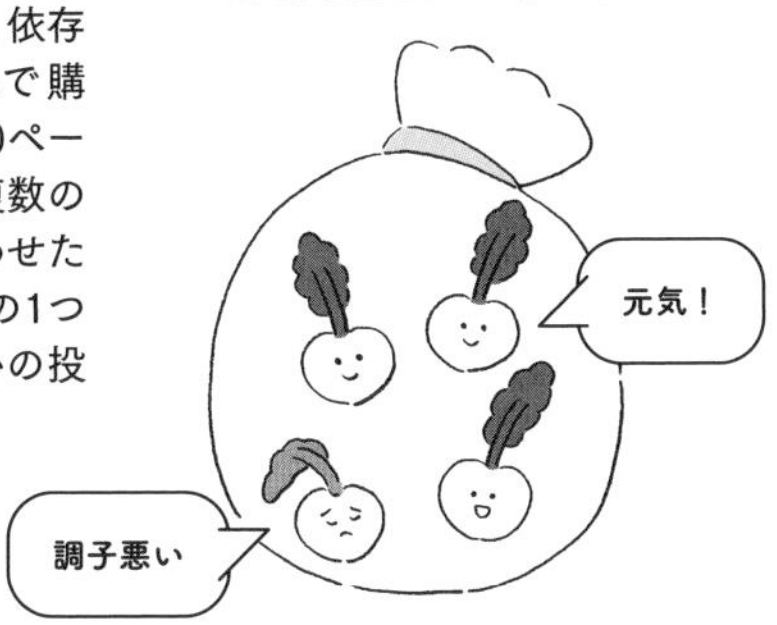

1つの投資先の業績が悪くても
ほかの投資先でカバーできる

〈個別株の場合〉

1つの投資先の業績に
大きく依存する

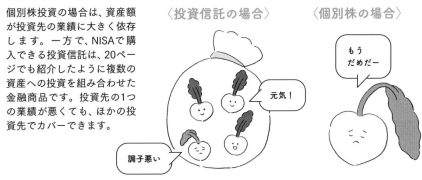

新NISAを始める

金融機関はどこを選ぶ?

●NISA口座の金融機関選びは慎重に

ＮＩＳＡは１人１口座しか作れず、金融機関を変更した場合でも、同時に複数のＮＩＳＡ口座での買い付けはできません。銀行や保険会社でもＮＩＳＡ口座は開設可能ですが、株式やＥＴＦは証券口座でしか購入できない点にも注意が必要。成長投資枠を利用して株式投資にも挑戦してみたい人は、証券会社でＮＩＳＡ口座を開設しましょう。

ＮＩＳＡ口座を開設できる金融機関は大きくは店舗型とネット型の２つに分けられます。店舗型は窓口で相談できるというメリットがありますが、ネット型と比べると取り扱い商品が少なく、手数料が高い傾向にあります。金融機関によって取り扱い商品の豊富さ、支払い方法、利用できるサービスが異なります。25ページにおすすめのネット証券３社の特徴をまとめています。積立の頻度は選べるか、投資でポイント還元が受けられる「クレカ積立」が利用できるか、個別株や単元未満株の取り扱いはどうなっているかなどを比較し、自分に合った金融機関を選びましょう。

【金融機関はおもに2種類】

NISA口座を開設できる金融機関は、大きく分けると店舗型とネット型の2種類があります。NISA口座の金融機関は年単位で変更可能ですが、手続きに時間と手間がかかるため、頻繁に変更するのは大変です。こだわりがなければ、取り扱い商品数が多く、手数料の安いネット証券を選ぶのがおすすめです。

	店舗型	ネット型
メリット	窓口で相談できる	24時間注文できる 商品数が多い 手数料が安い
デメリット	商品数は少なめ 手数料が高い	サポートは少ない

Close Up

株式投資できるのは証券会社のみ

銀行や保険会社でもNISAは利用可能です。しかし、これらの金融機関では投資信託は購入できますが、株式やETFを購入することはできません。NISA口座は1人1つしか作れないため、NISAで株式投資を検討している場合は証券会社を選びましょう。

		SBI証券	楽天証券	マネックス証券
売買手数料	成長投資枠（日本株・米国株）	無料 		
つみたて投資枠	投資信託の本数	224本	222本	219本
	積立の頻度	毎月・毎週・毎日	毎月・毎日	毎月・毎日
	クレカ積立	三井住友カード	楽天カード	マネックスカード
	ポイント還元率	0.5～5% 2024年11月買付分から0.5～3%※ ※年間カード利用額が10万円未満は0%	0.5～1%	5万円以下の金額は1.1% 5万円超～7万円以下の部分は0.6% 7万円超～10万円以下の部分は0.2%
成長投資枠	単元未満株取引	あり（S株）	あり（かぶミニ）	あり（ワン株）
	株の定期買付	米国株	日本株・米国株	米国株
	米国株・ETF取扱数	5162銘柄	4689銘柄	4972銘柄
その他	投信保有ポイント	残高のポイント付与（最大0.25%）	残高達成でポイント付与 「楽天・プラス」ファンドは0.017%～0.053%の残高のポイント付与	残高のポイント付与（最大0.08%）
	コールセンター	平日8～17時 土日9～17時 （投信・NISAの質問のみ）	平日 8時30分～17時 土日9～17時 （投信・NISAの質問のみ）	平日8～17時

2024年3月25日時点

●口座選びで見るポイント

ポイント還元を受けながら投資ができる「クレカ積立」が利用できるか

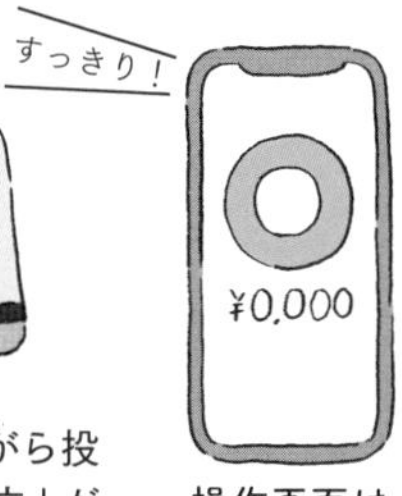

操作画面は見やすいか

ＮＩＳＡ口座を開設しよう①

●オンラインで簡単に口座開設

金融機関を選んだら、ＮＩＳＡ口座の開設をしましょう。ＮＩＳＡの利用には、ＮＩＳＡ口座のほかに「総合口座」の開設も必要です。ＮＩＳＡ口座と総合口座の開設申し込みを同時に行うことができる金融機関もあります。

ネット証券なら、マイナンバーカードや運転免許証などの本人確認書類を提出後、個人情報を入力するだけで口座開設手続きが完了します。本人確認書類はスマートフォンで撮影し、アップロードでの提出も可能です。

ネット証券以外の場合、口座開設を希望する金融機関から書類を取り寄せ、必要情報を記載し、提出します。銀行で口座を開設する際、インターネットバンキングの登録をしていれば、オンラインでの申請が可能な場合もあります。

金融機関での審査後、税務署へ口座開設の申請が行われます。税務署での審査に問題がなければ、ＮＩＳＡ口座が開設され、初期設定や積立の設定が可能です。設定が完了したら、ＮＩＳＡ口座が利用できるようになります。

【NISA口座はネットで申し込み可能】

ネット証券なら、スマートフォンとマイナンバー、本人確認のできる書類、金融口座の情報があればどこからでも申し込み手続きが可能です。口座開設の申し込みとお客様情報などの入力、本人確認書類の提出、すべて合わせて最短10分程度で完了します。

口座開設に必要なもの

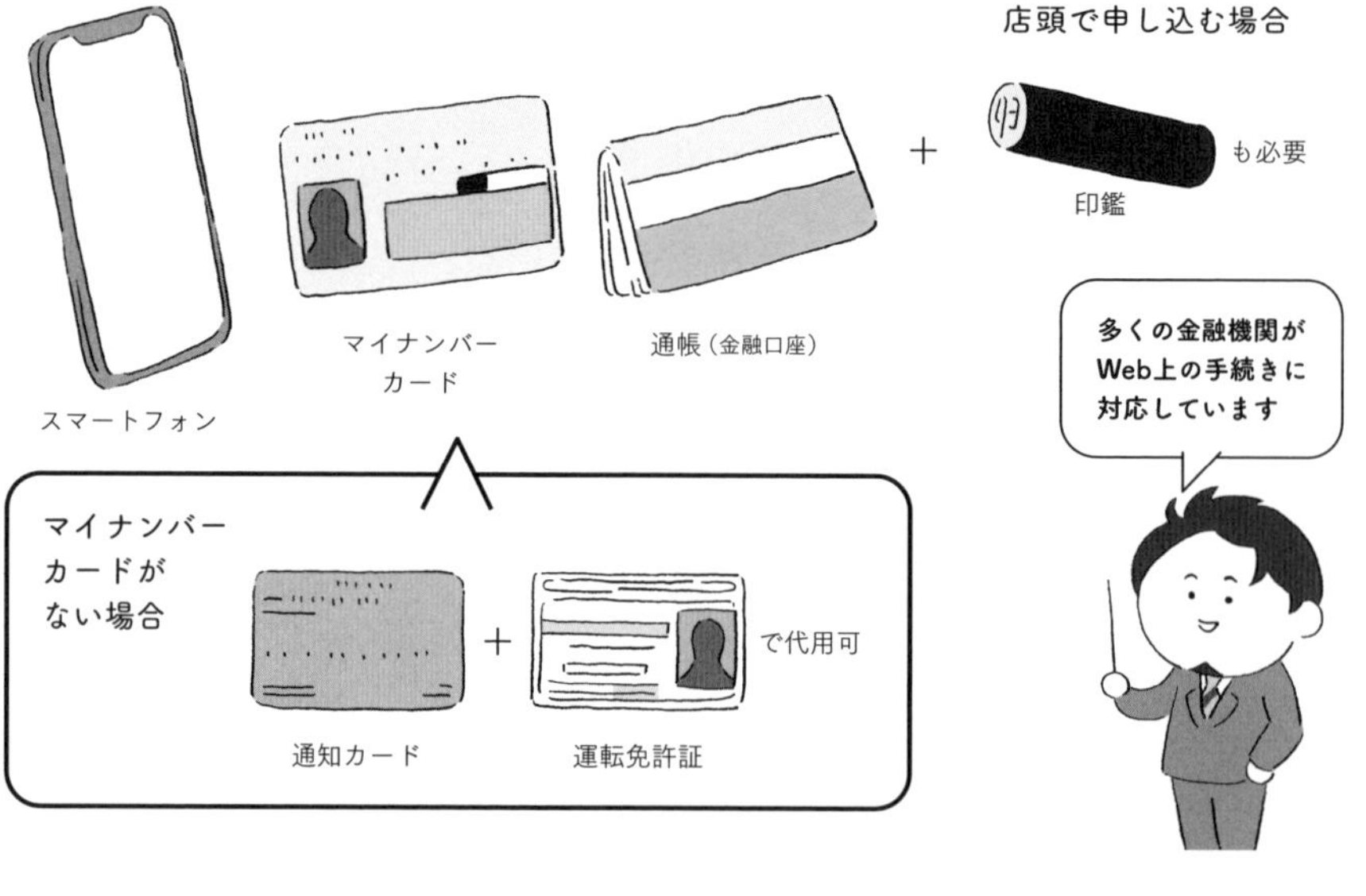
店頭で申し込む場合
＋
も必要
印鑑
スマートフォン
マイナンバーカード
通帳（金融口座）
多くの金融機関がWeb上の手続きに対応しています
マイナンバーカードがない場合
通知カード
＋
運転免許証
で代用可

【NISA口座開設の流れ】

開設する金融機関が決まったら、「本人確認書類」「マイナンバー」「銀行口座」を用意。マイナンバーカードがあれば、本人確認書類とマイナンバーの提出が1度で済みます。本人確認書類の提出後、税務署への申請は金融機関が行うため、審査完了を待ちましょう。

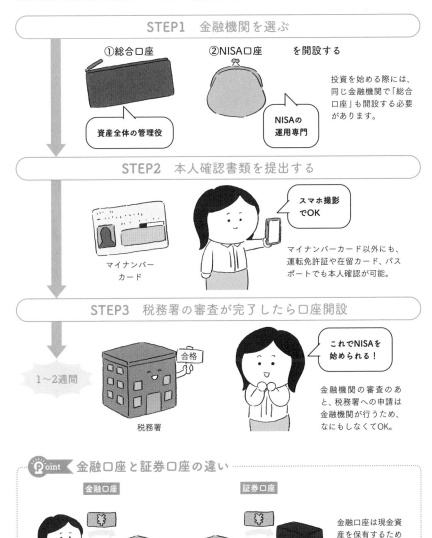

STEP1　金融機関を選ぶ

①総合口座　②NISA口座　を開設する

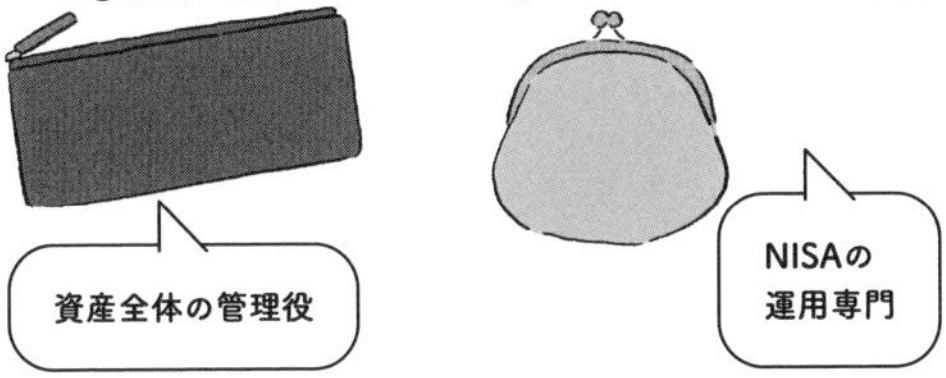
資産全体の管理役
NISAの運用専門

投資を始める際には、同じ金融機関で「総合口座」も開設する必要があります。

STEP2　本人確認書類を提出する

スマホ撮影でOK

マイナンバーカード

マイナンバーカード以外にも、運転免許証や在留カード、パスポートでも本人確認が可能。

STEP3　税務署の審査が完了したら口座開設

1～2週間
合格
これでNISAを始められる！

税務署

金融機関の審査のあと、税務署への申請は金融機関が行うため、なにもしなくてOK。

Point 金融口座と証券口座の違い

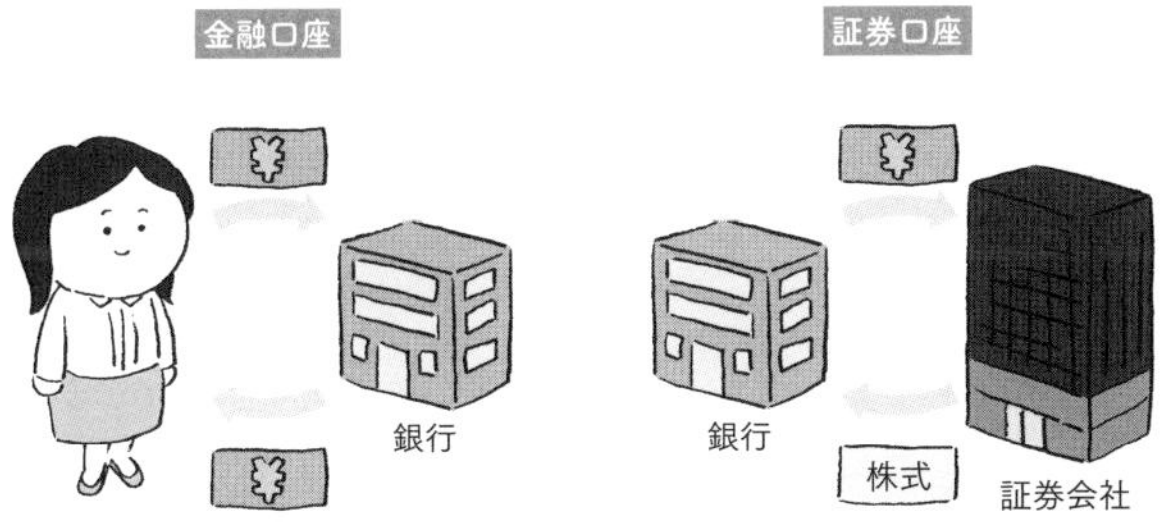
金融口座
証券口座
銀行
銀行
株式
証券会社

金融口座は現金資産を保有するためのもので金融商品の保有や投資はできない。投資には証券口座が必要。

NISA口座を開設しよう②

●ネット証券は口座開設が簡単

ネット証券なら、口座開設の手続を各金融機関のWebサイトから進められます。楽天証券の場合、本人確認書類を撮影し、提出した後に氏名や住所などの個人情報を入力します。本人確認書類はマイナンバーカードがあると便利。スマートフォンで撮影したマイナンバーカードと顔写真を提出するだけで本人確認が可能です。

NISAの利用には、総合口座の開設も必要です。総合口座にはいくつか種類がありますが、こだわりがなければ確定申告が不要になる「特定口座（源泉徴収あり）」がおすすめ。証券会社による審査が完了したら、ログインIDが送付されます。「スマホで本人確認」の場合、ログインIDはメールで届き、審査完了の翌営業日以降に受け取ることが可能です。楽天証券の場合、初期設定とマイナンバー登録が完了すると、税務署の審査を待たずにNISA口座での取引を始められます。また、NISA口座は1人1つしか持てません。途中で金融機関を変更をするには、手続きが必要です。

【口座開設はネットなら最短10分】

楽天証券は最短10分で口座開設が可能。本人確認書類の提出はインターネット上にアップロードするだけで完了します。マイナンバーカードを選択すると、提出書類が1つで済みます。どこからでも申し込みをすることができる手軽さも魅力的です。

①Webサイトから申し込み

Webサイトのトップ画面にある「口座開設」を選択し、メールアドレスを入力すると、入力フォーム用のURLが送られてくる。

②本人確認書類の選択

提出する本人確認書類を選択する。マイナンバーカード、運転免許証以外にパスポートや在留カードを選択することも可能。

③本人確認書類の撮影

楽天証券　本人確認
ekyc.rakuten-sec.co.jp
表面の撮影説明
反射や写真のブレに注意！
表面を撮影します
書類に対して水平にスマートフォンをお持ちください。
背景が白地の場合は正確に読み取れないため黒または濃い単色のものの上に置いて撮影してください。

顔写真もスマホで撮影

本人確認書類をスマートフォンで撮影する。照明の反射や映り込みがあると申請が却下されることもあるので要注意。

④個人情報を入力

Rakuten 楽天証券
取引前のご登録
1メール登録
2本人確認
3お客様情報入力
お客様情報の入力
お取引にあたって回答が必須な項目です。
お名前 必須
姓
楽天
ラクテン
名
太郎
タロウ
性別 必須
男性
女性
生年月日 必須

氏名や住所など、「お客様情報」を入力する。

⑤納税方法を選択

こだわりがなければこれを選ぼう
Rakuten 楽天証券
取引前のご登録
1メール登録
2本人確認
3お客様情報入力
お客様の口座について
納税方法の選択 必須
確定申告が不要
（楽天証券にまかせる）
特定口座（源泉徴収あり）
おすすめ
自分で確定申告
特定口座（源泉徴収なし）
自分で計算して確定申告
一般口座（源泉徴収なし）
NISA口座の選択 必須
「NISA約款」についてご確認・ご理解のうえお申し込みください。
NISA口座を開設しますか。

総合口座の納税方法を選択する。おすすめは確定申告が不要になる「特定口座（源泉徴収あり）」。

⑥NISA口座の選択

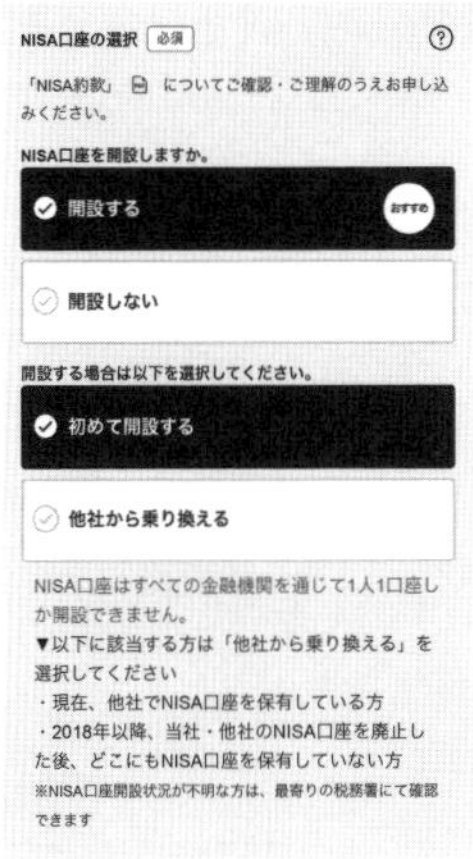
NISA口座の選択 必須
「NISA約款」についてご確認・ご理解のうえお申し込みください。
NISA口座を開設しますか。
開設する
おすすめ
開設しない
開設する場合は以下を選択してください。
初めて開設する
他社から乗り換える
NISA口座はすべての金融機関を通じて1人1口座しか開設できません。
▼以下に該当する方は「他社から乗り換える」を選択してください
・現在、他社でNISA口座を保有している方
・2018年以降、当社・他社のNISA口座を廃止した後、どこにもNISA口座を保有していない方
※NISA口座開設状況が不明な方は、最寄りの税務署にて確認できます

NISA口座を開設する場合は、必ずここで「開設する」を選択する。NISA口座を初めて開設するのか、他社からの乗り換えなのかもここで確認する。

完了

新NISAを始める

引き落とし方法を設定しよう!!

●クレカ引き落としでポイントを貯めよう

口座を開設した後は、引き落とし方法を設定しておきましょう。「口座振替」は指定の金融機関口座から積立代金を毎月自動で引き落とす方法です。「クレジットカード」は文字通り、クレジットカード決済で投信積立を行います。積立額は普段の買い物などの支払いと合わせて、指定日に口座から引き落とされます。金融機関によっては「電子マネー」で決済する方法も選べます。

引き落とし方法に迷ったら、積立額に応じてポイントを貯められる「クレジットカード」がおすすめ。貯まったポイントを再投資することも可能です。ただし、利用できるクレジットカードは金融機関ごとに決まっている場合がほとんどです。楽天証券では楽天カードのみとなっています。

なお、楽天証券では、口座振替とマネーブリッジ（楽天銀行との口座連携サービス）でボーナス設定が可能です。年途中から始めた人など、ボーナス設定で年間投資額を使い切りたい場合は選択肢となります。

【引き落としタイプは大きく3つ】

楽天証券では、投資信託やクレジットカードの種類に応じて0.5〜1.0%のポイント還元が受けられます（毎月の積立上限額は10万円）。また、オンライン電子マネー「楽天キャッシュ」でも毎月上限5万円まで投資信託への積み立てが可能です。成長投資枠も併用する場合は、電子マネーや口座振替も利用しましょう。

①口座振替
ボーナスをたくさん振り込むよ！

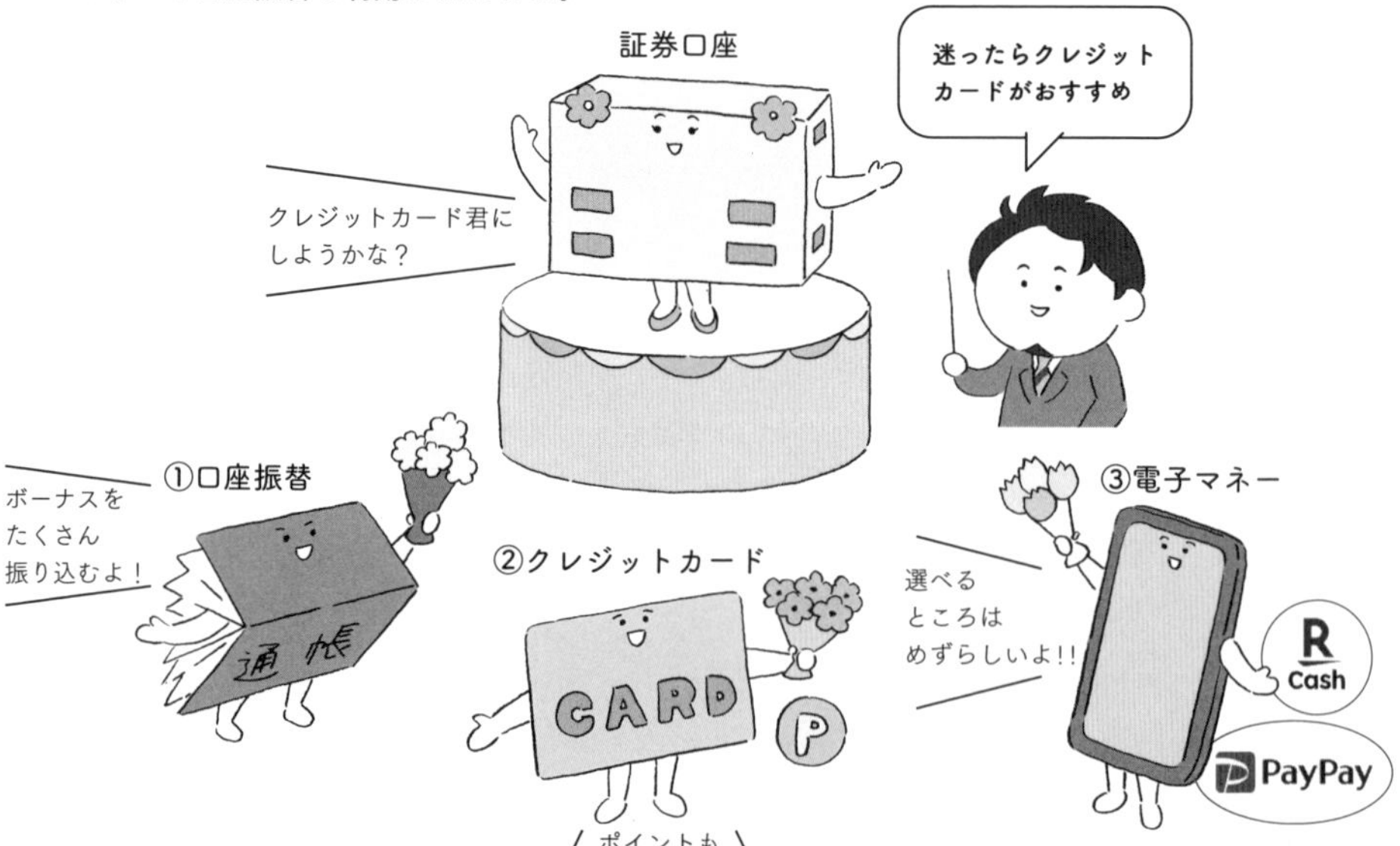
選べるところはめずらしいよ!!
ポイントもつけちゃうよ！

【貯まったポイントでも投資ができる！】

クレジットカード引き落としで貯まったポイントは、再投資に回すこともできます。もちろん、普段のお買い物で獲得したポイントを使うことも可能です。

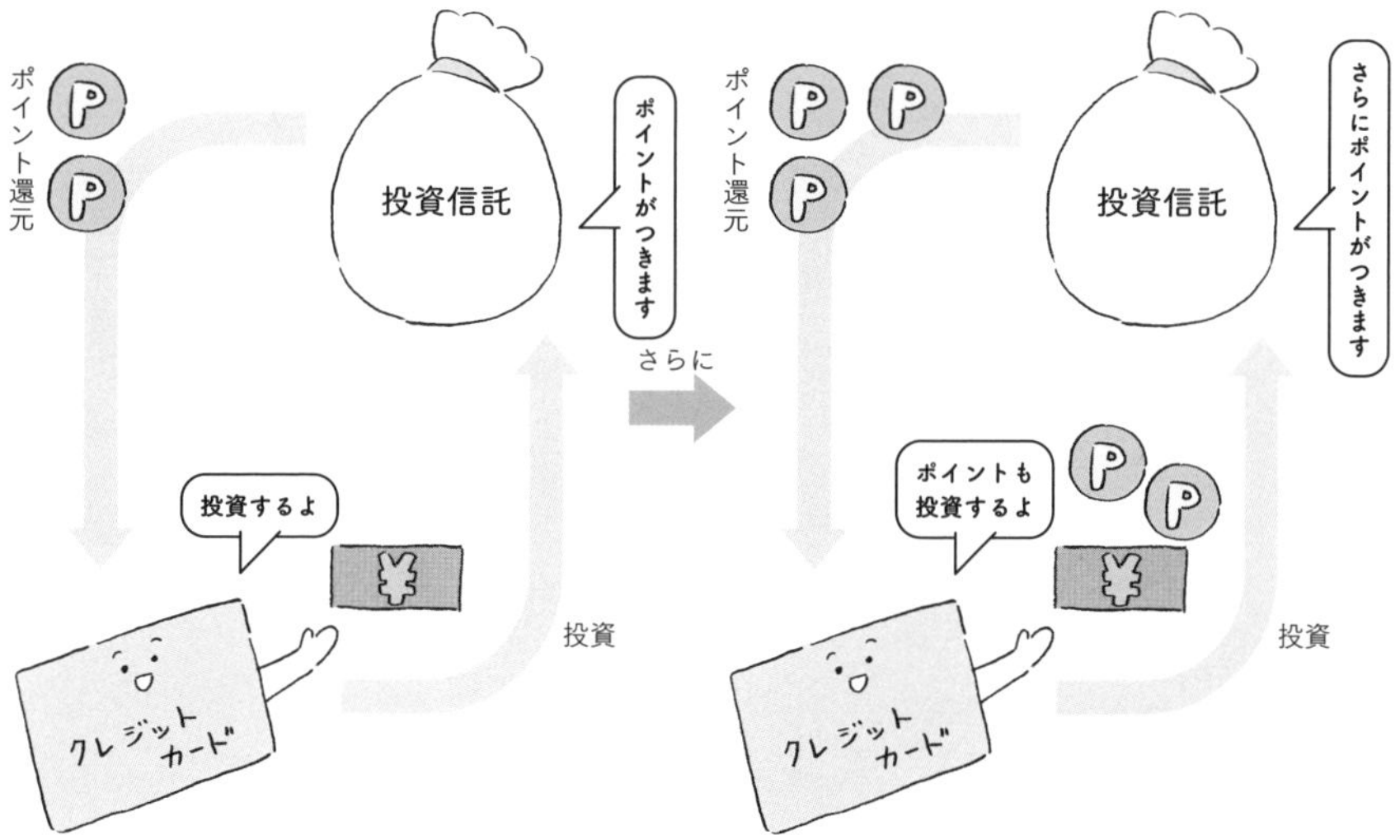

【クレジットカードの設定方法】

クレジットカード引き落としを選ぶためには、事前にカード情報を登録しておく必要があります。手順は大きく3ステップ。まずはNISAのトップ画面から「積立設定」を選択。次にクレジットカードを選択し、カード情報を入力したら完了です。

①「積立設定」を選択

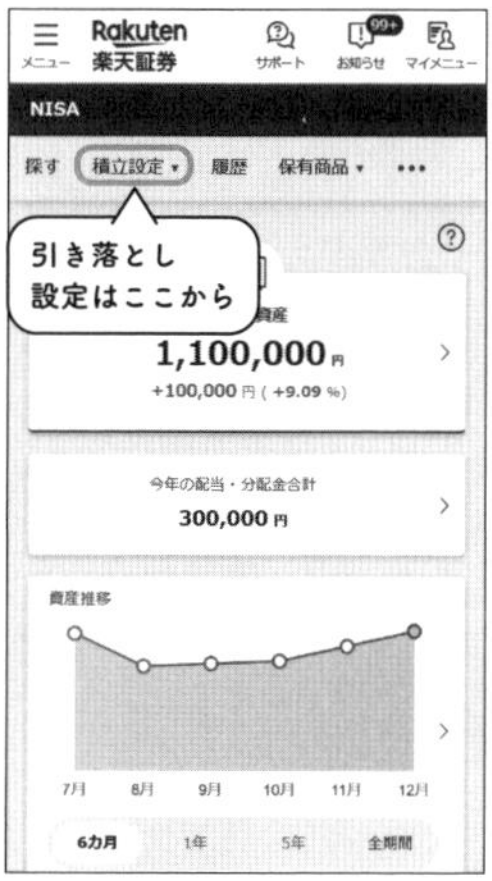

②クレジットカードを設定

③カード情報を入力

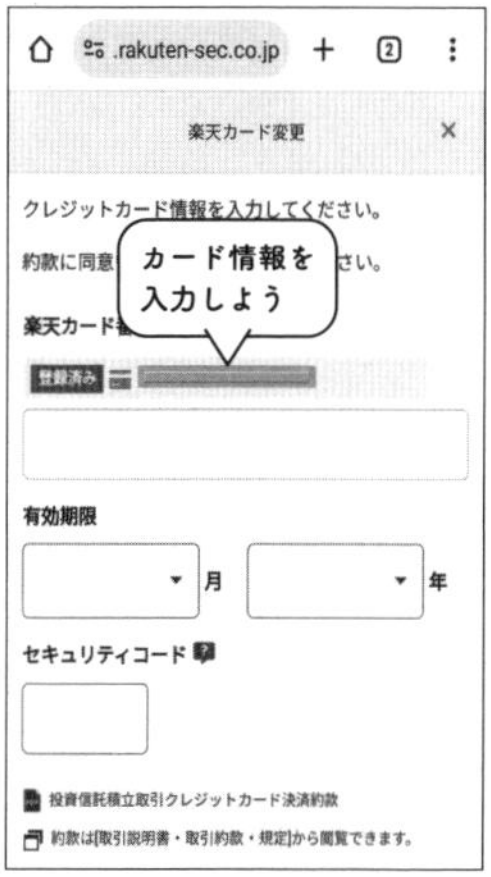

分配金は再投資に回そう

●利益が利益を生む仕組みをつくる

投資信託のなかには、運用成績に応じて分配金が支払われる商品もあります。分配金とは利益を投資家に還元する仕組みです。

積立設定をする際、分配金を再投資に回すか、それとも都度受け取るかを選べます。とはいえ、特別な理由がない限りは再投資を選択するのが無難です。

分配金を再投資すると、運用で得た利益が元本に組み込まれます。すると、元本が少し増え、その増えた元本に対しても利益がつきます。利益の再投資を繰り返すと、資産の増え方も加速度的に大きくなります。これを、投資の世界では「複利効果」と呼びます。もし途中で利益を回収してしまったら、元本は小さいまま。得られる利益も少なくなってしまいます。

雪だるまを転がしているとだんだん大きくなるように、複利効果も時間をかけるほど大きくなります。長期運用のほうが利益が安定するとされているのはこのためです。

【運用の利益は分配金として還元】

分配金は「普通分配金」と「特別分配金」の2種類に分かれます。普通分配金は、運用で得た利益を投資家に還元するものです。一方、特別分配金は利益が出ていなくても支払われます。元本の払い戻しにあたるため、投資家にとってプラスになるとはいえません。

普通分配金
利益
利益がでたからおすそわけ!
投資信託
ありがとう!
特別分配金
ポキッ!
利益がなかったのでせめて枝をあげます
投資信託
そこまでムリしなくても
インデックス型で分配金が出たものはいまのところないよ

【再投資すれば利益が利益を生む】

例えば、100万円の商品を年利1%で運用した場合、利益を受け取ると毎年1万円ずつしかもらえません。しかし、再投資型なら、1万円を元本に組み込んだ101万円に対しての利息になるため、2年後のリターンは1万100円に。利益が少しずつ大きくなります。

再投資型

受取型

【再投資の設定方法】

分配金を再投資するか、受け取るかは投資信託の積立設定を行う際に選べます。複利効果を生かすためにも、基本は「再投資型」を選んだほうが無難です。

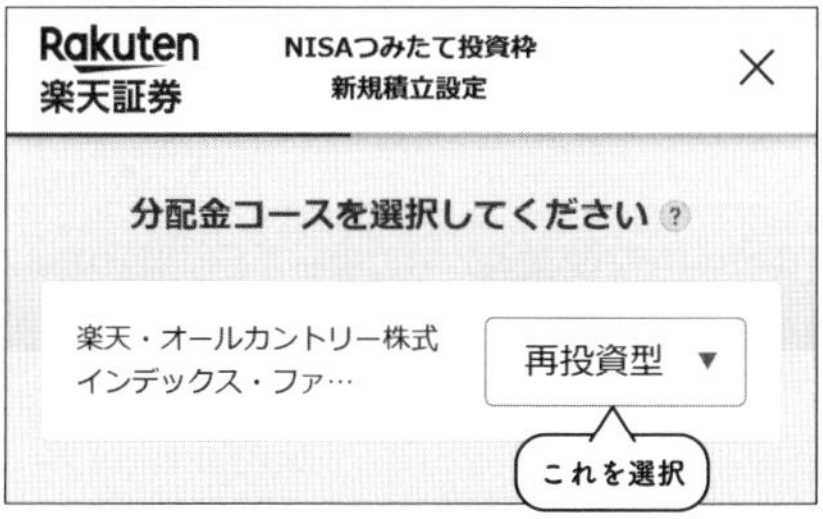

総合口座で保有する投資信託の分配金コースは後からでも変更可能です。もし分配金コースを変更したくなった場合は、楽天証券なら営業日の6時から18時までの間に申し込みを行えば、当日中に受け取り方法が変更されます。

ＮＩＳＡのデメリットに注意

●ＮＩＳＡは万能ではない

ＮＩＳＡには使用上のデメリットもあります。

まず、損益通算ができない点。通常、投資では課税口座同士の損失と利益を合算することができます。投資の税金は利益にかかりますが、片方の口座の利益を、別の口座の損失で相殺《そうさい》した場合、実質的に利益がなかったことになり税金も発生しません。この仕組みを損益通算と呼びます。しかし、ＮＩＳＡは損益通算の対象外のため、ＮＩＳＡの損失で他口座の利益を相殺することはできません。

また、１年以上の海外赴任時など、国内の非居住者となってしまった場合も注意。ＮＩＳＡ口座の資産は事実上、一般口座への払い出しが必須となります。

最後に、同一年内の買い換えは投資枠を消費します。例えば10万円の資産を売却し、新たに10万円の別商品を買い直した場合、全体の資産額に変化はありませんが、年間の投資枠は追加で消費されます。その年の投資枠を使い切っていた場合は買い直しもできません。

【損益通算ができない】

口座Aの利益を口座Bの損失で相殺し、税金の計算上、利益をなかったことにするのが損益通算です。しかし、NISA口座で生じた損失は税制上なかったものと見なされます。そのため、損益通算はできません。また、損失を翌年以降に繰り越す「繰越控除」も対象外です。なお、損益通算を行うには確定申告が必要となります。

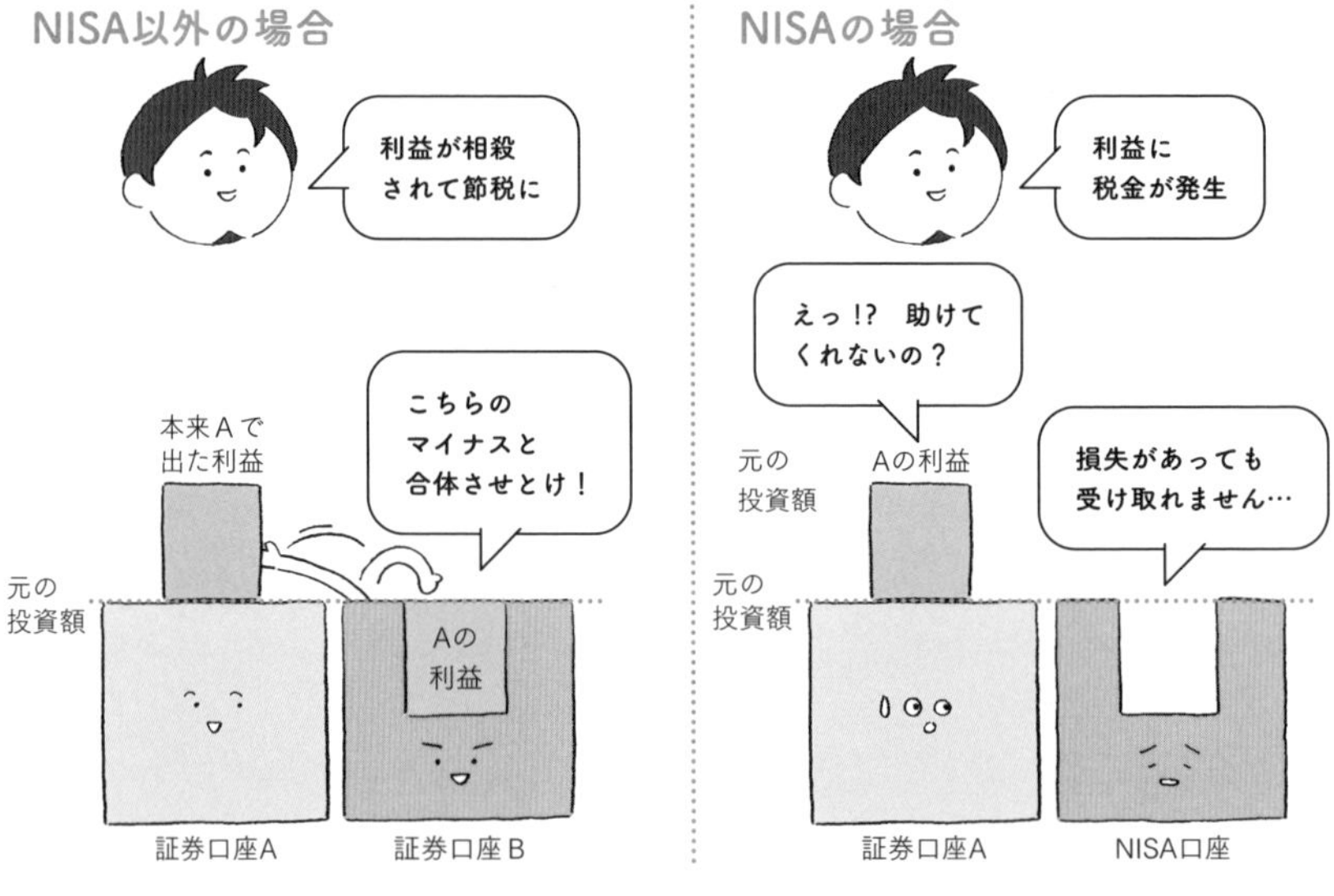
NISA以外の場合
利益が相殺
されて節税に
本来Aで
出た利益
こちらの
マイナスと
合体させとけ！
元の
投資額
Aの
利益
証券口座A
証券口座B
NISAの場合
利益に
税金が発生
えっ!?　助けて
くれないの？
元の
投資額
Aの利益
損失があっても
受け取れません…
元の
投資額
証券口座A
NISA口座

【海外赴任時は“ほぼ”払い出し】

政府の方針によれば、海外赴任者（非居住者）のNISA口座は最長5年間は維持されます。しかし、そのルールに従っている金融機関はほとんどなく、事実上は一般口座への払い出しが必須。もし非居住者であることを申告しなかった場合は強制売却となります。

原則、NISAから一般口座へ払い出しに

【同一年内の買い換えは投資枠を消費する】

つみたて投資枠の年間投資枠120万円や、成長投資枠の年間投資枠240万円は、売却しても同一年内は復活しません。商品を買い換える場合はその分の投資枠を消費します。例えば、もしすでにつみたて投資枠で120万円を使い切っていた場合、追加購入はできません。

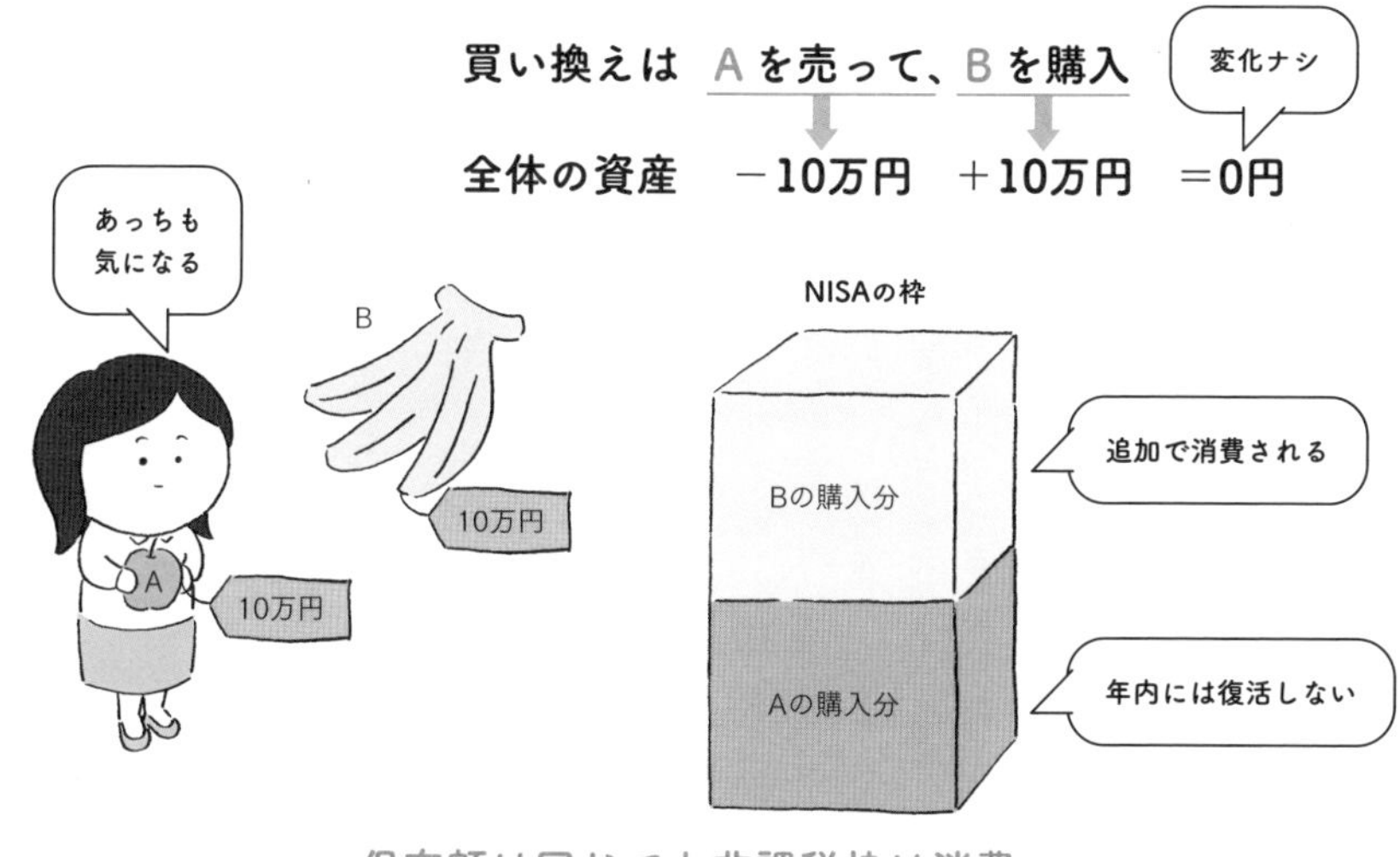

保有額は同じでも非課税枠は消費

コラム 1

1800万円を使い切るよりは分けたほうがいい？

NISA口座を夫婦で分けるメリット

目的に応じて運用できる

NISA口座
NISA口座
1,800万円
1,800万円
余暇資金
教育資金
老後資金
0
0
僕は教育資金
などを担当
私は老後担当
夫
妻

お互いに資産形成を自分ごと化

NISA口座が2つあれば、目的ごとに資産を分けることが可能に。さらに、夫婦がお互いに責任を持って資産を管理することで、資産形成や家計、人生設計を「自分ごと化」するきっかけにもなります。

離婚や相続の発生時に節税効果

もし夫婦でNISAを利用するなら、1世帯で2つのNISA口座が保有でき、非課税で投資できる金額も2倍になります。夫婦の生涯投資額を合計しても、1人分のNISA口座の非課税枠を使い切れないケースがあるかもしれませんが、基本は夫婦でNISA口座を分けるのがおすすめです。

NISA口座が2つあれば、目的別に資産を管理できます。例えば、一方が余暇資金や教育資金など比較的直近で使うお金、もう一方が老後資金など当面使わないお金、と分けられます。それぞれが自分の口座で運用することで、お互いに資産形成を「自分ごと化」できるのも大きなメリットです。

離婚や相続発生時にも税制面でのメリットがあります。夫婦の共有財産は離婚の際に分割します。もし片方のNISA口座だけで資産運用していた場合、財産分与の際に一度商品を売却しなくてはなりません。また、相続税は配偶者が相続した遺産のうち、課税対象となる資産が1億6000万円以内を超えると発生します。なるべく税負担を抑えるためにも、生前から夫婦の財産はそれぞれに分けておいたほうがいいといえます。

万が一離婚したときにもメリットあり

夫婦同一口座の場合

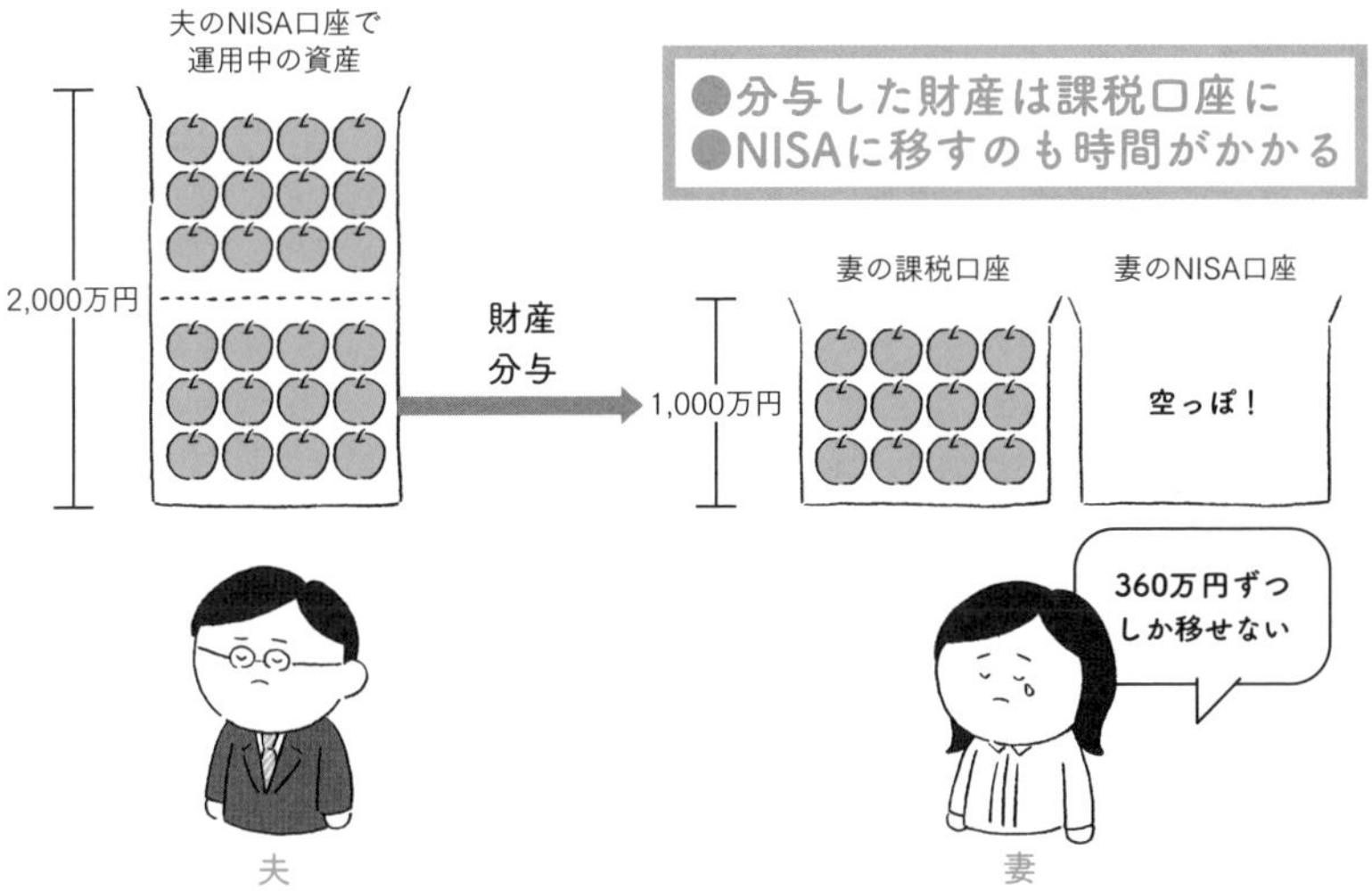
夫のNISA口座で
運用中の資産
2,000万円
財産
分与
●分与した財産は課税口座に
●NISAに移すのも時間がかかる
妻の課税口座
妻のNISA口座
1,000万円
空っぽ！
360万円ずつ
しか移せない
夫
妻

夫婦別口座の場合

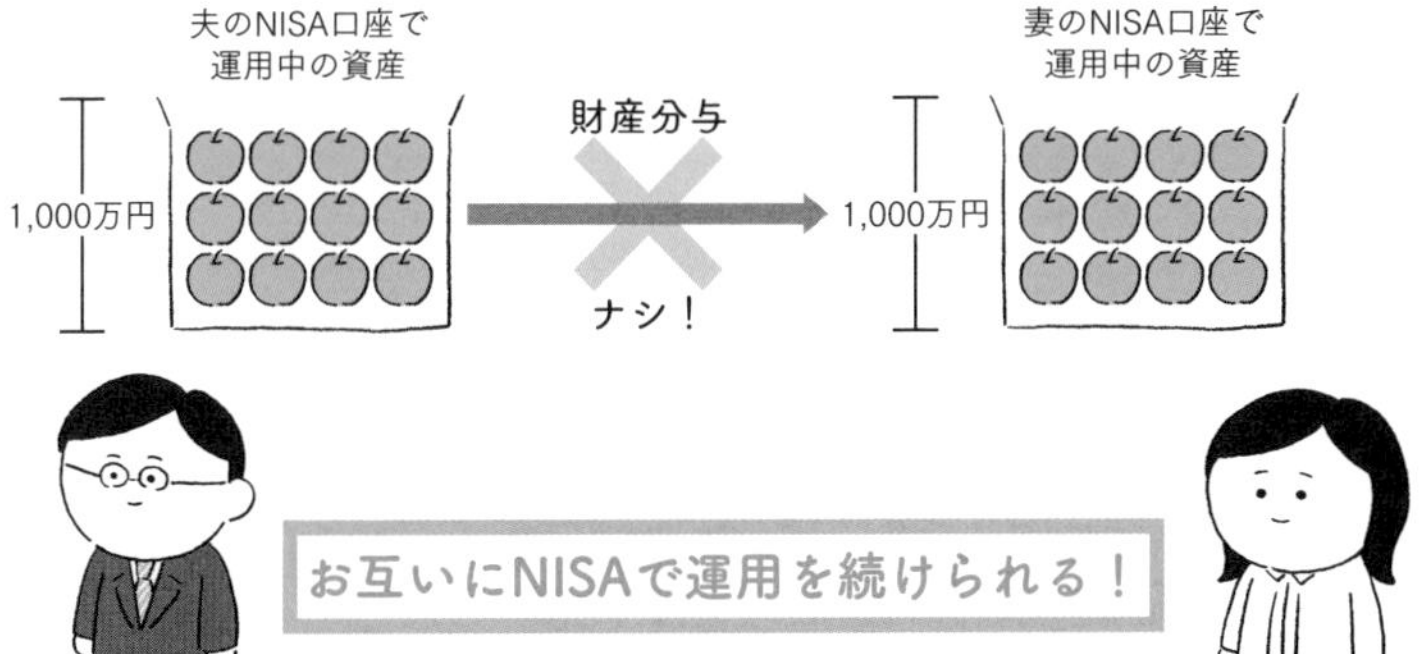
夫のNISA口座で
運用中の資産
1,000万円
財産分与
ナシ！
妻のNISA口座で
運用中の資産
1,000万円
お互いにNISAで運用を続けられる！
夫
妻

離婚時には、夫婦の共有財産を分け合う財産分与が発生します。NISAで運用した資産もその対象です。NISA資産を財産分与する場合は、一度商品を売却する必要があります。運用を再開するためには、再度、課税口座やNISA口座で投資し直さなくてはなりません。

第2章 基本編 つみたて投資枠で商品を選ぶ

投資の目標を設定する

1：何のため
2：いくら
3：いつまでに
ゴールがあるから続けやすい

商品を注文する

STEP1
商品を検索する
STEP2
株式？
商品情報をチェック
国内？
米国？
STEP3
枠を選ぶ
つみたて投資枠
成長投資枠
特定口座
STEP4
金額を決める
あとは自動で毎月積立!!

リスクとリターンを知る

リスク = 振れ幅

リスク大　**リスク小**

リターン（飛距離）は
狙えるが
ブレて失敗する
可能性が高い

リターン（飛距離）は
あまり狙えないが
ブレは
抑えやすい

資産配分を決める

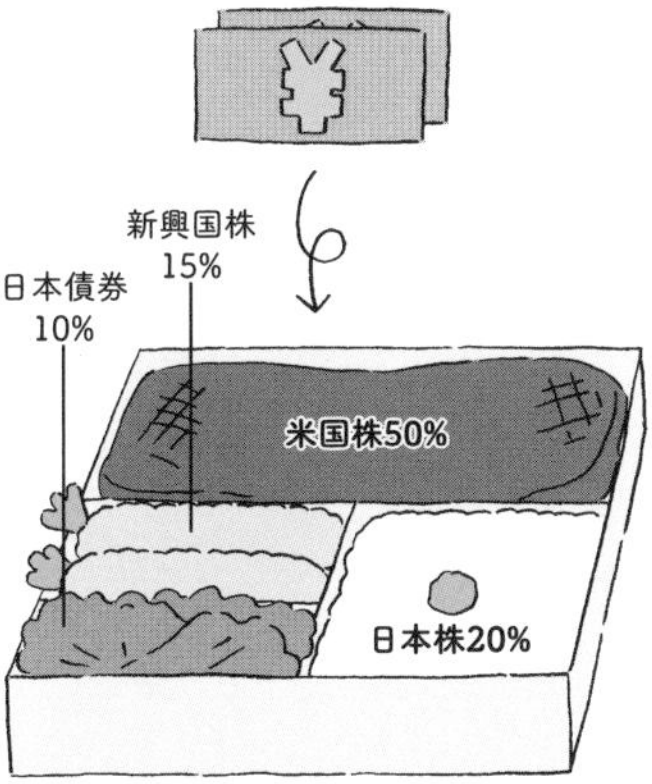
新興国株
15%
日本債券
10%
米国株50%
日本株20%

配分が成績の9割を決める

NISAの主役は投資信託

**資産を育ててくれるのは
運用のプロ**

投資
成長
お金を預けたら
あとはおまかせ

全世界株式を対象に

全世界株ファンド

迷わず
選びやすい

投資のゴールを設定する

●目的・金額・期限を意識して意欲を保つ

第1章22ページで解説したとおり、投資は長く続けることが大切です。しかし、10年、20年と続けていくには、目標がないとなかなかモチベーションを維持できません。また「なるべくお金を増やしたい」という漠然とした目標では、いつまで経っても満足することができず、達成感も得られません。そこで投資を始める前にぜひ実践したいのは、目標を立てることです。例えば「〇年後に自動車を買い替えたい」「定年後に世界遺産を巡る旅行がしたい」など、何のためにお金が必要なのか、具体的な用途を設定することで、投資の継続性が高まります。ポイントは、「何のため」だけでなく、「いくら」「いつまでに」も具体的にざっくりとでも設定しておくこと。そうすることで、逆算して毎月の積立額や利回りの設定が明確になってくるでしょう。

投資で失敗する最大の理由は「途中で止めてしまう」ことです。将来の目標を見すえ、目先の損得に一喜一憂せずに取り組んでいきましょう。

【"目標"があることでモチベーションが続く】

目標のある投資
・「いつまでにいくら」の目的が明確
・少々の相場変動は気にしない
・モチベーションが続く
・無理な利回りは計画しない
ゴールが決まっているから継続できる
目標がない投資
いつ売ったらいいんだろう
・漠然とお金を増やしたい
・相場の動向に一喜一憂してしまう
・モチベーションが続かない
・具体的な投資方針が定まらない

【「何のため・いくら・いつまでに」を書いてみる】

積立投資を継続させるためにも、最初に「何のために」を設定。あわせて「いくら」「いつまでに」をセットで設定すれば、実現に向けて必要な積立額や利回りがみえてきます。目的は1つでなくても構いません。利回りは3～5%の無理のない範囲で試算しましょう。

①何のため　②いくら　③いつまでに

（例）

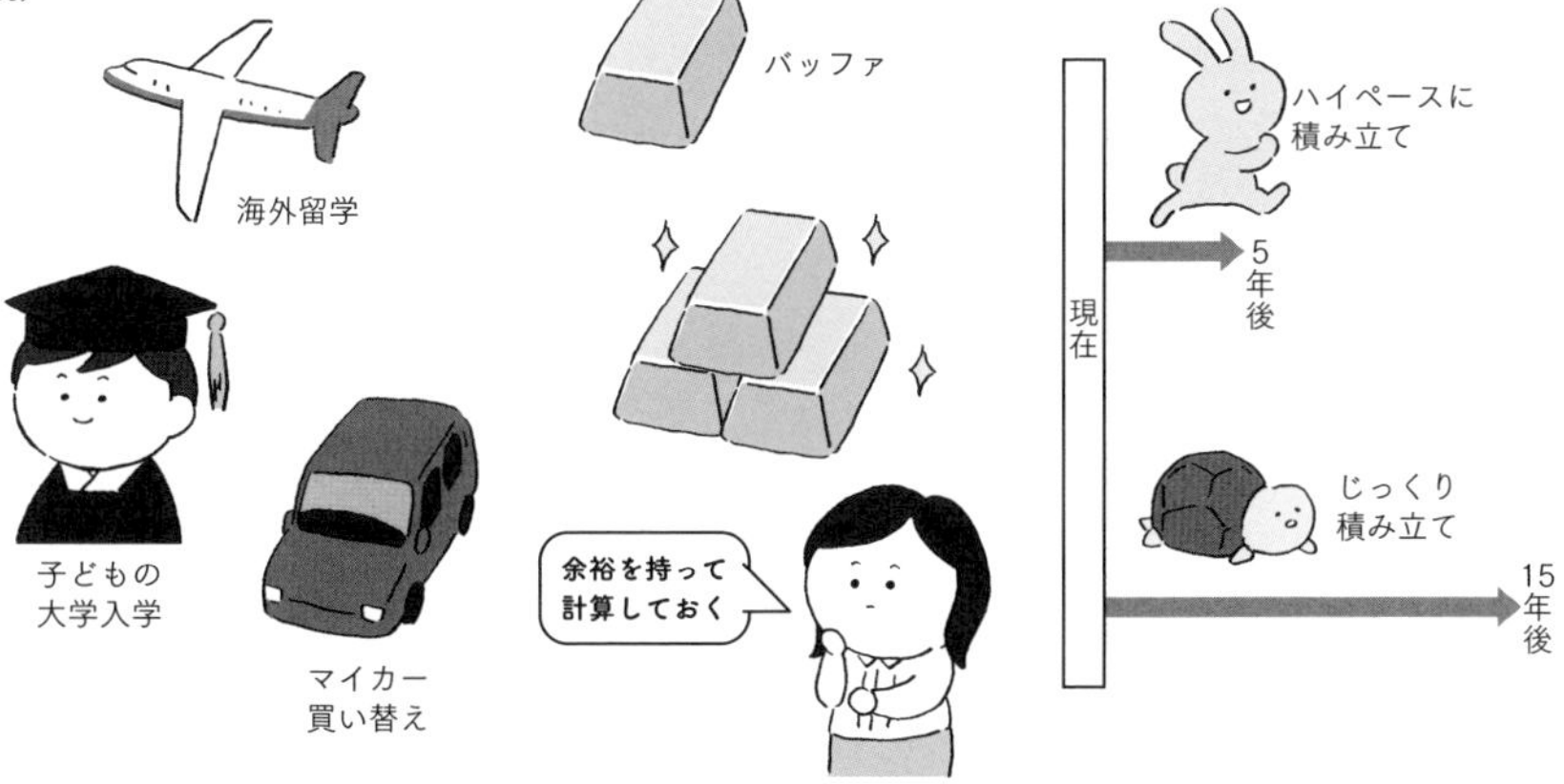

【タイムバケットで計画を立てる】

「タイムバケット」とは、自分の年齢・年代をバケツに見立て、各年代ごとに自分のしたいことを記載したもの。将来実現したいことを可視化することで、必要な資金だけでなく、自身の健康面や残された時間を意識し、より有意義な人生を計画することができます。

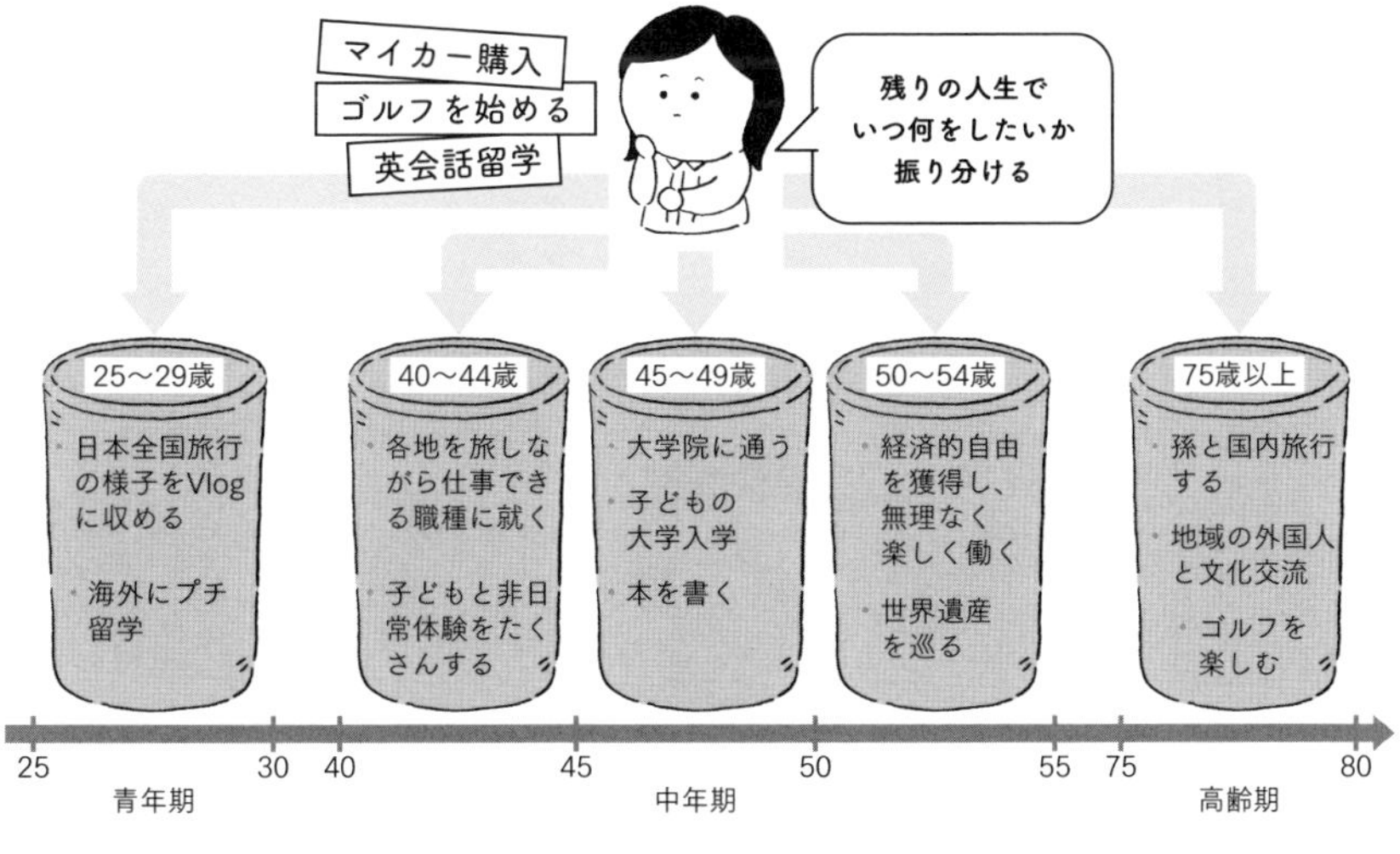

運用成績を左右する資産配分を決めよう

●理想の配分を考えよう！

投資の運用成績には資産配分が大きく影響します。NISAを利用した長期視点の運用では、1日や1週間単位の細かい売買は不要なものの、その分、最初のルール設定が非常に重要なのです。

資産配分はおかずのバランスにたとえることができます。お肉だけ、野菜だけのお弁当が好きな人もいるかもしれませんが、栄養バランスが整っているとはいえません。投資も同様で、何か1つの投資先に集中することは、値下がりリスクの面からも避けた方が無難です。適度に投資先を分散させつつ、自分のスタイルに合わせてそれぞれの比重を変えていくことを意識しましょう。

もし資産配分に迷うようなら、プロのポートフォリオを参考にするのも1つの手です。例えば、GPIF（年金積立金管理運用独立行政法人）は国内外の株式、債券へ均等に分散投資する手法で、長期にわたって年金資産を安定運用しています。

【投資はルール設定が大切】

投資は場当たり的な判断で行ってしまうのがもっともタブー。目指すリターンや許容できるリスクをふまえ、自分なりの投資ルールを決めておきましょう。ルールを決めておけば、いざ商品を選ぶときに迷う心配もなくなります。

日本株
米国株
欧州株
世界株
商品A
商品B
商品C
商品D
世界に分散して投資するなら商品DだけでOK
ルールメモ
余計な商品まで買っちゃいそう…
ルールを決めていれば商品選びも迷わない！

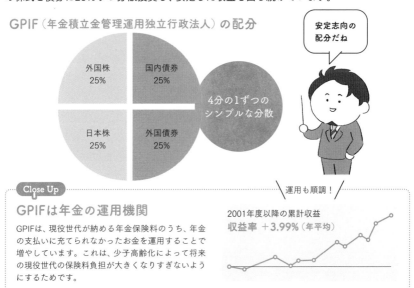

【資産配分＝おかずのバランス】

資産配分と聞くと難しそうに感じるかもしれませんが、お弁当のおかずのバランスを整えるようなイメージを持つといいでしょう。おかずだけ、ご飯だけといった偏った内容よりも、複数のおかず（資産）に分散したほうが資産全体のバランスが整います。

資産配分のイメージ

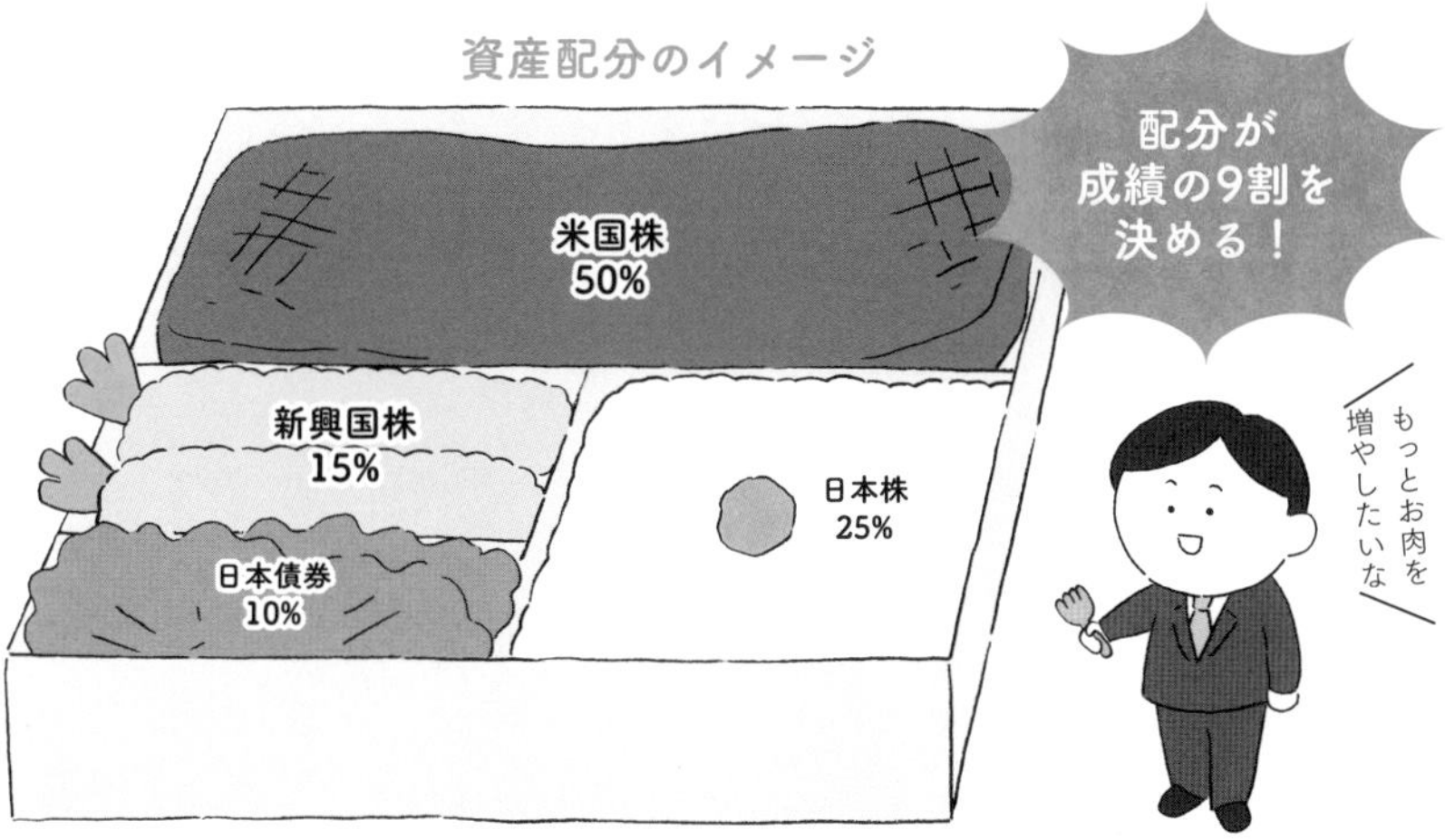
配分が
成績の9割を
決める！
米国株
50%
新興国株
15%
日本債券
10%
日本株
25%
もっとお肉を
増やしたいな

【プロの配分もマネしてみよう】

自分で資産配分を考えるのが難しい場合は、プロの運用方法を参考にするのも1つの方法です。例えば、日本の公的年金を運用するGPIF（年金積立金管理運用独立行政法人）は、国内外の株式と債券に25%ずつ分散投資し、安定した収益を出し続けています。

GPIF（年金積立金管理運用独立行政法人）の配分

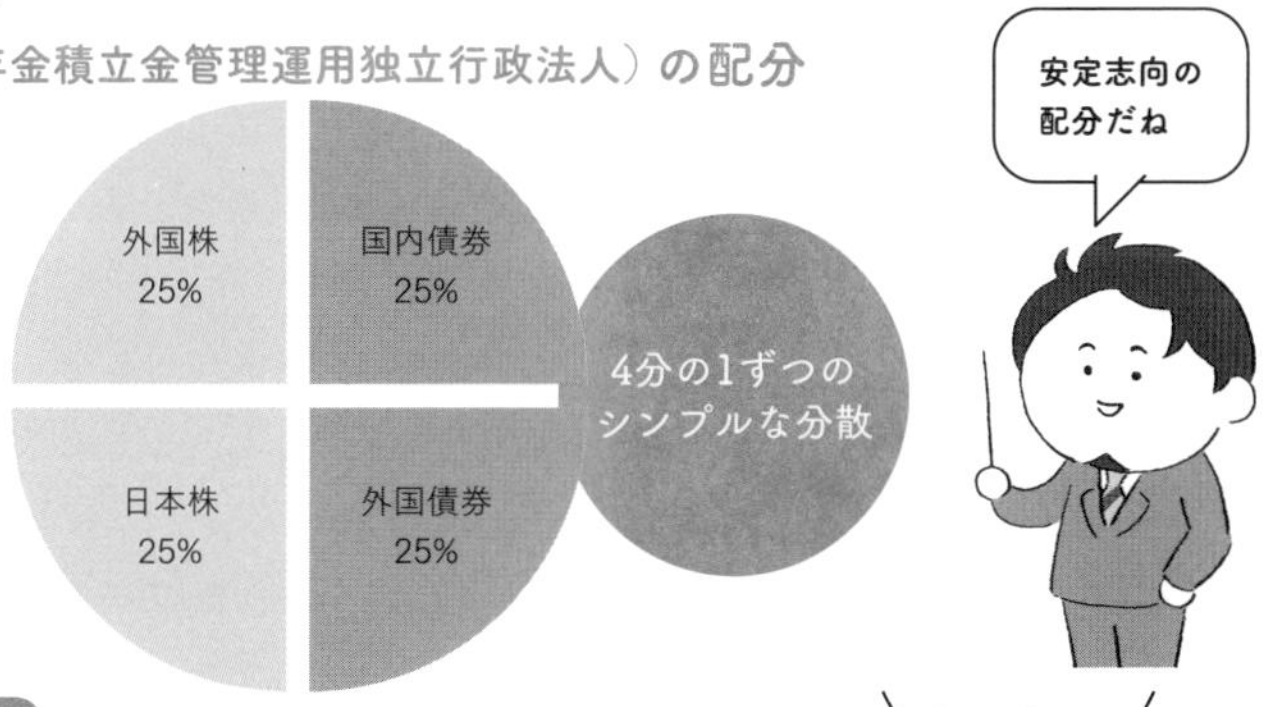
安定志向の
配分だね
外国株
25%
国内債券
25%
日本株
25%
外国債券
25%
4分の1ずつの
シンプルな分散

Close Up

GPIFは年金の運用機関

GPIFは、現役世代が納める年金保険料のうち、年金の支払いに充てられなかったお金を運用することで増やしています。これは、少子高齢化によって将来の現役世代の保険料負担が大きくなりすぎないようにするためです。

運用も順調！

2001年度以降の累計収益

収益率 ＋3.99%（年平均）

自分のリスク許容度を確認しよう！

●投資期間が長いならリスク許容度も大きい

リスク許容度とは、投資をする際にどれくらいのリスクを取れるか、いくらの損失（マイナス）までなら受け入れられるかの度合いを指します。

リスク許容度はそのお金の使い途《みち》や、家計に占める投資額の割合、投資できる期間によって変動します。例えば、投資期間が10年以上取れるのなら、ある程度リスクを取っても安定したリターンが期待できるため、リスク許容度は大きくなります。反対に、投資期間が短かったり、預貯金が少なかったりすると、リスク許容度は小さくなります。

基本的に、数年以内に使う予定のあるお金はリスクの小さい方法で確保するのが無難です。とくに数ヶ月後などに使うことが決まっているお金は、投資ではなく預貯金で確保しておいたほうがいいといえます。

リスクを抑えるには、投資期間を長くするほか、投資先を分散させるのも効果的です。もし、特定の資産が値下がりしても、ほかの資産の値動きで損失をカバーできます。

【直近で使用予定の資金は取っておく】

投資は期間が短くなるほど、元本割れの可能性が高くなる傾向にあります。当面の生活費や支払いが決まっている結婚資金など、絶対に減ってはいけない資金は投資ではなく、預貯金で確保したほうが無難。投資期間を長く取れる資金を中心に運用しましょう。

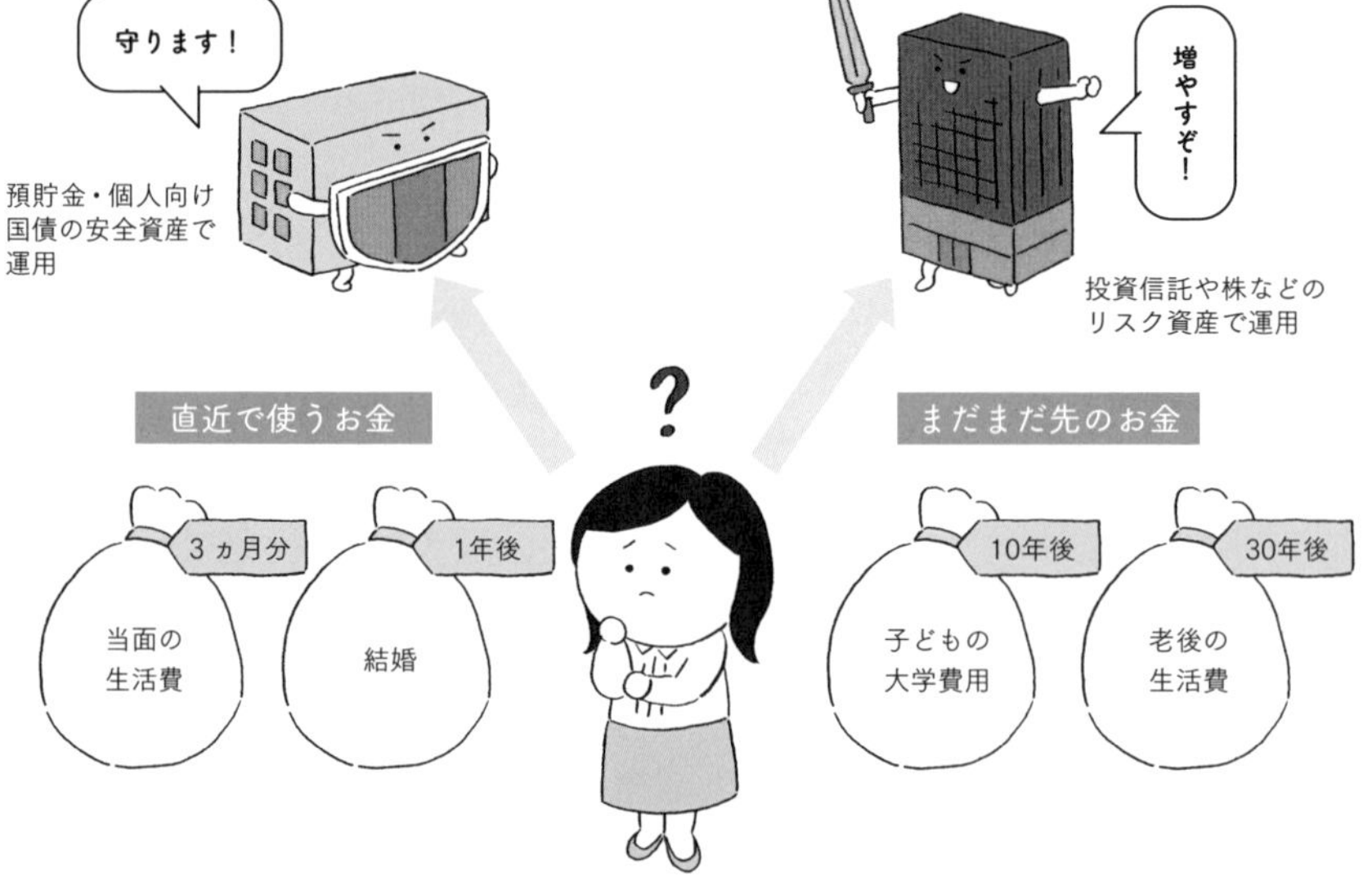
守ります！
預貯金・個人向け国債の安全資産で運用
増やすぞ！
投資信託や株などのリスク資産で運用
?
直近で使うお金
まだまだ先のお金
3ヵ月分
当面の生活費
1年後
結婚
10年後
子どもの大学費用
30年後
老後の生活費

【リスク許容度＝どれくらいリスクを取れるか】

どれくらいの値動きの幅、とくにマイナスを受け入れられるかの度合いがリスク許容度です。投資できる期間が短い、投資経験や貯金が少ないなど、マイナスを受け入れられない人はリスク許容度が小さいため、ローリスク・ローリターンの運用を心がけましょう。

【リスクの抑え方は？】

投資のリスクを抑える方法はいくつかあります。1つは、投資期間を長く設けること。投資は長期になるほどリターンが安定するとされています。また、投資先の分散も効果的です。値動きの異なる商品を組み合わせることで、それぞれの価格変動をカバーできます。

①時間をかける

期間が長いほど
リスクも
小さくなる

②投資先を分ける

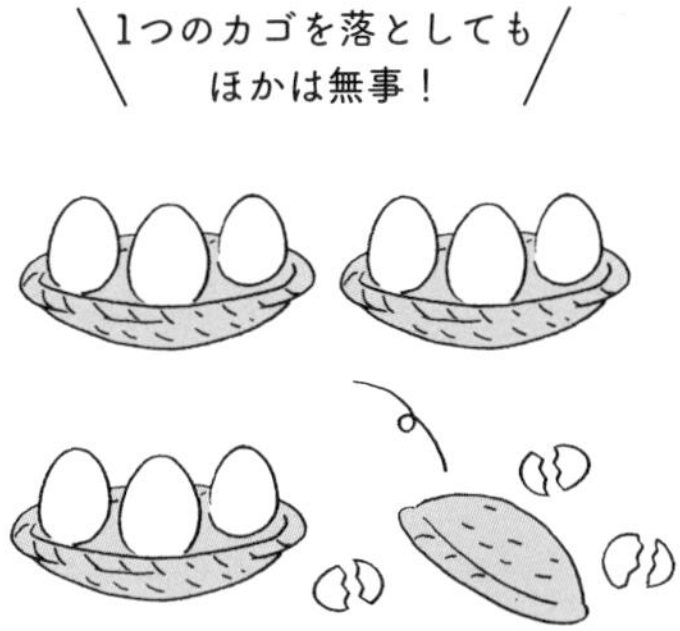

投資先を分ければ
1つあたりのリスクも
小さくなる

投資のリスクとリターンとは？

●リスクとリターンの関係を理解しよう

投資におけるリターンとは、投資の結果そのものを表します。投資の結果、損失が発生した場合はリターンがマイナスだということです。20ページで紹介したように、金融商品によって期待できるリターンは異なります。自身の目指すリターンがどのくらいか把握しておきましょう。

また、リスクとは、損失が出る危険性ではなく、値動きの幅（リターンの変動幅）の大きさを意味します。つまり、リスクが高い商品＝値動きが大きく、高いリターンも狙えるということです。基本的にリスクとリターンは相関関係にあり、リスクの低い商品は期待できるリターンも小さくなります。ローリスク・ハイリターンといった投資法は存在しません。「リスクがなくて大儲けできる」といった投資の誘いがあれば、詐欺を疑う姿勢も大切です。なお、ギャンブルや高レバレッジ型商品のように、投機的な仕組みでリスクが高いにもかかわらず、期待できるリターンが小さい商品があることも覚えておきましょう。

【リターン＝投資の結果】

投資におけるリターンとは、プラスの利益だけを指すわけではありません。投資の結果そのものがリターンであり、損失が発生した場合はマイナスのリターンといいます。堅実にプラスのリターンを狙える投資方法を目指しましょう。

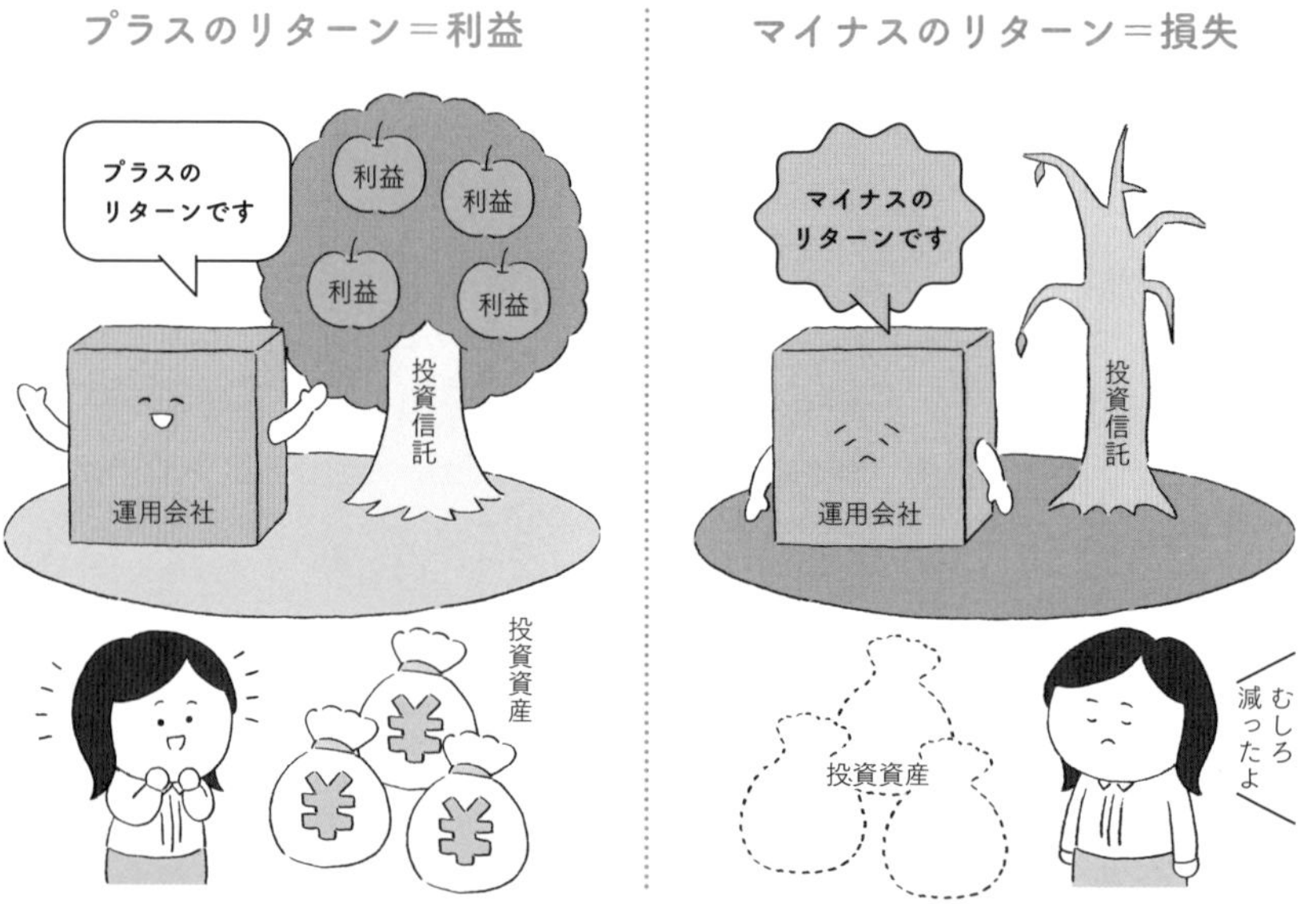
プラスのリターン＝利益
プラスのリターンです
利益
利益
利益
利益
投資信託
運用会社
投資資産
マイナスのリターン＝損失
マイナスのリターンです
投資信託
運用会社
投資資産
むしろ減ったよ

【リスクはリターンの振れ幅】

「投資のリスク」と聞くと、損失が出る危険性をイメージする人もいるかもしれません。しかし、投資のリスクとは値動きの大きさを表します。つまり、リスクが高い＝高いリターンを期待できるという意味でもあります。

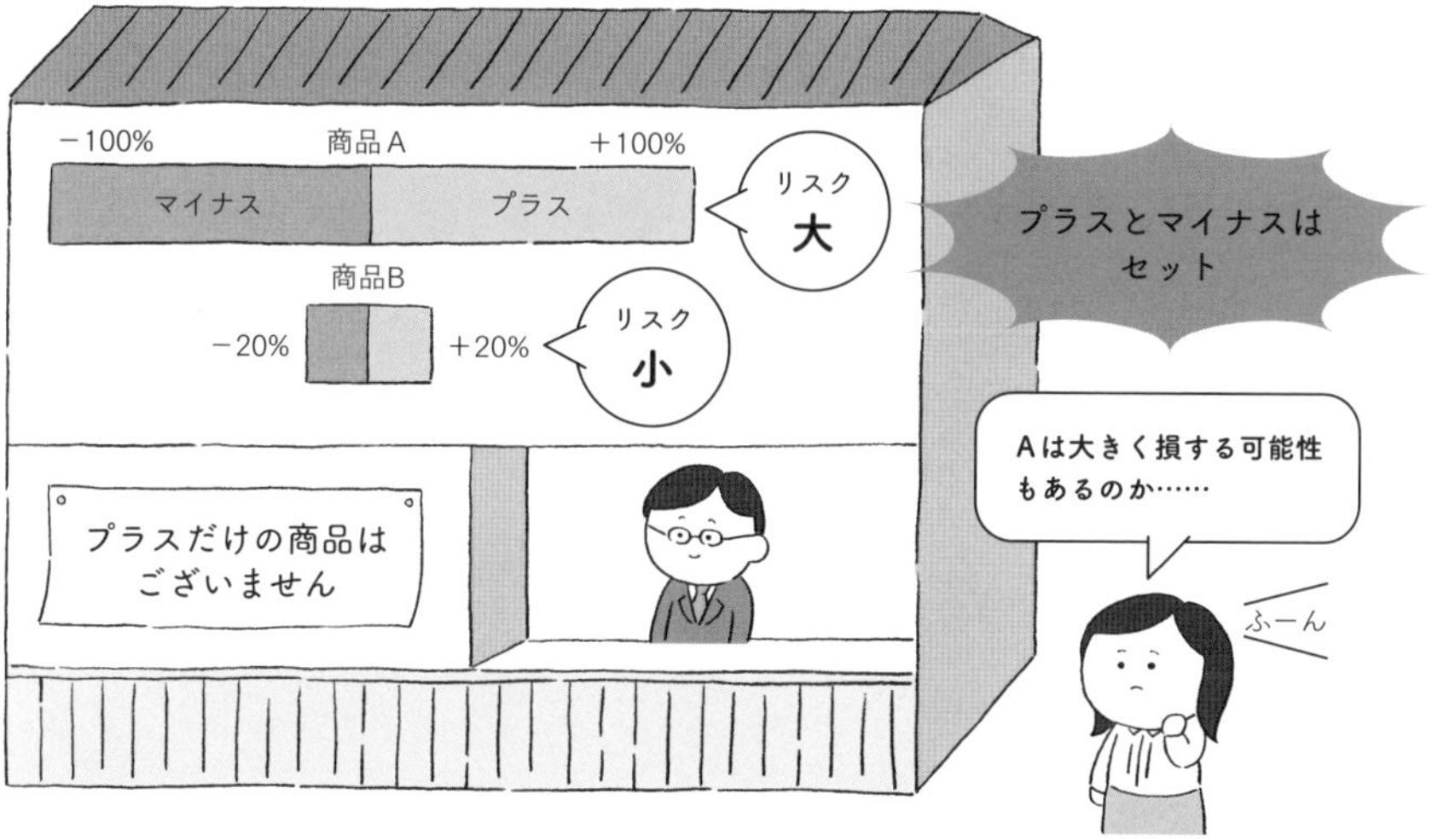

【ローリスク・ハイリターンは存在しない】

基本的に、リスクとリターンは相関関係にあり、リスクの低い商品は狙えるリターンも小さくなります。「ローリスク・ハイリターン」といったおいしい投資方法はありませんので、そのような話を持ちかけられたら投資詐欺を疑いましょう。

Close Up

ハイリスク・ローリターンはある

ギャンブル

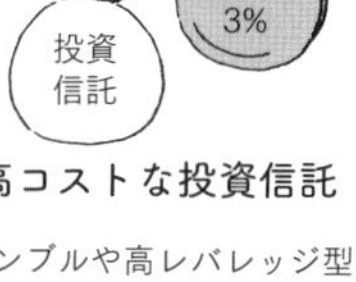

高コストな投資信託

ギャンブルや高レバレッジ型商品など、リスクが高いにもかかわらず期待できるリターンが小さい商品に注意。

金融商品にはどんな種類があるの？

●金融商品ごとのリスクを理解しよう

NISAで購入できる金融商品は20ページで紹介しましたが、それぞれの商品の特徴やリスクをあらためて確認してみましょう。

例えば、預貯金は元本が保証されており、安全性が高い低リスクな資産といえます。いつでも引き出せる流動性の高さから生活資金を預けておくには安心ですが、金利が低いためほとんど増えません。ある程度リスクを許容できるなら、資産を増やすためには預貯金以外の金融商品に投資をしたほうがいいでしょう。一般的には、債券、株式の順にリスクが高くなる傾向にあります。債券のなかでは社債のほうが国債よりもリスクが高いです

また、金融商品は金融機関によって取り扱う内容が異なります。投資信託や国内債券は銀行でも購入できますが、株式や外国債券、社債は証券会社のみの取り扱いとなっています。これらの金融商品に投資をしたい場合は、証券口座の開設が必要です。

【金融商品ごとのリスク】

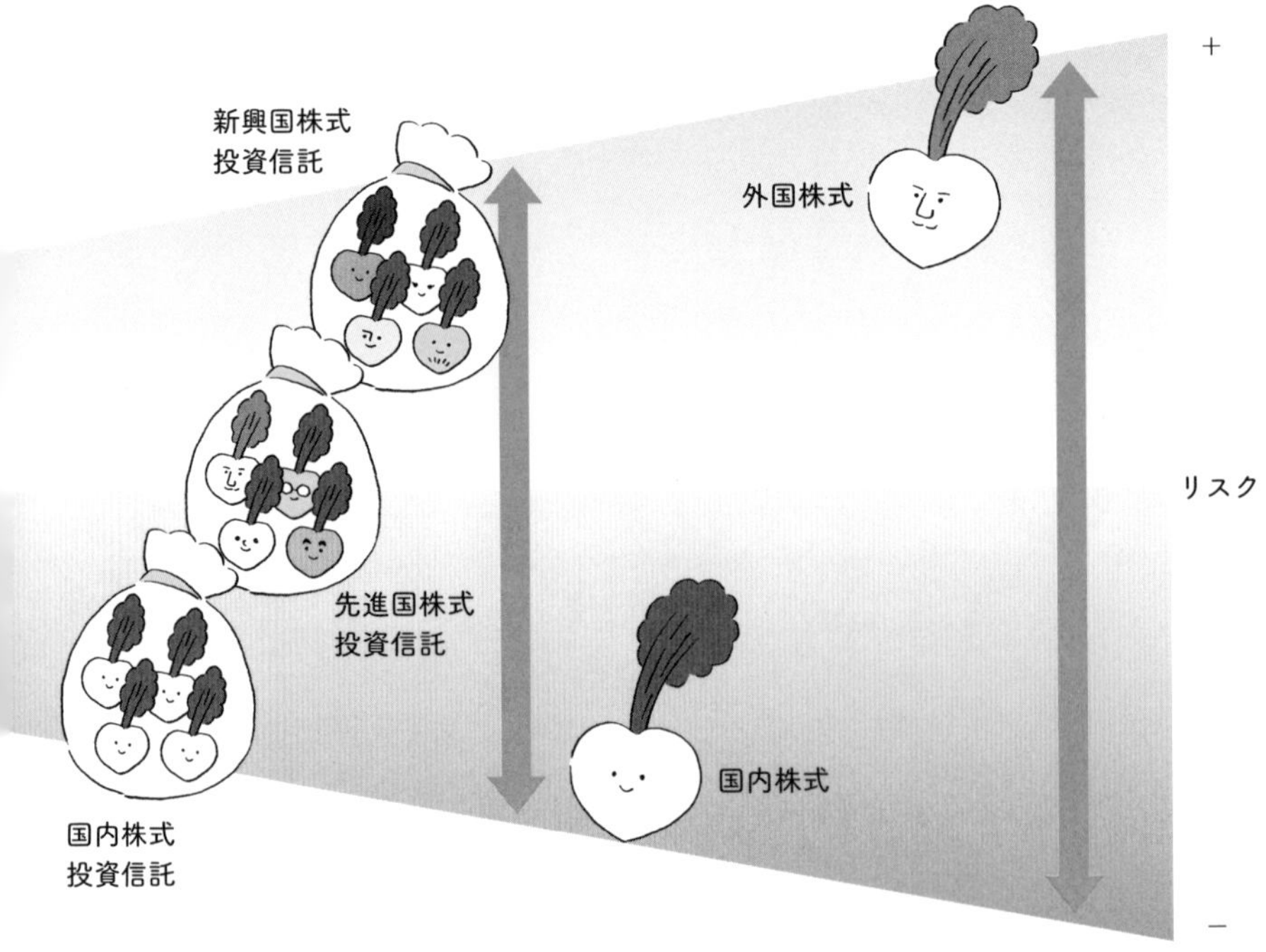
新興国株式
投資信託
外国株式
+
リスク
−
先進国株式
投資信託
国内株式
国内株式
投資信託

【金融機関で選べる商品も違う】

金融商品は、どの金融機関でも同じ商品が購入できるわけではありません。投資信託や国債、地方債、政府保証債は銀行でも取り扱いがありますが、株式や外国債券などは証券会社のみの取り扱いとなります。また、証券会社では預貯金を管理することはできません。

一般的に、預貯金がもっとも低リスクな資産といえます。ただし、元本が保証されているかわりに、金利が低くほとんど増えません。債券、株式の順にリスクが高くなり、投資信託の場合は構成されている資産によってリスクが異なります。

投資先にはどんな国があるの？

●地域によってリスク・リターンは異なる

金融商品の種類によってリスク・リターンが異なることは48ページで説明したとおりです。投資のリスク・リターンは何に投資するかだけではなく、「どこに」投資するかでも変わってきます。

一般的に、アメリカやヨーロッパなどの先進国は経済が発展しており、大企業も多いです。安定成長を狙うなら投資先の候補となるでしょう。日本も先進国ですが、アメリカやヨーロッパと比較すると値動きが小さい傾向にあります。国内株式や国内債券をポートフォリオに取り入れるといった方法は、リスク調整効果が期待できます。一方で、インドや中国などが含まれる新興国は、先進国と比べると発展途上ではあるものの、成長の伸びしろがあり今後大きく成長する可能性を秘めています。ただし、経済状況が不安定で、投資リスクが高い点には注意が必要です。

それぞれの地域のリスク・リターンを正しく理解し、目的に合った投資先を選びましょう。

【それぞれの投資先の特徴は？】

アメリカ
リターン ★★
リスク ★★
世界経済の中心で
安定成長が期待!!

投資先によって期待できるリターンとリスクは異なります。自身のリスク許容度や目的に合わせて投資先を選ぶことが大切です。複数の投資先を自分で選ぶのが難しい場合は、全世界型やバランス型などの金融商品を選ぶのも選択肢の1つです。通貨別シェアを意識し、資産を分散させることもリスク管理では大切な考えです。

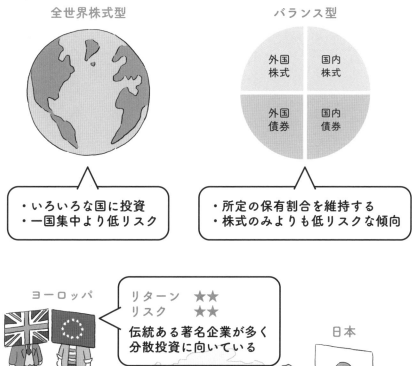

【世界中の金融商品が投資対象】

全世界株式型

・いろいろな国に投資
・一国集中より低リスク

バランス型

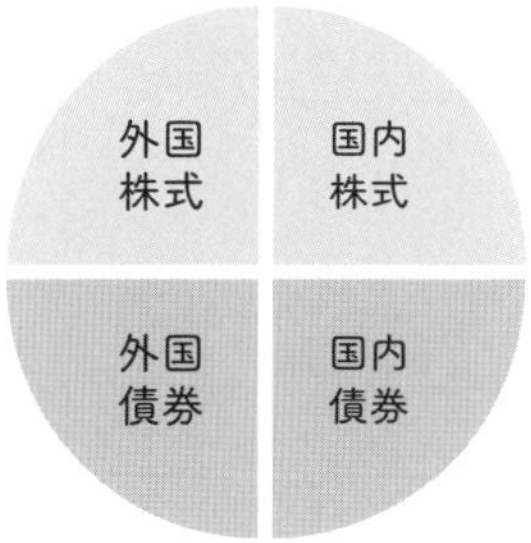
外国株式
国内株式
外国債券
国内債券

・所定の保有割合を維持する
・株式のみよりも低リスクな傾向

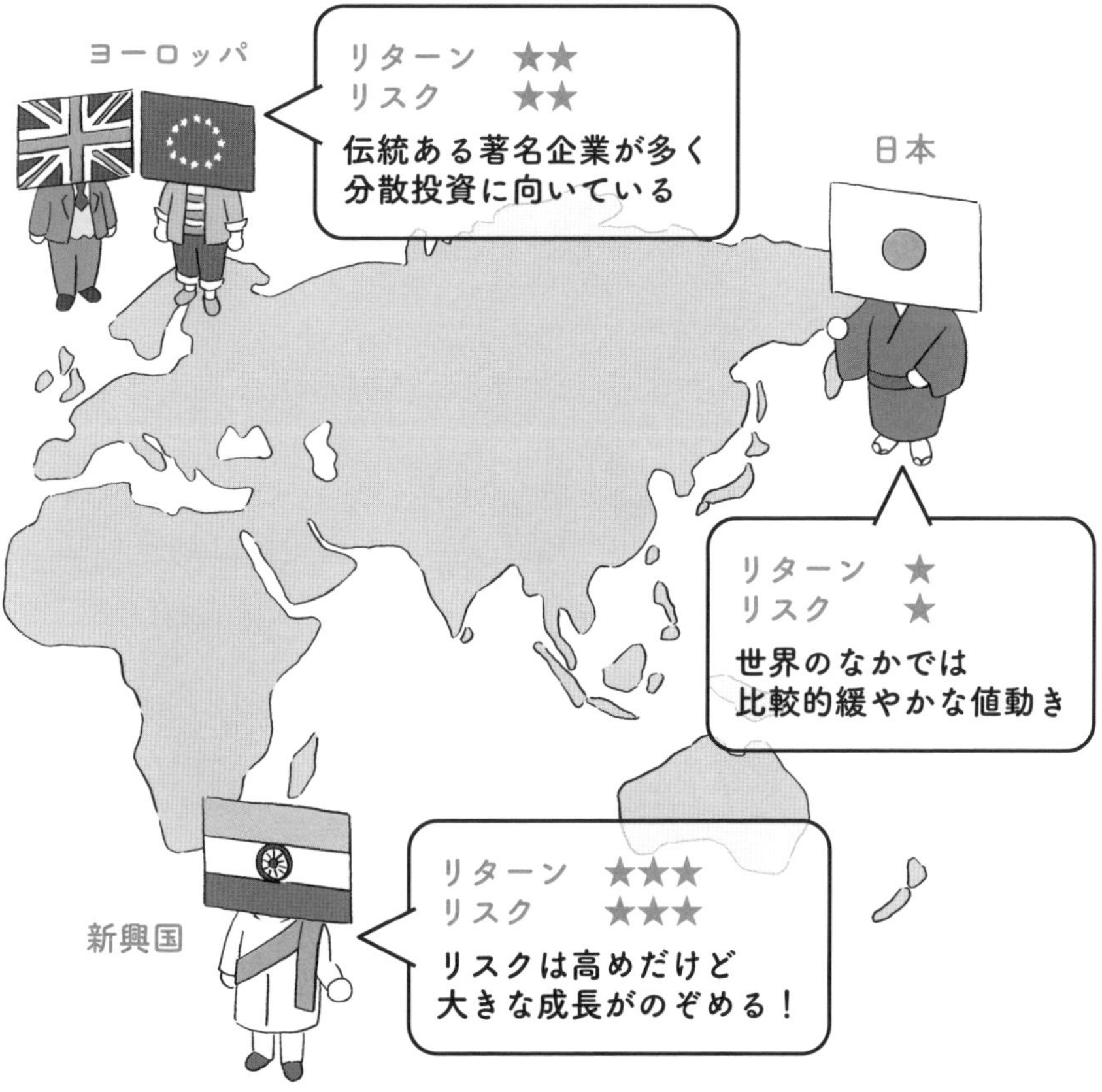
ヨーロッパ
リターン ★★
リスク ★★
伝統ある著名企業が多く
分散投資に向いている
日本
リターン ★
リスク ★
世界のなかでは
比較的緩やかな値動き
新興国
リターン ★★★
リスク ★★★
リスクは高めだけど
大きな成長がのぞめる！

新NISAでは投資信託購入が王道

●NISAと投資信託は相性ばっちり

新NISAを利用して投資をするなら、まずは投資信託がおすすめです。20ページでも紹介したように、投資信託は株式や債券、REITといった複数の資産を組み合わせています。つまり、投資信託を1本購入するだけで、広く分散投資が可能です。

また、株式投資の場合は「どこに投資しよう」と迷ってしまいがちですが、投資信託なら資産タイプや対象地域さえ選んでしまえば、あとはファンドマネージャーと呼ばれる運用のプロにまかせるだけでOKです。投資の知識や銘柄選定にかける時間がなくても、手軽に資産形成できるのも投資信託の魅力の1つ。

投資信託には、「信託報酬」と呼ばれる運用コストがかかります。これは資産を保有している間、毎日発生する手数料です。商品によって信託報酬率はさまざまですが、長期運用ではコストの差が資産形成の結果に大きく影響します。なるべく低コストの商品を選ぶことが大切です。

【運用はプロにおまかせ】

投資信託は、ファンドマネージャーと呼ばれる運用のプロが投資先を選んで複数の資産に投資します。株式や債券といった資産タイプや投資先の地域さえ選んでしまえば、あとはプロにおまかせできるため、手間をかけずに資産形成が可能です。

投資家は商品を選ぶだけ！

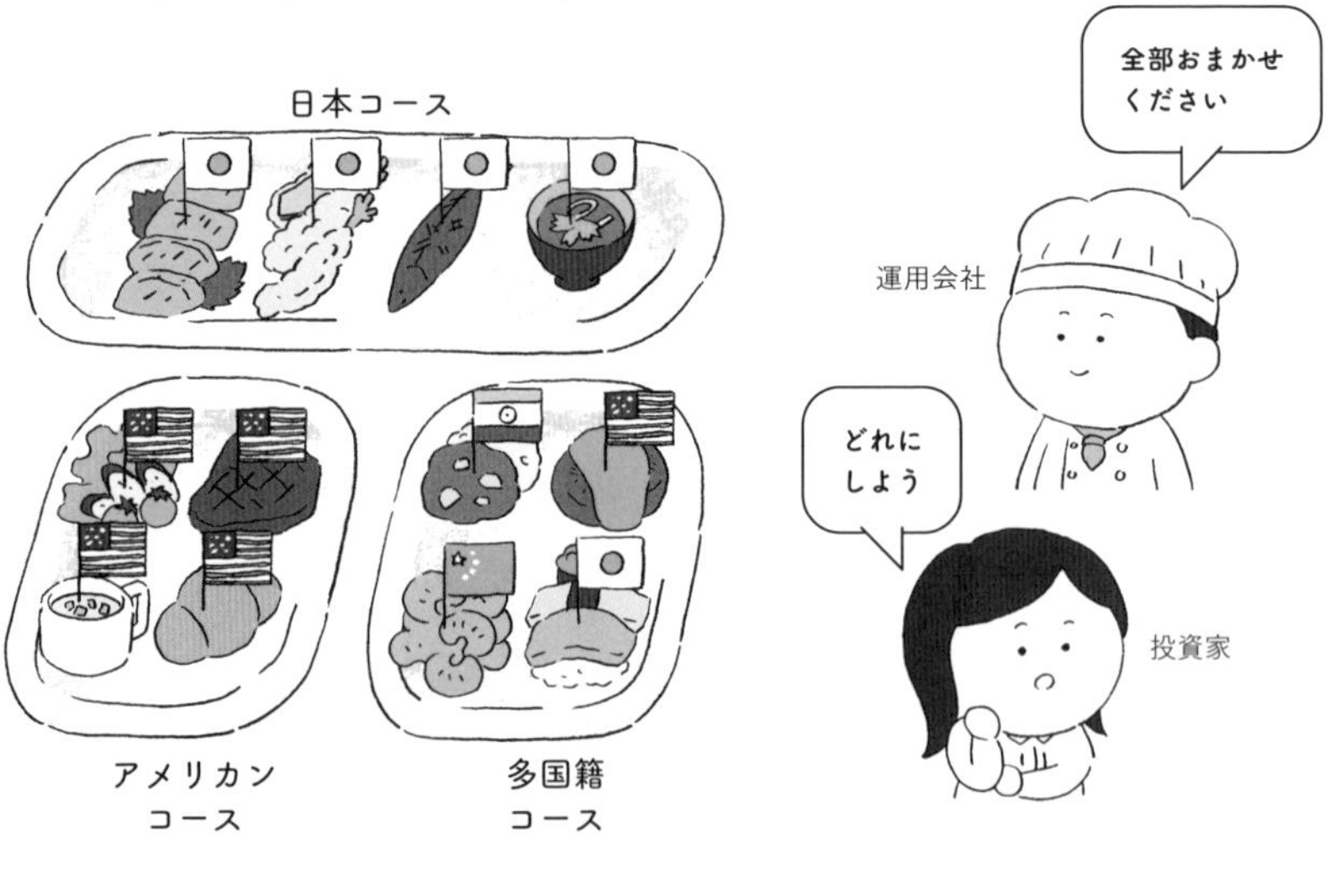
日本コース
アメリカンコース
多国籍コース
全部おまかせください
運用会社
どれにしよう
投資家

【投資信託には運用コストがある】

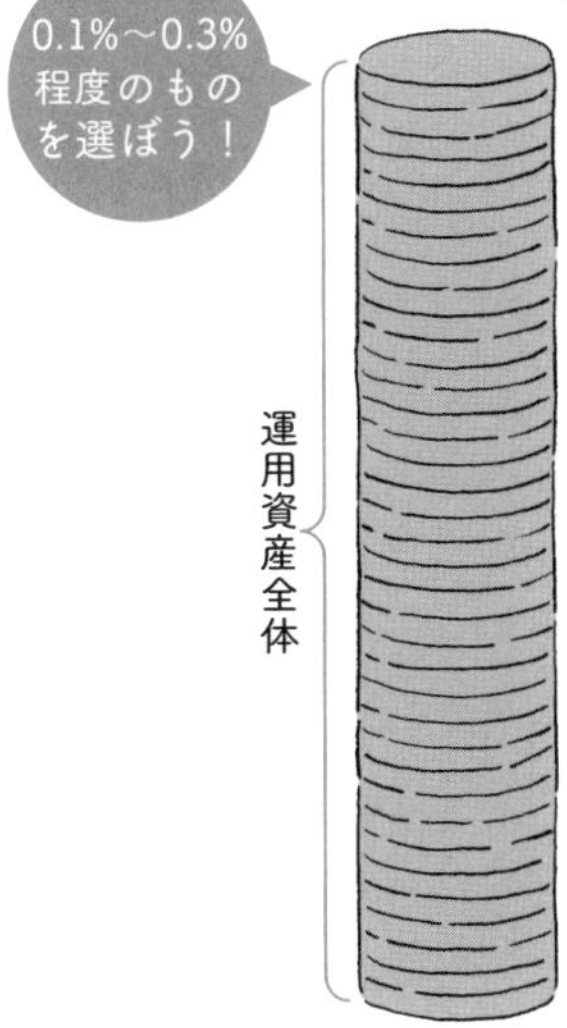
0.1%〜0.3%
程度のものを選ぼう！
運用資産全体

経費として
少しもらうね
運用会社
そのかわり
運用はよろしく！
投資家

銘柄選びや見直しの手間がかからないのが魅力の投資信託には、「信託報酬」と呼ばれるコストがかかります。これは運用をまかせる手数料のようなものであり、投資信託の種類によって信託報酬率は異なります。

【なるべく低コスト商品を選ぼう！】

信託報酬は商品ごとに異なり、0.05％台のものから数％かかるものまでさまざまで、わずかな差が将来の資産額に影響します。コストの高低だけで商品の良し悪しは測れませんが、同じような投資先を対象としている場合は、コストの低い商品を選ぶのが無難です。

コストが高い場合

信託報酬
よゆう〜！
10年後
10年分の
信託報酬
ムリ……

コストが低い場合

信託報酬
よゆう〜！
10年後
まだまだ！
10年分の
信託報酬

インデックスとアクティブの違い

●投資信託には大きく分けて2タイプある

投資信託には、大きく分けて「インデックスファンド」と「アクティブファンド」の2つの商品タイプがあります。インデックスファンドとは、特定の指数と連動した運用成果を目指す商品です。指数とほぼ同じ値動きをするため、常に「市場の平均点」を狙える商品です。インデックスファンドは、コスト（信託報酬）が低く抑えられている点が最大のメリットといえます。

一方、アクティブファンドでは指数を上回る運用成果を目指します。また、アクティブファンドにはテーマに沿って銘柄を選定している商品も。ファンドマネージャーが投資銘柄を選定しているため、インデックスファンドよりも投資銘柄が少なく、値動きが激しい傾向にあります。また、コストがインデックスファンドよりも高い点も特徴です。

初心者か投資経験者かにかかわらず、資産を「長期的に」「着実に」増やすのであれば、インデックスファンドを積立商品のメインにすえるのが良いでしょう。

【指数は市場全体の動きを示す】

指数（インデックス）とは、市場を構成する株式や債券などの価格や時価総額を加重平均などでまとめたもので、市場の動きを示します。代表的な例として、「日経平均株価」や「S&P500」など、市場や一定の条件ごとにまとめた株価指数が挙げられます。

株価指数の仕組み

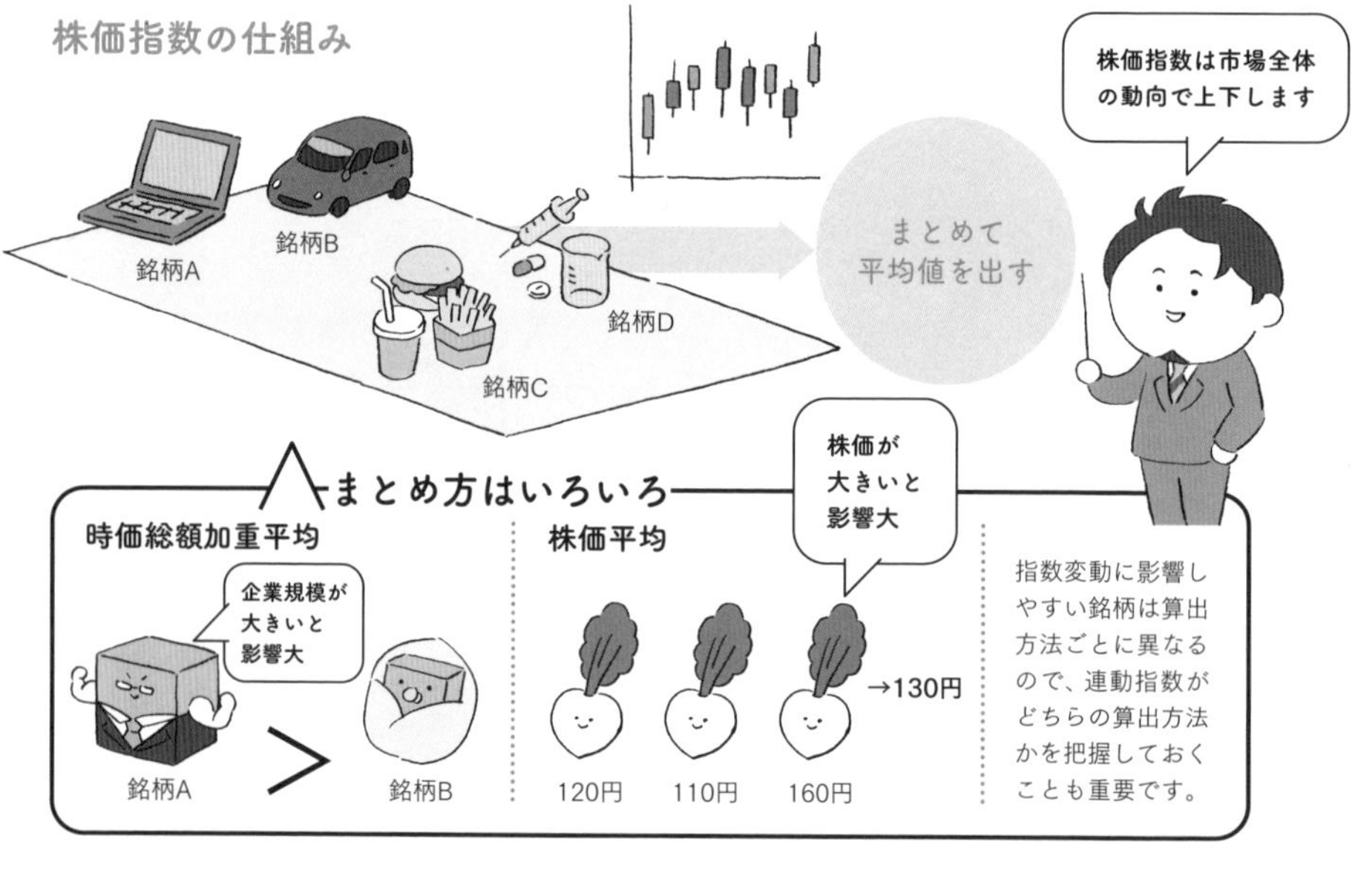
株価指数は市場全体の動向で上下します
銘柄A
銘柄B
銘柄C
銘柄D
まとめて平均値を出す
まとめ方はいろいろ
時価総額加重平均
企業規模が大きいと影響大
銘柄A
銘柄B
株価平均
株価が大きいと影響大
→130円
120円
110円
160円
指数変動に影響しやすい銘柄は算出方法ごとに異なるので、連動指数がどちらの算出方法かを把握しておくことも重要です。

【インデックスファンドとアクティブファンドの違い】

インデックスファンドは指数に合わせた運用成果を目指しているため、値動きの幅も指数と連動します。一方、アクティブファンドはインデックスファンドより激しく値動きする傾向があります。資産を着実に増やしたい場合は、インデックスファンドを選びましょう。

インデックスファンド / アクティブファンド

運用方針

ファンドマネージャー

指数に合わせた
運用成果をめざす

→銘柄も指数とほぼ同じ

ファンドマネージャー

指数を上回る
運用成果を目指す

→独自のテーマを設定しているファンドもある

値動き

指数と同じ
動き方をする

→多くの銘柄に投資するため個別株よりも値動きは緩やか

指数よりも
激しく
値動きする

→インデックスファンドよりも投資銘柄が少ないため、特定の企業の影響を受けやすい

コスト

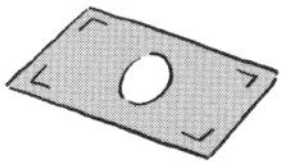

低い
(0.1%以下〜)

高い
(1〜2%)

結論 着実に資産を増やすなら
インデックスファンド

Point インデックスに勝てないアクティブは多い

指数を上回るパフォーマンスを目指すアクティブファンドは一見インデックスファンドより有利に思われそうですが、実際は多くのアクティブファンドはインデックスファンドに負けてしまっています。

市場平均に勝てなかったアクティブファンドの割合（%）

ファンド・カテゴリー	1年	3年	5年	10年
日本の大型株ファンド	83.44	81.98	93.13	84.46
日本の中小型株ファンド	48.5	61.06	53.89	47.02
米国株式ファンド	80.33	83.08	93.98	90.57
グローバル株式ファンド	84.49	90.67	91.67	97.35

出典：S&Pダウ・ジョーンズ・インデックス社「SPIVA®日本スコアカード」2023年6月末のデータより作成

信託報酬の安さは最重要ポイント

●運用中のコストで資産額に差が出る

商品選びにあたって最重要ポイントのひとつは「コストの安さ」です。投資信託のコストは主に3種類あり、合計でどの位のコストがかかるのかを見ておく必要があります。

1つ目は、投資信託を購入するときに支払う「販売手数料」です。申込額の1〜3%かかりますが、つみたて投資枠で選べる投資信託は、すべて販売手数料無料（ノーロード）のため、最初はあまり気にしなくても良いでしょう。

2つ目は、投資信託の保有中に支払う「信託報酬」です。信託報酬は、投資信託の純資産総額から毎日支払われる手数料で、投資信託のランニングコストにあたります。また、信託報酬は商品によって0・05〜2%と幅があります。そのため、より安い商品を選ぶのが大切です。

3つ目は、投資信託を売却するときに支払う「信託財産留保額」です。解約代金から差し引かれることがあります。こちらも、販売手数料と同様に無料の商品があるため、購入前にチェックしておきたいところです。

【コスト差で運用結果にどのくらい差が出るか】

信託報酬の差は、運用期間が長くなればなるほど最終的な資産額にも大きく影響します。例えば、毎月5万円を年利5%で30年間積立運用した場合、信託報酬0.1%の場合は最終資産額約4,085万円に対し、0.5%の場合は約3,795万円と、約290万円も差が開きました。

毎月5万円を年利5%で30年間積立運用した場合

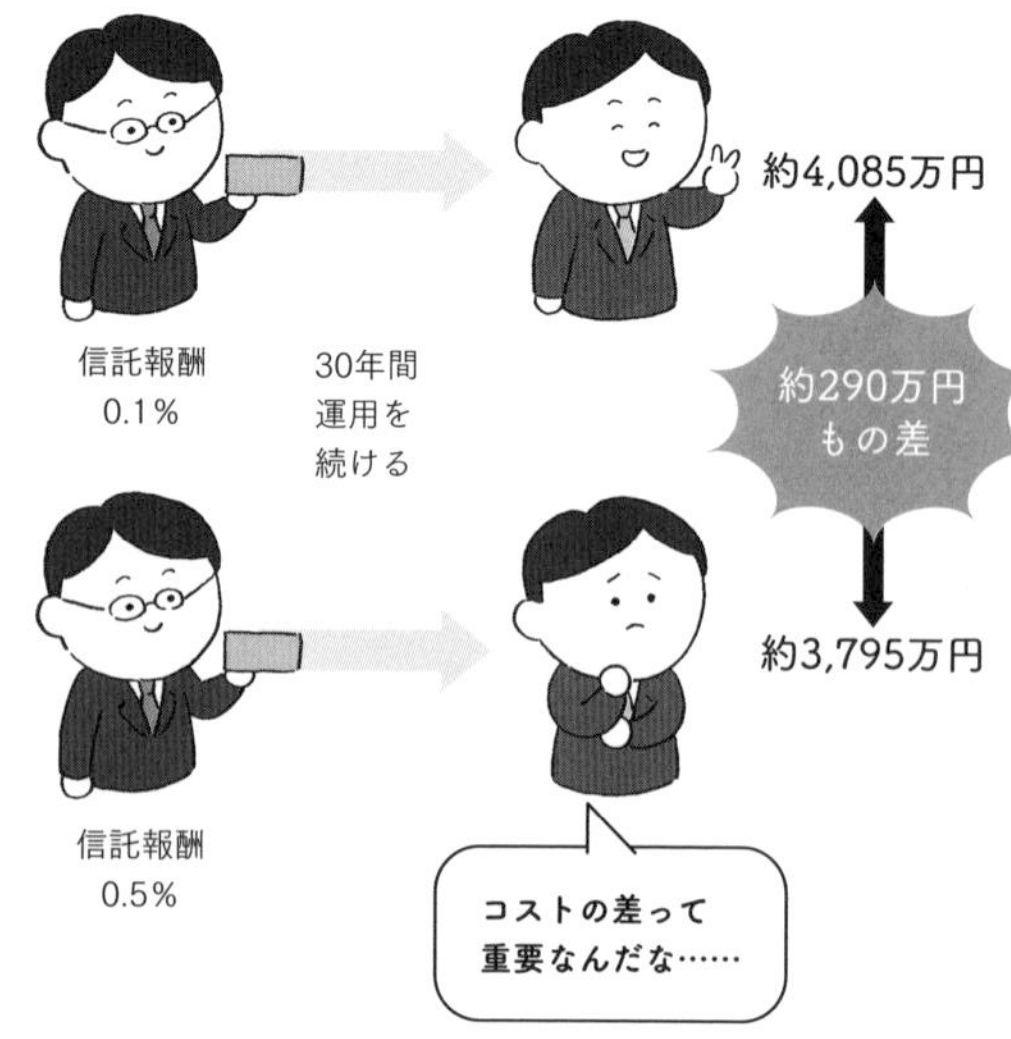
信託報酬
0.1%
30年間
運用を
続ける
約4,085万円
約290万円
もの差
約3,795万円
信託報酬
0.5%
コストの差って
重要なんだな……

Point

投資信託のコストは目論見書で確認する

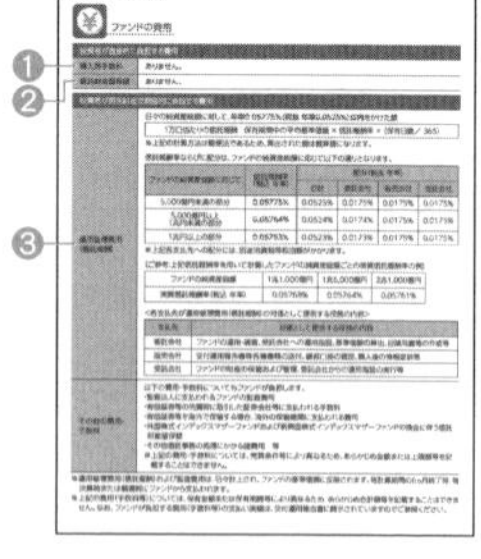
■ファンドの費用・税金
ファンドの費用
①
②
③

①販売手数料
②信託財産留保額
③信託報酬

【投資信託のコストは3つ】

投資信託への投資にかかるコストは大きく分けて3つに分かれます。なかでも、保有中は毎日支払う信託報酬が安い商品を選ぶことが最重要。販売手数料が無料でも信託報酬が高い商品もあるので、投資信託のコストはトータルで考えることが重要です。

購入時に支払う ▶ 販売手数料

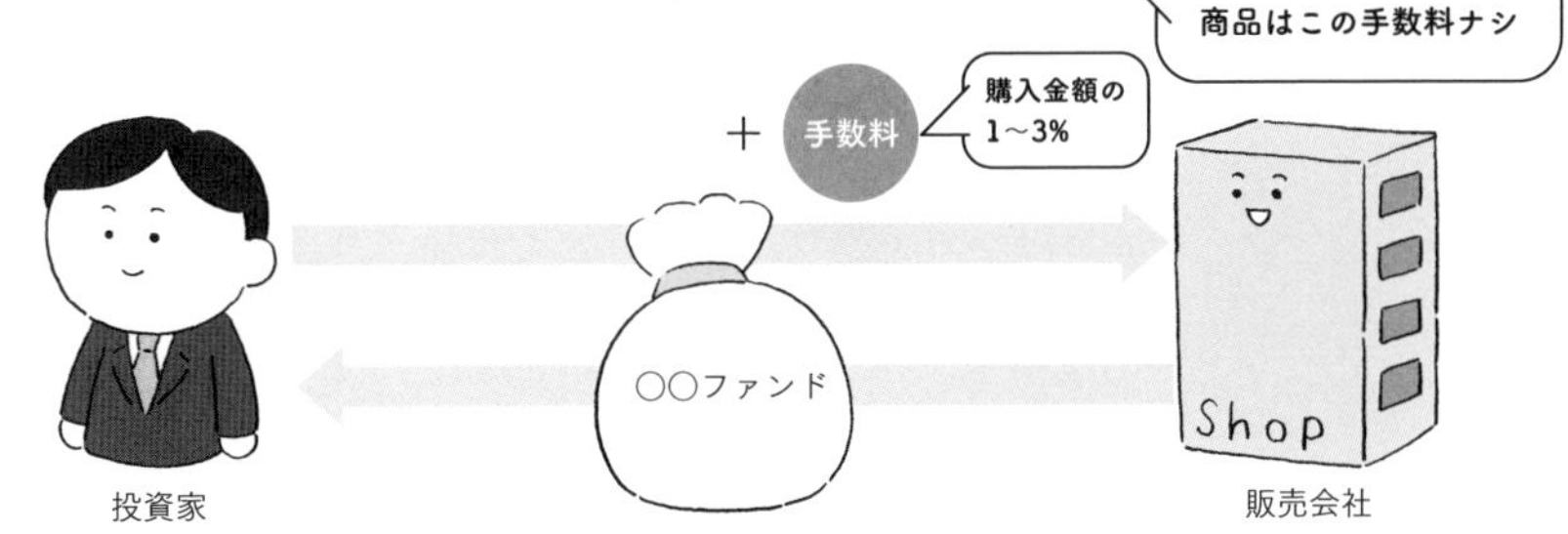
つみたて投資枠の

保有中はずっと支払う ▶ 信託報酬

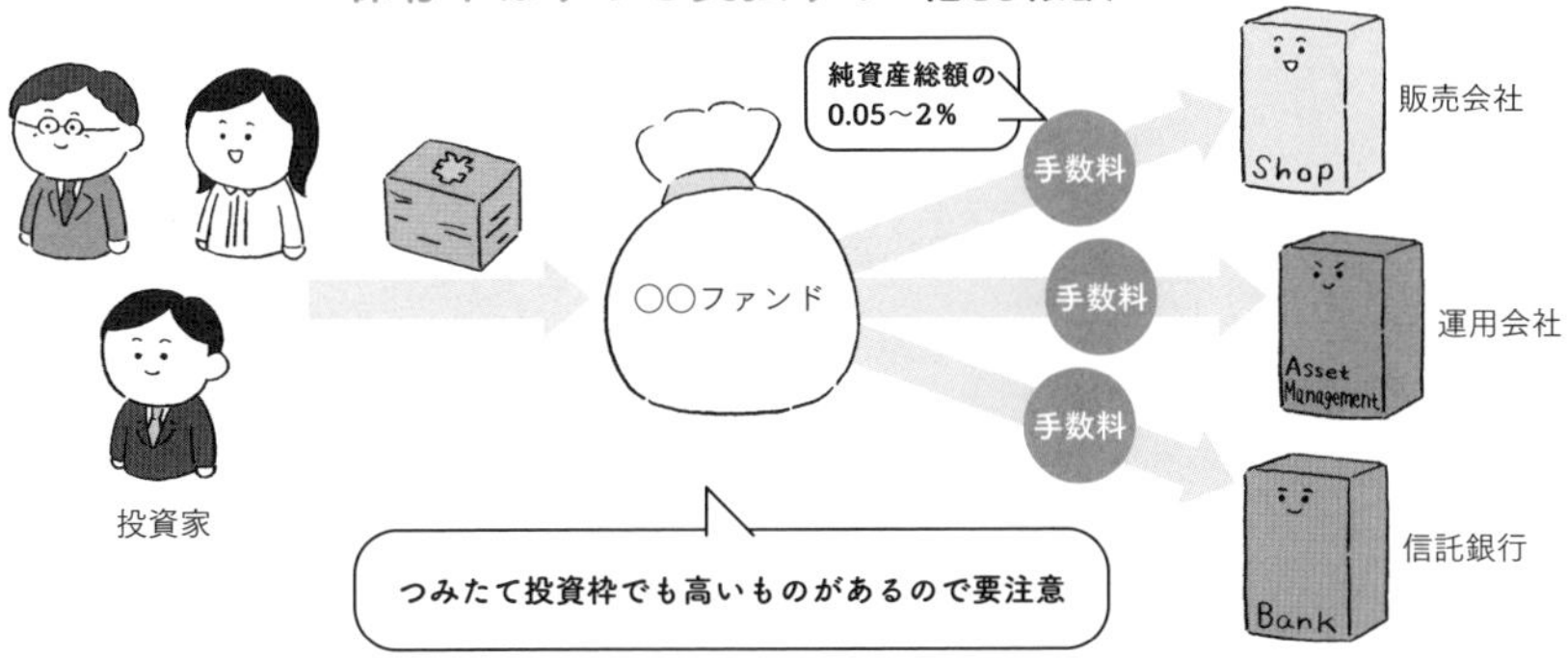

売却時に支払い ▶ 信託財産留保額

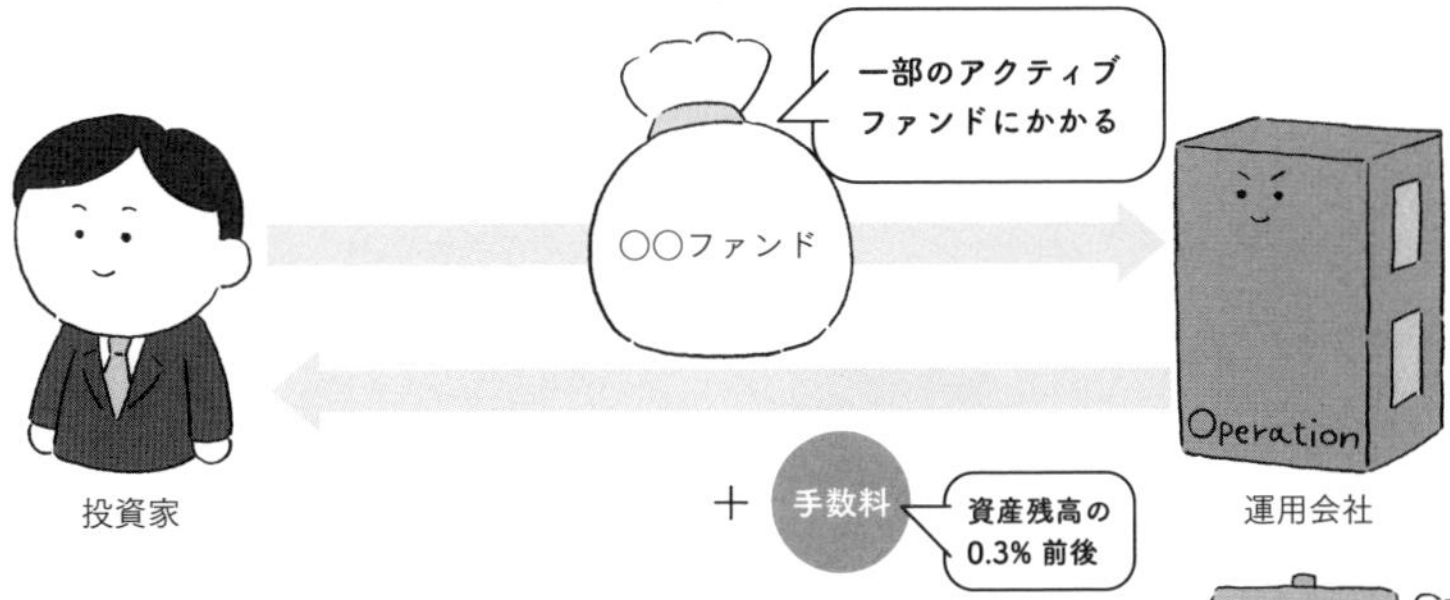

結論
①投資信託のコストはトータルで考える
②信託報酬は保有中毎日差し引かれるので特に重要

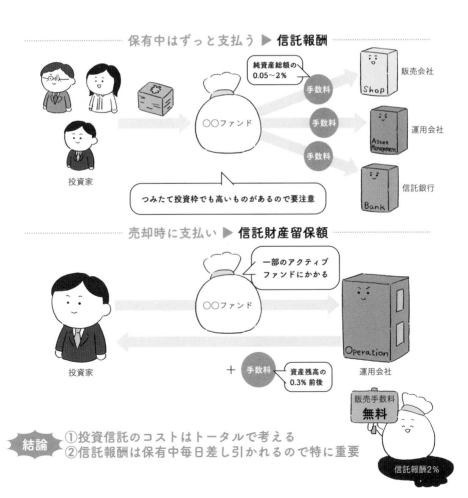

全世界を対象にした株式ファンドを選ぶ

●投資先を分散し「負けない運用」を目指す

低コストのインデックスファンドにも、いくつかの種類があります。なかでも人気があるのは、全世界の株式に広く投資する「全世界株式インデックスファンド」と呼ばれるタイプと、米国の株式に投資する「全米株式インデックスファンド」と呼ばれるタイプの商品です。全世界株式のほうが、投資先の国や地域が多岐にわたるため、リスク分散効果が高いといえます。

経済大国である米国への投資は高いリターンが期待できますが、必ずしも今後も米国が世界を牽《けん》引していくとは限りません。過去の株式市場の変化を見てみると、英国や日本が中心の時代もあったとわかります。米国へ集中投資した場合、市場の変化に取り残される可能性もあるでしょう。その点、全世界株式なら、運用成績の奮わない国や地域の割合が調整されるため、バランスよくリターンを狙うことができます。長い目で資産を築くうえでは、勝つことよりも負けない運用を心掛けることが大切です。

【全世界 vs 全米、総合評価で全世界が◎】

インデックスファンドのなかでも人気があるのが、「全世界株式」と「全米株式」の2種類です。全世界のほうが分散効果が高くリスクは抑えられ、全米のほうが経済成長の恩恵を受けやすいという違いがあります。バランスよく増やすなら、全世界株式がおすすめです。

全世界
49カ国
10000銘柄
その他
先進国
日本
米国
●分散効果でリスク減
●米国も6割近くを占める
●新興国の成長も
取り込める
●成績の悪い地域の
割合は適宜調整される
リターン狙いつつ
リスクヘッジ
今後も成長
し続けるとは
限らない
全米
1カ国
約4000銘柄
米国
●全世界より成績は上
●米国は世界経済の中心
●他国が成長すれば
米国も伸びる

【世界の中心は時代とともに変わる】

全米株式型のインデックスファンドのほうがリターンが高いのは、米国が世界経済を牽引する地域であるためです。しかし、過去の株式市場を見てみると、必ずしも米国が席巻しているわけではありませんでした。今後も米国が台頭し続けるとは限りません。

株式市場の変化

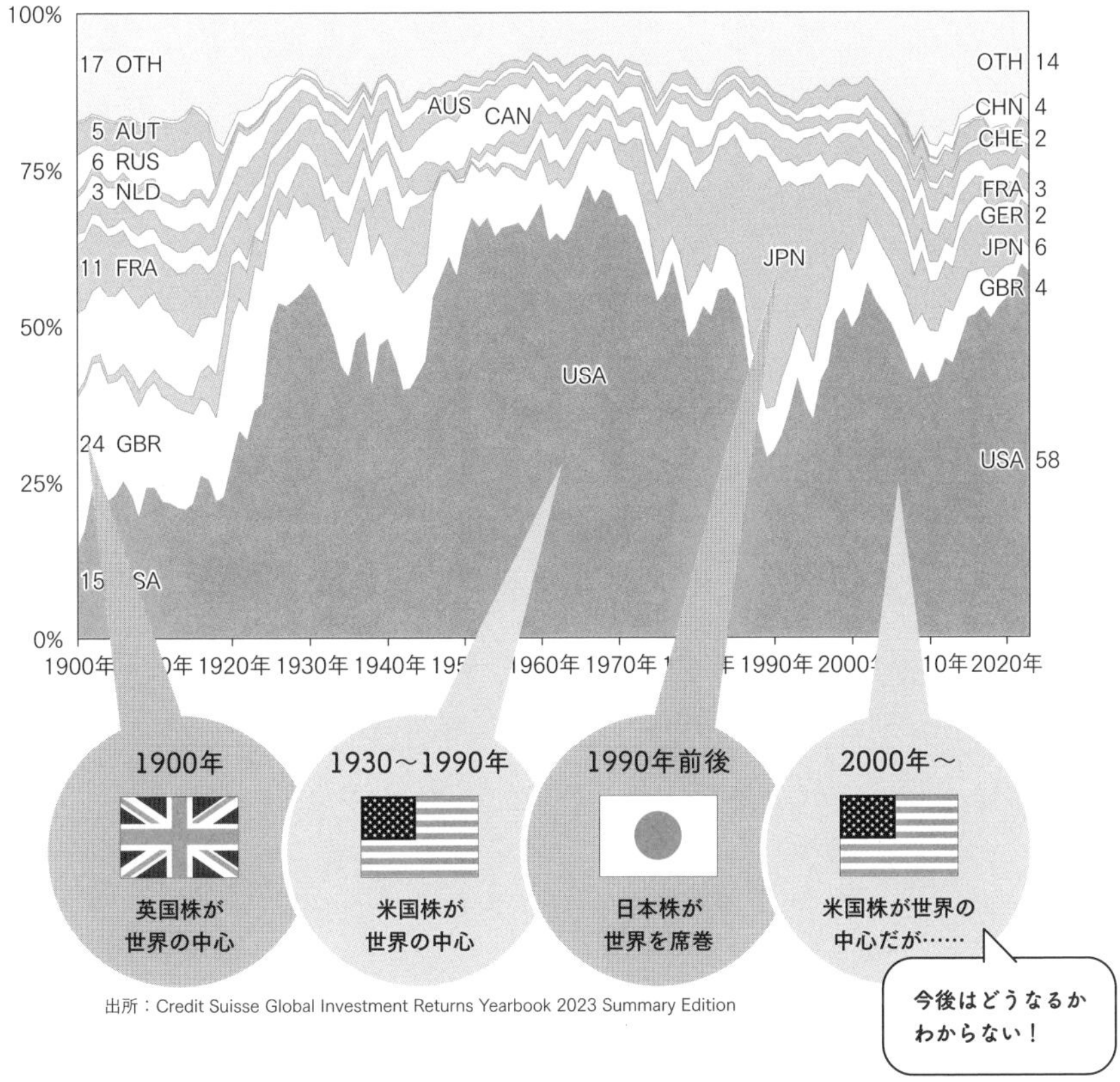
100%
75%
50%
25%
0%
17 OTH
5 AUT
6 RUS
3 NLD
11 FRA
24 GBR
15 USA
AUS
CAN
JPN
USA
OTH 14
CHN 4
CHE 2
FRA 3
GER 2
JPN 6
GBR 4
USA 58
1900年
1920年
1930年
1940年
1960年
1970年
1990年
2020年
1900年
英国株が
世界の中心
1930～1990年
米国株が
世界の中心
1990年前後
日本株が
世界を席巻
2000年～
米国株が世界の
中心だが……
今後はどうなるか
わからない！

出所：Credit Suisse Global Investment Returns Yearbook 2023 Summary Edition

Point 全世界株式が「良い」2つの理由

①堅実に増やすなら「負けない運用」が大事

長期的に資産を築くなら、「増やす」よりも「減らさない」が重要

②米国がいつまでも世界のトップとは限らない

全世界株式なら、どの国が台頭しても、広く世界に投資できます

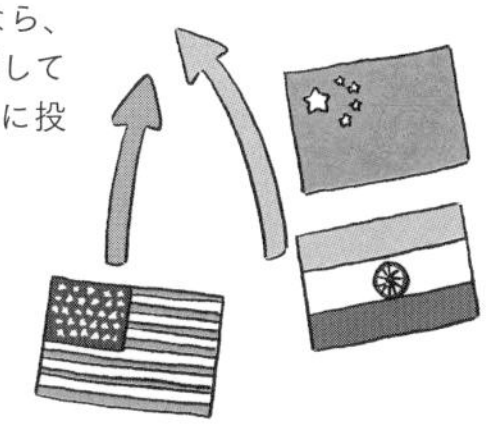

複数資産を含むバランス型ファンド

値動きの違う資産を組み合わせる

投資信託には「バランス型」といって、株式や債券、不動産といった複数の資産が含まれている商品もあります。それぞれの資産の値動きは異なるため、リスクの分散に効果的です。例えば、「株式市場は低迷しているが、債券は安定している」といった状況において、株式と債券の両方に投資していれば、資産全体の値下がりを抑えられます。

ただし、投資先が多いからといって、リスクが下がるとは限りません。4資産均等型といわれる投資信託は、国内外の株式と債券に25%ずつ投資する商品で、8資産均等型は国内外の株式、債券、ＲＥＩＴに投資する商品です。8資産型のほうが対象となる資産の種類は多いものの、リスク・リターンの高い新興国が含まれているため、全体としては4資産型よりも高いリスク・リターンとなります。

また、一定の年齢になると、リスクを自動で抑えてくれる「ターゲットイヤー型」の商品もありますが、リスク許容度は年齢だけでは測れないため、注意が必要です。

【異なる資産が均等に組み込まれている】

ファンドの名称に「株式」とある商品は、主に株式が複数組み込まれているファンドです。一方、バランス型ファンドは株式だけでなく、債券やREIT（不動産投資信託）も含まれています。債券や不動産は株式と異なる値動きをするため、リスク分散効果が高まります。

【分散するほど低リスクになるわけではない】

投資対象を分散すると、特定の国や資産への依存度が下がるためリスクが抑えられます。ただし、単に投資先が多いだけでは低リスクになりません。8資産均等型のバランスファンドには新興国が含まれているため、4資産型よりもリスク・リターンは高いといえます。

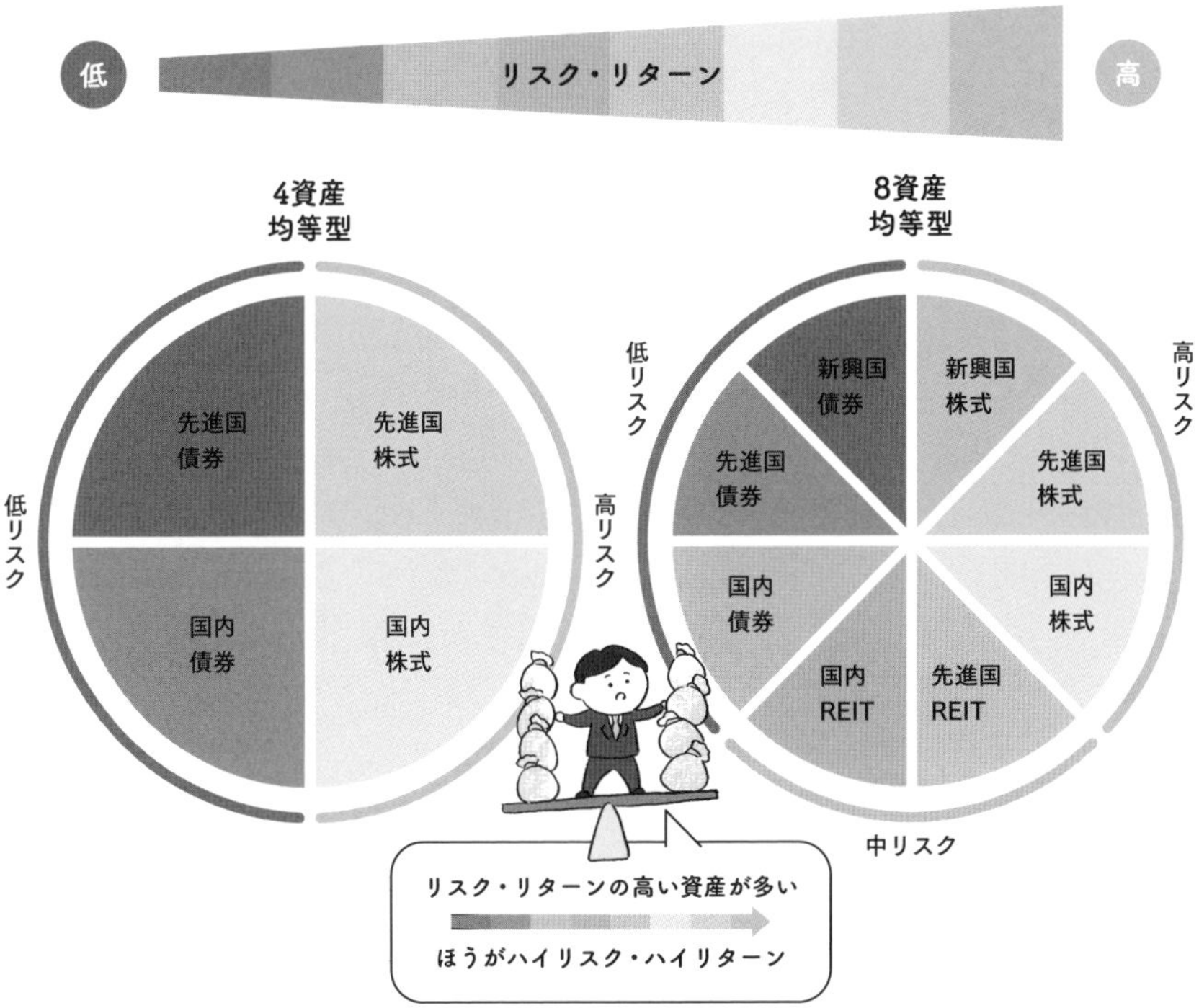

【年齢に合わせるターゲットイヤー型は注意】

一般的には年齢が上がるとリスク許容度が下がるため、一定の年齢になると自動的に低リスクな資産配分に調整される「ターゲットイヤー型」の商品もあります。ただし、年齢が上がっても収入に余裕があるなど、リスクを抑える必要がない人には向かないことも。

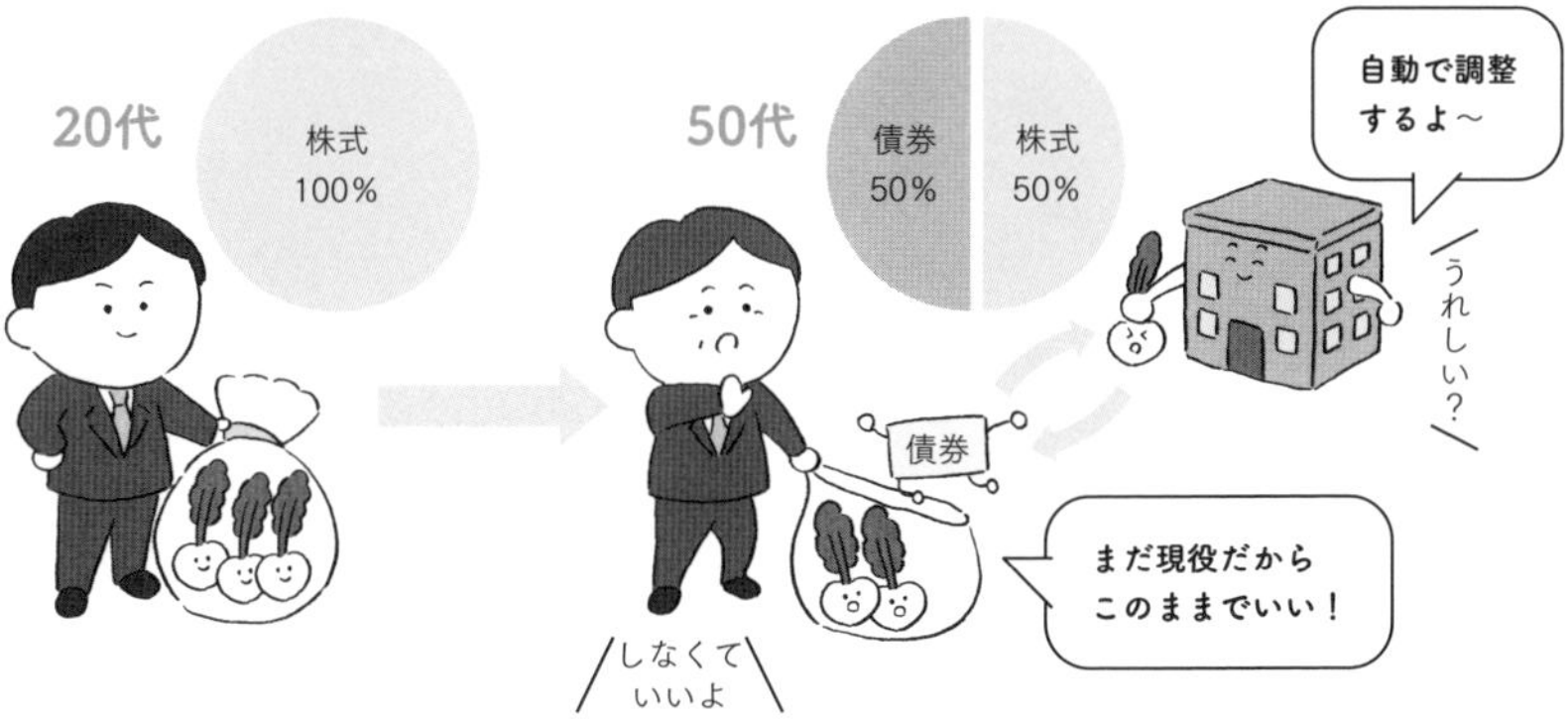

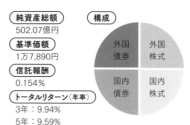

つみたて投資枠で買うならこの3本

●リスク許容度と投資可能期間で選ぶ

つみたて投資枠で選べる商品のうち、タイプ別におすすめの3本を紹介します。自分の投資スタイルやリスク許容度、投資可能期間に合わせて商品を選んでみましょう。

できるだけリスクを取りたくない人や投資できる期間が短い人は、ニッセイ・インデックスバランスファンド（4資産均等型）がおすすめです。国内外の株式と債券に均等に投資し、低リスクで安定した成果が期待できます。

中長期で投資できる人やある程度の預貯金がある人には、eMAXIS Slimバランス（8資産均等型）が向いているでしょう。REITや新興国の資産が含まれており、4資産均等型よりもリターンを狙える商品です。

リスクを抑えるよりもリターンを重視したい人や投資可能期間が長くリスク許容度の高い若い人には、eMAXIS Slim全世界株式（オールカントリー）がおすすめです。全世界へ広く分散しながらも、株式中心の構成のため、他の商品よりも高いリターンが期待できます。

【安定的に増やすなら4資産型！】

なるべくリスクを抑えて安定した資産形成を目指すなら、株式よりもリスク・リターンの低い債券を組み合わせた4資産均等型のバランスファンドがおすすめです。国内だけでなく外国へも投資することで、一定のリターンも期待できます。

＼こんな人に／

守りも大事

投資可能期間が短い人

できるだけリスクを取りたくない人

リスク・リターン ★☆☆

目標利回り **3〜4％程度**

ニッセイ・インデックスバランスファンド（4資産均等型）

純資産総額
502.07億円

基準価額
1万7,890円

信託報酬
0.154％

トータルリターン（年率）
3年：9.94％
5年：9.59％

構成

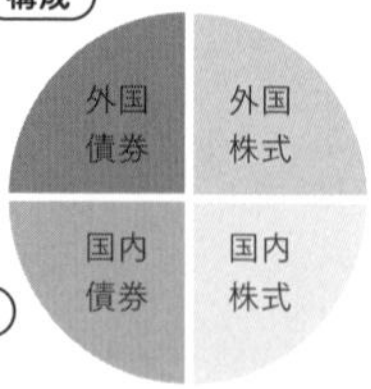
外国債券
外国株式
国内債券
国内株式

※いずれの数値も2024年3月28日時点

【新興国株式を取り入れる8資産型】

4資産均等型よりもリターンを狙いたいなら、株式や債券、REITなど異なる資産に分散しつつ、新興国の株式や債券を取り入れられる8資産均等型のバランスファンドがおすすめです。攻めと守りをどちらも大事にしたい人に向いています。

＼こんな人に／
攻めつつ守る
ある程度の預貯金がある人
中・長期で投資できる人

リスク・リターン ★★☆

目標利回り **3〜5%程度**

eMAXIS Slimバランス（8資産均等型）

純資産総額
2,633.8億円

基準価額
1万6,243円

信託報酬
0.143%

トータルリターン（年率）
3年：8.99%
5年：8.42%

構成

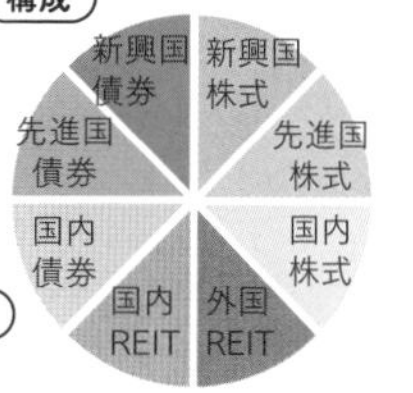
新興国債券
新興国株式
先進国債券
先進国株式
国内債券
国内株式
国内REIT
外国REIT

【全世界の株式を広くカバーする"オルカン"】

リスクを抑えるよりもリターンを狙いたい人や、長期にわたって資産形成ができる若い人には、全世界株式インデックスファンドへの投資がおすすめ。通称オルカンといわれる以下の投資信託は、多くの個人投資家に選ばれている人気の商品です。

＼こんな人に／
ガンガン攻める
資産や年収が多い人
リスク志向が強い人

リスク・リターン ★★★

目標利回り **5%超**

eMAXIS Slim全世界株式（オールカントリー）

純資産総額
2兆9,220.83億円

基準価額
2万4,080円

信託報酬
0.05775%

トータルリターン（年率）
3年：19.85%
5年：17.94%

構成

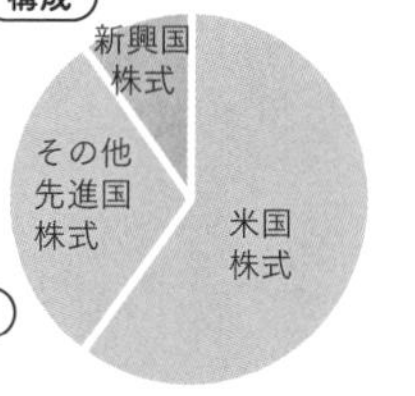
新興国株式
その他先進国株式
米国株式

毎月の積立額を決める

●目標金額から積立額をシミュレーション

積立投資は毎月コツコツと続けていくもの。地道な運用になるため、モチベーションを維持するためにも明確な目標を立てておくことが重要です。

「老後30年間で約２０００万円が不足する」という試算が金融庁から発表され、議論を巻き起こしたことを覚えている人もいるかもしれません。しかし、必要な金額やお金を使いたいタイミングは人それぞれ異なります。自分にとって必要な金額を考え、目標となる資産総額と達成時期を設定しましょう。

毎月の積立額から将来の資産総額を算出したり、目指す総資産額から毎月の積立額を計算したりするには、金融庁のウェブサイト「資産運用シミュレーション」や、左ページの表が活用できます。金融庁のシミュレーションを用いた下のグラフでは、積立額が少ない場合には、達成までの期間が長くなることがわかります。自分の目標に合わせて具体的な金額をシミュレーションしてみてください。

【2,000万円を貯めるのにどのくらいかかる？】

2,000万円を目標資産額とした場合、毎月の積立額によって達成できる時期が変わります。例えば、毎月3万円を積み立てるなら約27年、5万円なら約20年、10万円なら約12年で達成可能です。積立額が少額でも、長く投資を続けられれば、それだけ資産を増やせます。

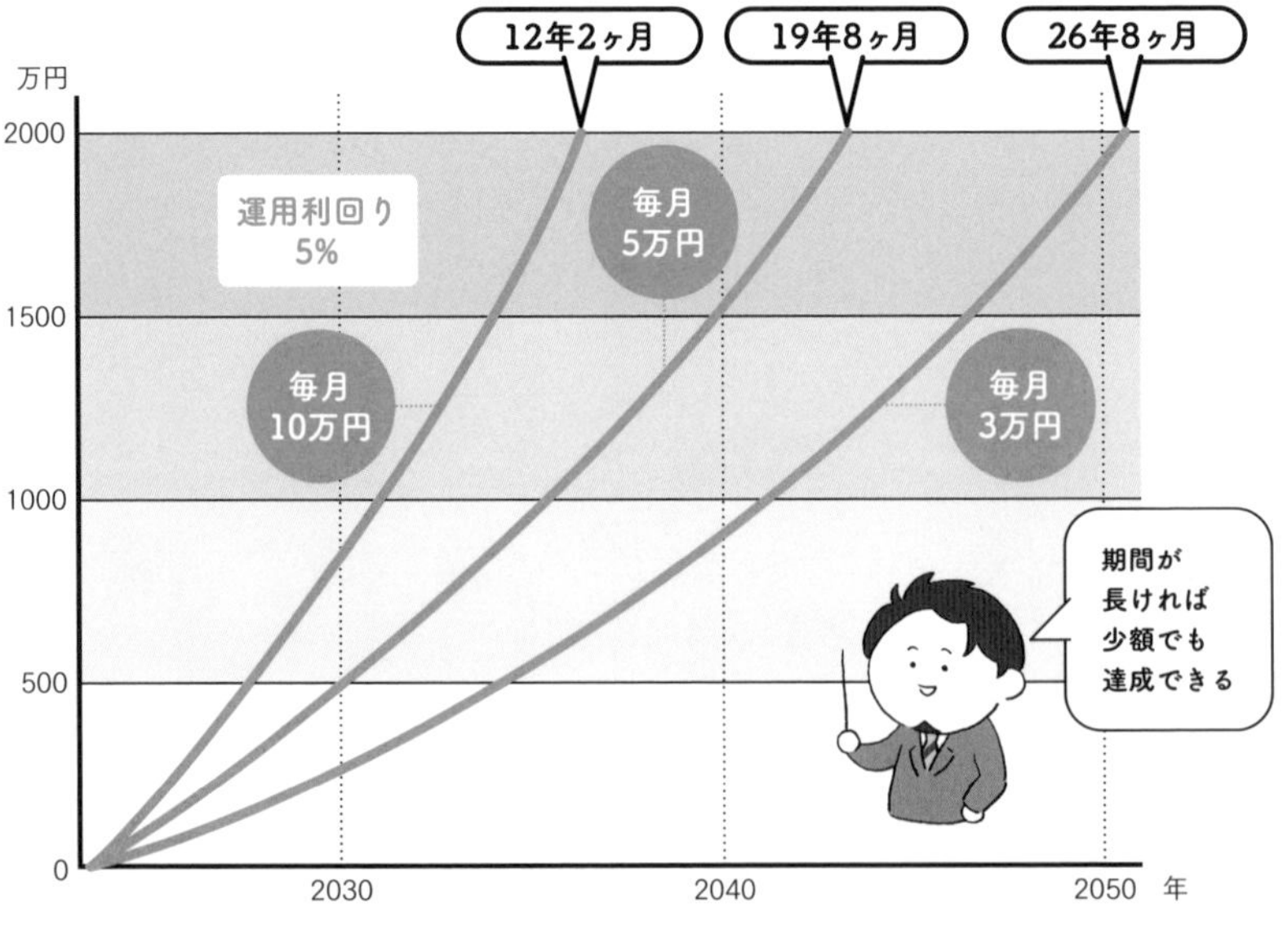

【下表で総資産額・積立額がわかる】

投資期間と運用利回りから、①最終的な資産総額と②必要な毎月の積立額がわかる表です。例えば、毎月２万円を積み立てて、年利５％で10年間運用できた場合の計算式は、『２万円×下の表の数字「155.28」』で310万5,600円となります。

①資産総額＝ 毎月の積立額 × 表の数字

期間10年・利回り5％なら155.28

②必要な積立額＝ 目標資産額 ÷ 表の数字

		運用利回り				
		1%	2%	3%	4%	5%
期間	5年	61.50	63.05	64.65	66.30	68.01
	10年	126.15	132.72	139.74	147.25	**155.28**
	15年	194.11	209.71	226.97	246.09	267.29
	20年	265.56	294.80	328.30	366.77	411.03
	25年	340.67	388.82	446.01	514.13	595.51
	30年	419.63	492.73	582.74	694.05	832.26
	35年	502.63	607.55	741.56	913.73	1,136.09
	40年	589.89	734.44	926.06	1,181.96	1,526.02

		運用利回り				
		6%	7%	8%	9%	10%
期間	5年	69.77	71.59	73.48	75.42	77.44
	10年	163.88	173.08	182.95	193.51	204.84
	15年	290.82	316.96	346.04	378.41	414.47
	20年	462.04	520.93	589.02	667.89	759.37
	25年	692.99	810.07	951.03	1,121.12	1,326.83
	30年	1,004.52	1,219.97	1,490.36	1,830.74	2,260.49
	35年	1,424.71	1,801.05	2,293.88	2,941.78	3,796.64
	40年	1,991.49	2,624.81	3,491.01	4,681.32	6,324.08

つみたて投資枠で注文する①

●商品を検索して「積立設定」をタップ

買いたい商品が決まったら、さっそくつみたて投資枠で購入してみましょう。金融機関によって画面は異なりますが、おおまかな流れは同じです。スマホでもパソコンでも操作できます。

ログイン後、「銘柄・ファンドを探す」から、ファンド名を検索して商品ページに移動します。商品ページでは、基準価額や純資産額、信託報酬（手数料）などがわかります。買いたい商品がどこの国や地域に投資しているのか、インデックスかアクティブか、株式型かバランス型かなど、商品の特徴をあらためて確認しておきましょう。

商品ページの「積立設定」をタップすると、「NISAつみたて投資枠」「NISA成長投資枠」「特定口座／一般口座」から投資に利用する口座を選択できます。特定口座や一般口座は投資の利益に課税される口座です。ここで成長投資枠を選択することもできますが、まずは「NISAつみたて投資枠」から始めましょう。

【商品注文の流れをチェック】

楽天証券にログインしたら投資したい商品を検索します。商品がどんなファンドなのかを確認したら、「つみたて投資枠」で購入。金額と積立日を設定すればOKです。

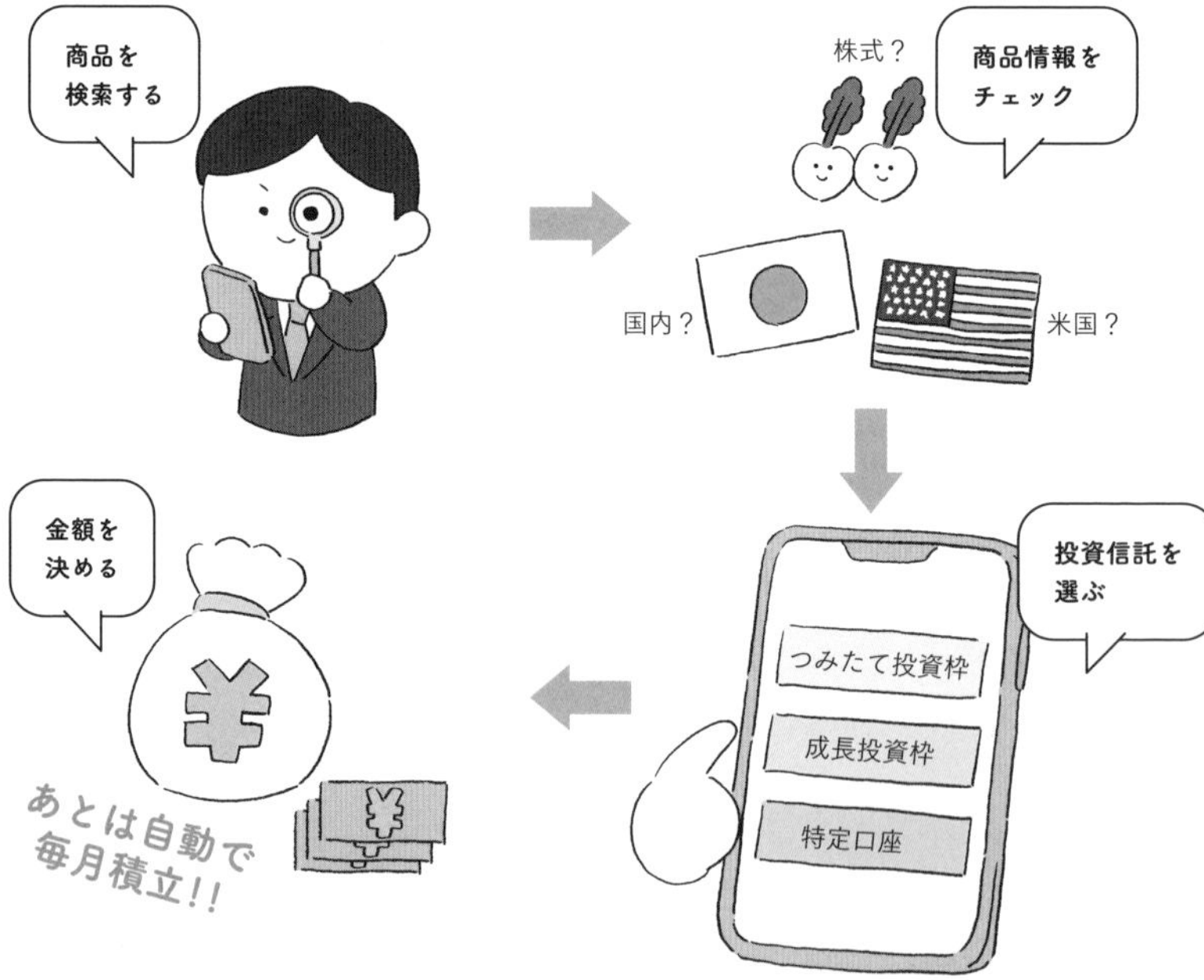
商品を
検索する
株式？
商品情報を
チェック
国内？
米国？
投資信託を
選ぶ
つみたて投資枠
成長投資枠
特定口座
金額を
決める
あとは自動で
毎月積立!!

【商品を検索する】

虫眼鏡のマーク「銘柄・ファンドを探す」から「投資信託を探す」をタップします。買いたい商品が決まっているなら、商品名で検索するだけ。

●「投資信託を探す」

●商品名で検索

【商品ページの「積立設定」をタップ】

商品ページにある「積立設定」をタップすると、投資に利用する口座が選べます。毎月コツコツ積み立てていくなら、ここで「NISAつみたて投資枠」を選択しましょう。

●「積立設定」

●「NISAつみたて投資枠」

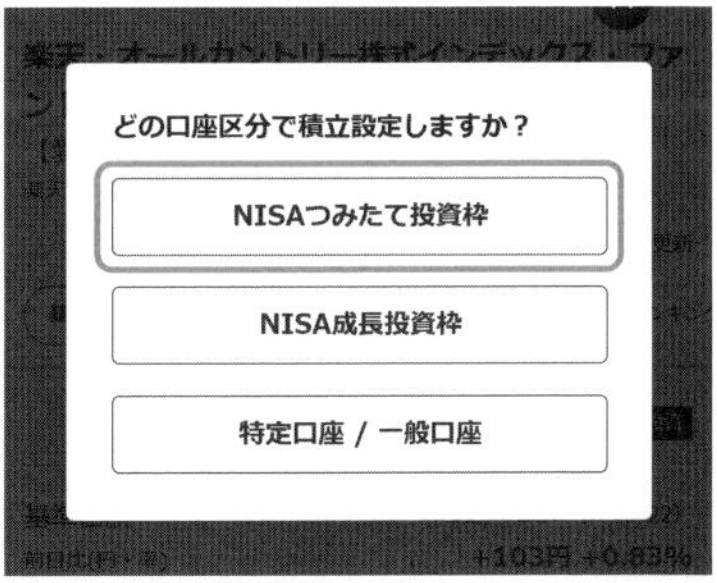

つみたて投資枠で注文する②

●積み立ては無理なく続けられる金額で

商品ページの「積立設定」から「NISAつみたて投資枠」を選択したら、毎月の積立金額を設定するページに移ります。65ページで目標とする資産総額から毎月の積立額を決めた人は、その金額を入力します。ただし、毎月無理なく続けられる金額であることが大切です。まずは少額から始め、あとから積立金額を増やしてもいいでしょう。

積立額を設定したら、分配金の取り扱い方法を選びます。投資で得られた利益を新たな投資原資とする「再投資型」のほうが、お金が増えやすくなります。

次に、目論見書を確認します。商品のリスクや運用実績、信託報酬、インデックスファンドであれば対象とする指数が記載されている書類です。あらかじめ商品ページや運用会社のウェブサイトからも確認できますが、ここでの確認も必須となっています。そのあと、引落し方法を設定し、取引パスワードを入力すれば手続き完了です。あとは毎月自動で積立投資ができるようになります。

【毎月の積立金額を入力】

「NISAつみたて投資枠」を選択したら、毎月の積立金額を入力します。100円～10万円の間で、自分が無理なく積立を続けられる金額を設定しましょう。

●積立金額を決める

無理のない範囲で投資

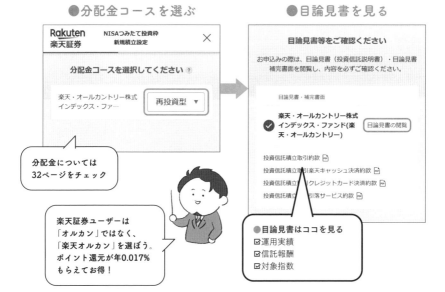

【「再投資型」を選んで目論見書を確認】

分配金（32ページ）の取り扱いは「再投資型」と「受取型」から選べますが、基本的には「再投資型」を選択しましょう。そのあと、目論見書で商品の情報を再度チェックします。

●分配金コースを選ぶ

Rakuten
楽天証券
NISAつみたて投資枠
新規積立設定
分配金コースを選択してください
楽天・オールカントリー株式インデックス・ファ…
再投資型

分配金については
32ページをチェック

●目論見書を見る

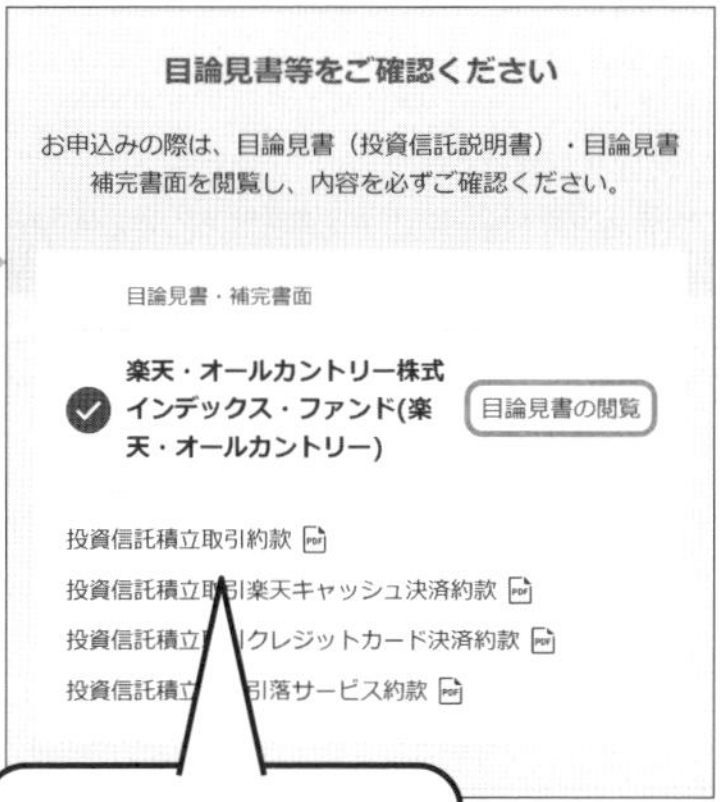
目論見書等をご確認ください
お申込みの際は、目論見書（投資信託説明書）・目論見書補完書面を閲覧し、内容を必ずご確認ください。
目論見書・補完書面
楽天・オールカントリー株式インデックス・ファンド(楽天・オールカントリー)
目論見書の閲覧
投資信託積立取引約款
投資信託積立取引楽天キャッシュ決済約款
投資信託積立取引クレジットカード決済約款
投資信託積立引落サービス約款

楽天証券ユーザーは
「オルカン」ではなく、
「楽天オルカン」を選ぼう。
ポイント還元が年0.017%
もらえてお得！

●目論見書はココを見る
☑運用実績
☑信託報酬
☑対象指数

【引落とし方法やポイント利用を設定】

金融機関によって異なりますが、電子マネー、クレジットカード、銀行口座などから引落しできます。最後に、ポイントの利用設定などがありますが、あとから設定してもOKです。

●引落し方法を設定

引落しタイプは
30ページをチェック

引落方法を選んで積立設定を作りましょう
楽天
楽天・オールカントリー株式インデックス・ファンド(楽天・オールカントリー)
毎月の積立金額
50,000 円
引落方法1
残り引落金額 50,000 円
楽天キャッシュ(電子マネー)
ご利用可能額
50,000 円
(月額上限 50,000円)
楽天カードクレジット決済
VISA ****XXXX
ご利用可能額
100,000 円
(月額上限 100,000円)

Point

使えるカードやポイントは
金融機関によって違う

P
Bカード
A証券
C証券
B証券

楽天証券なら楽天カードの支払いで楽天ポイントが貯まります。

コラム 2

収益率よりクレカ積立が選べるか？ を意識

毎日と毎月積立 どっちがいい？

「毎月」だけでなく「毎日」積立もある

毎月

- 月に1回だけ買付
- 購入価格の平均化は「毎日」より荒い
- クレカ積立が可能

毎日

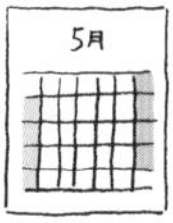

- 毎営業日に買付
- 購入価格の平均化は「毎月」より細かい
- クレカ積立はできない

●毎日購入と毎月購入の購入単価のイメージ

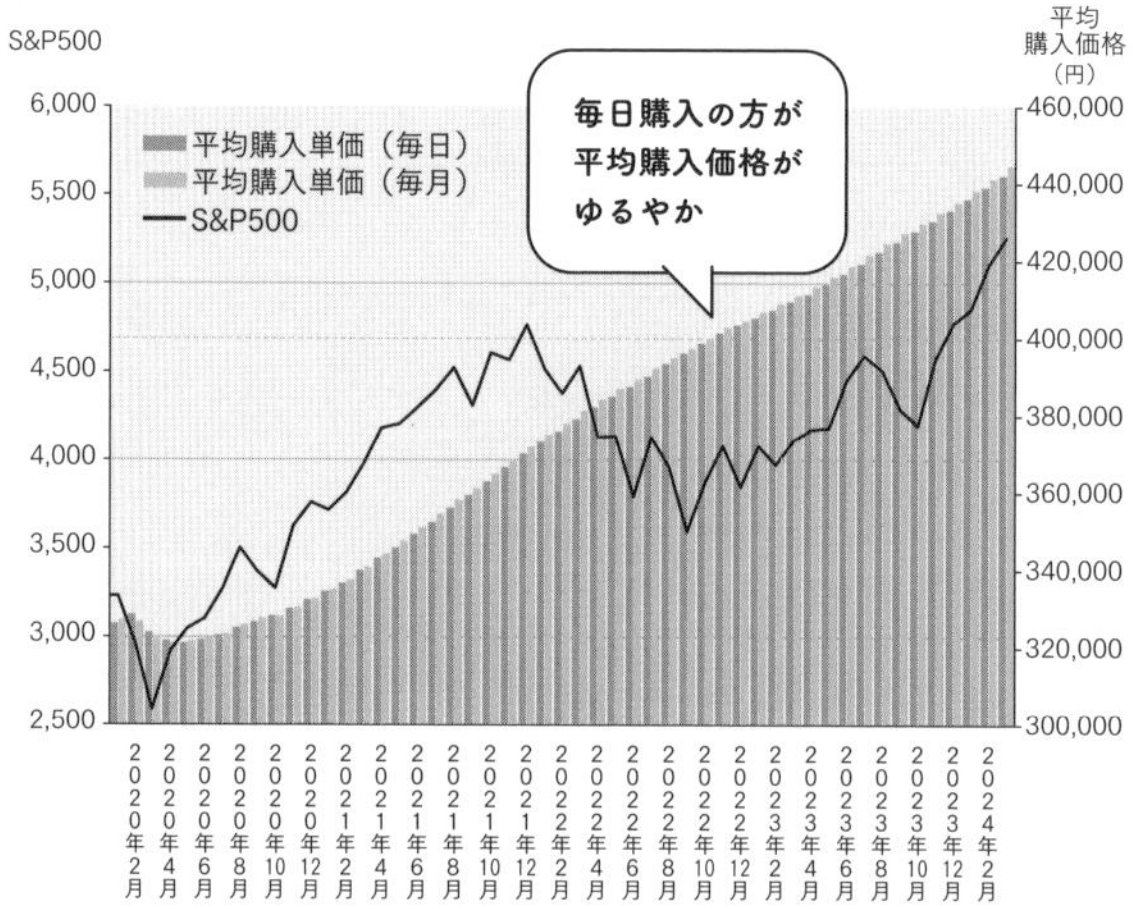

毎月積立が若干有利だが大差なし

投資信託の積立投資と聞くと、一般的には「毎月積立」がイメージされます。しかし近年はネット証券を中心に「毎日積立」が選べるようになっています。そこで気になるのが、「毎月」と「毎日」どちらのほうが有利なのかということでしょう。

結論からいうと、「若干毎日積立が有利だが、ほぼ差はない」です。毎月積立では月1回の購入なのに対して、毎日積立では月20回前後。買いのタイミングが増えることで、時間の分散効果がより発揮され、平均購入単価を下げられます。その結果、上昇時の恩恵を受けられるということから、「毎日積立が有利」といえます。

ただ、左ページで毎月3万円と、1ヶ月20営業日として毎営業日1500円の積立投資を20年間続けた場合の収益率の差は約1・7％と、ほとんど差はありません。

それよりも意識したいのはポイント還元があるクレカ積立を選べるのは、毎月積立である点です。収益率の差よりクレカ積立によるポイント還元のほうが利益が上回る可能性が高いでしょう。とくにこだわりがないなら、毎月積立を検討しましょう。

「毎日積立vs毎月積立」増え方はどう違う？

例

S&P500に
「毎月3万円投資」と「毎営業日1,500円積立投資」
の比較

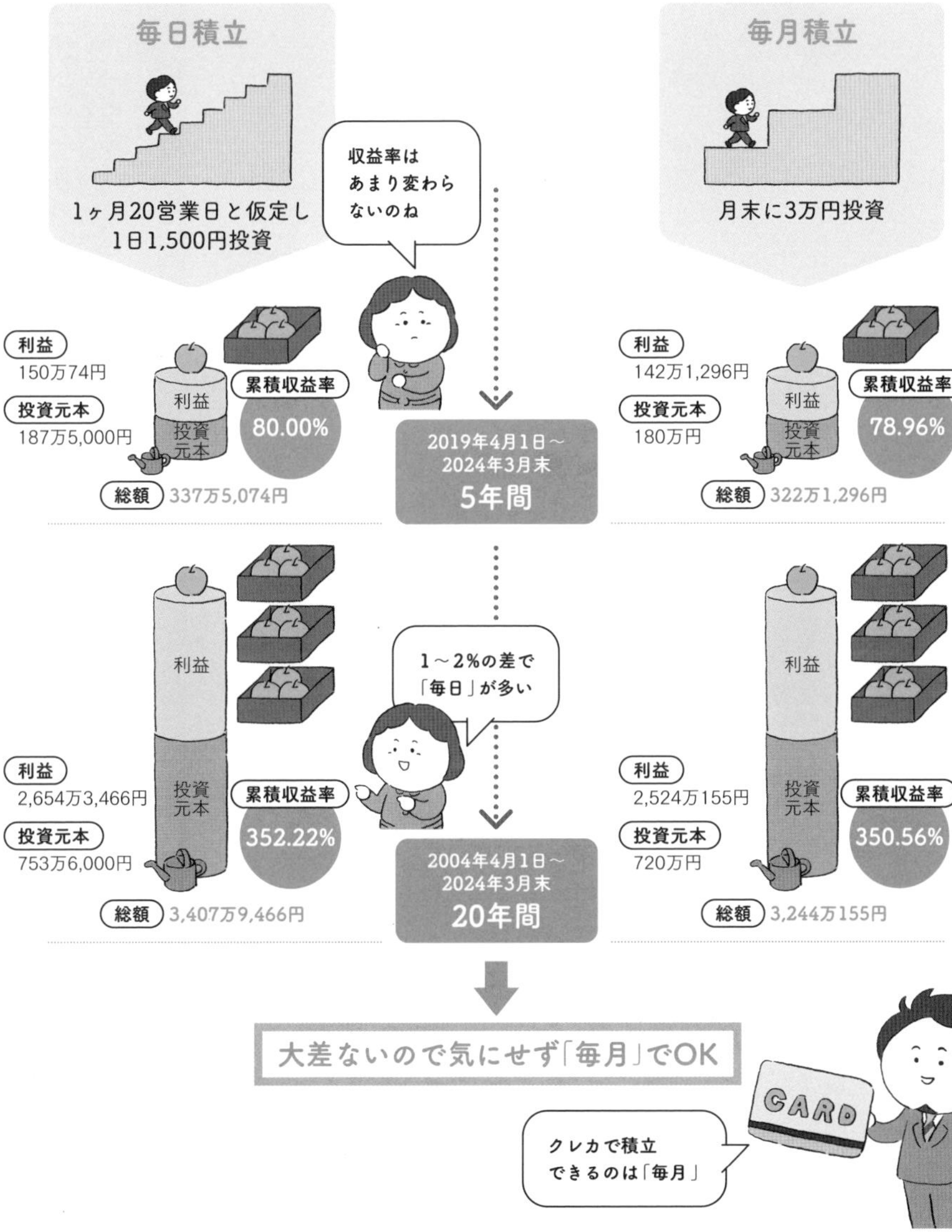
毎日積立
1ヶ月20営業日と仮定し
1日1,500円投資
収益率は
あまり変わら
ないのね
毎月積立
月末に3万円投資
利益
150万74円
投資元本
187万5,000円
利益
投資元本
累積収益率
80.00%
総額 337万5,074円
2019年4月1日～
2024年3月末
5年間
利益
142万1,296円
投資元本
180万円
累積収益率
78.96%
総額 322万1,296円
1～2%の差で
「毎日」が多い
利益
2,654万3,466円
投資元本
753万6,000円
累積収益率
352.22%
総額 3,407万9,466円
2004年4月1日～
2024年3月末
20年間
利益
2,524万155円
投資元本
720万円
累積収益率
350.56%
総額 3,244万155円
大差ないので気にせず「毎月」でOK
CARD
クレカで積立
できるのは「毎月」

第3章 発展編 成長投資枠で個別株を選ぶ

企業の成長が投資家の利益になる

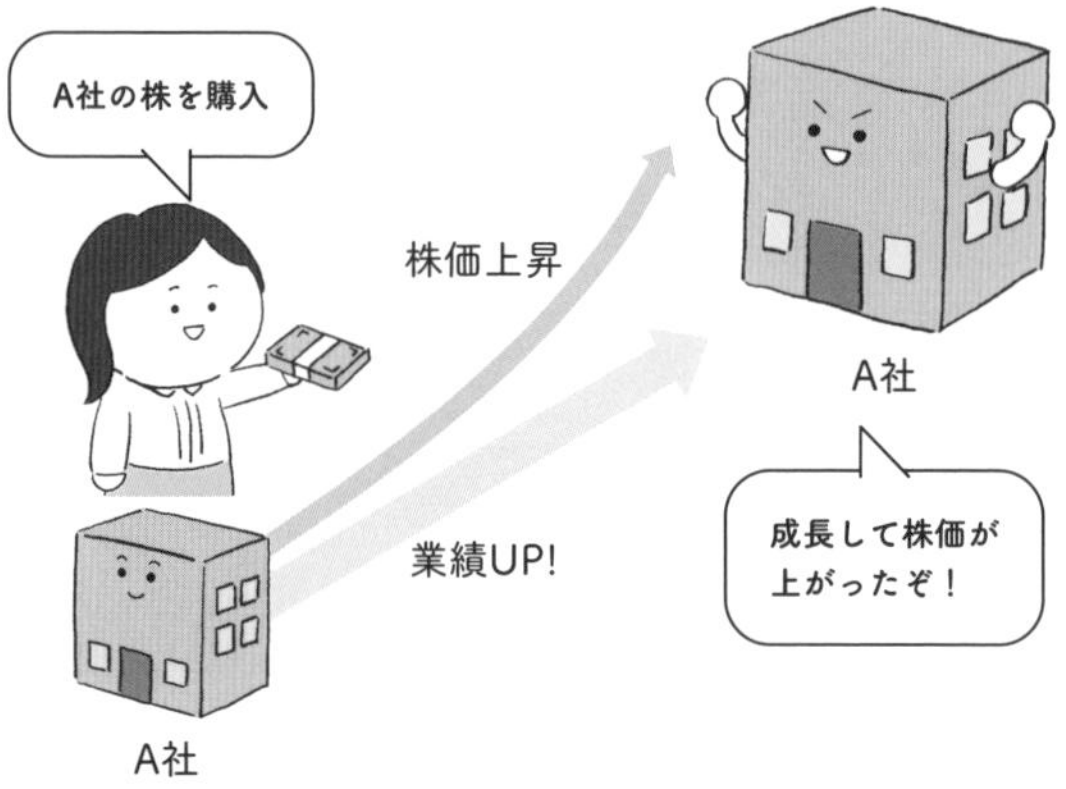

株価が上昇すると投資家にも利益となる

個別株の注文方法は大きく2つに分かれる

金額を指定する

指値注文

値段を指定して注文

市場価格にまかせる

成行注文

値段を指定せずに注文

株式投資で得られる2種類の利益

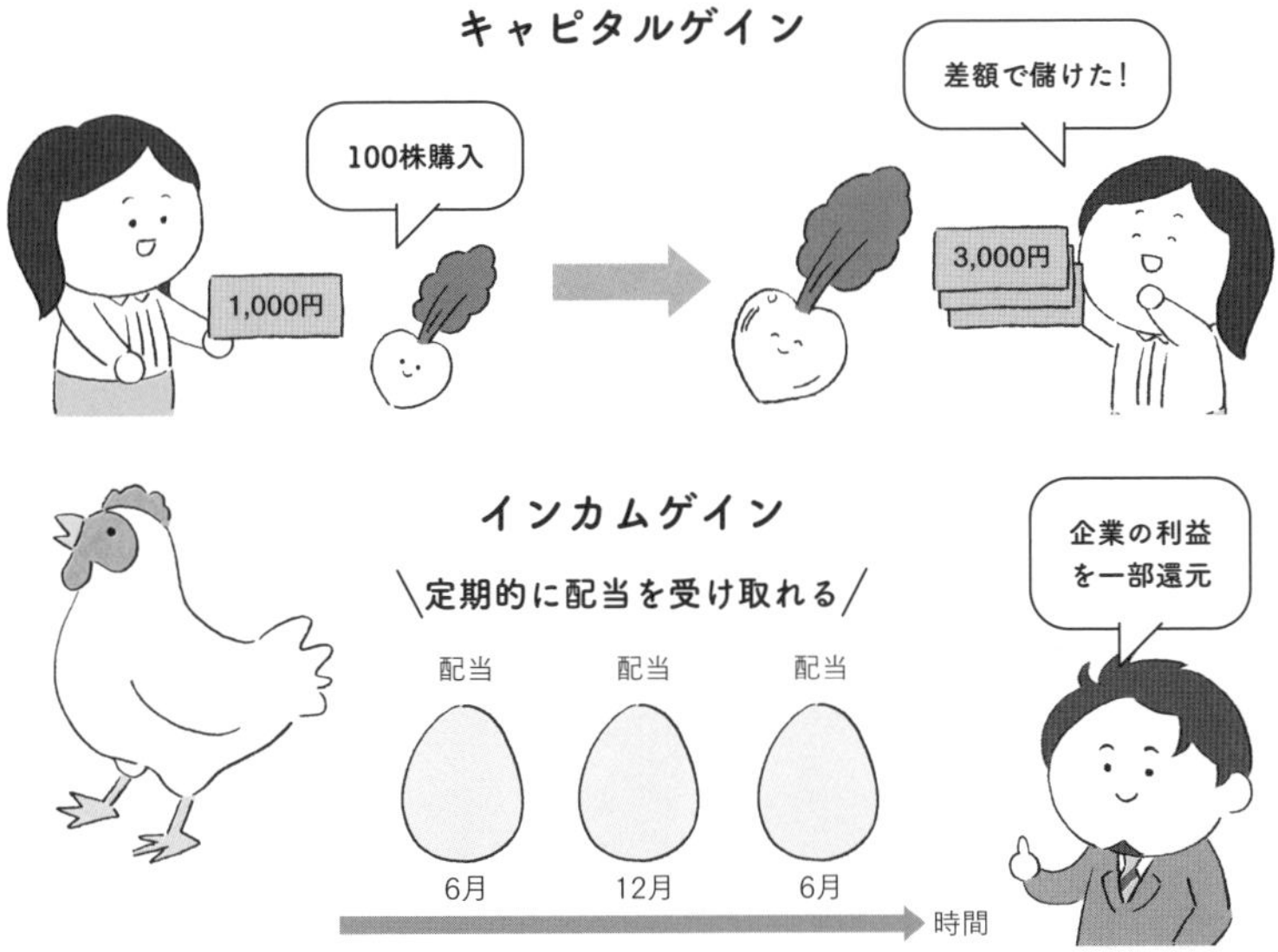
キャピタルゲイン
100株購入
1,000円
差額で儲けた！
3,000円
インカムゲイン
定期的に配当を受け取れる
配当
配当
配当
6月
12月
6月
時間
企業の利益を一部還元

配当金で不労所得を狙う

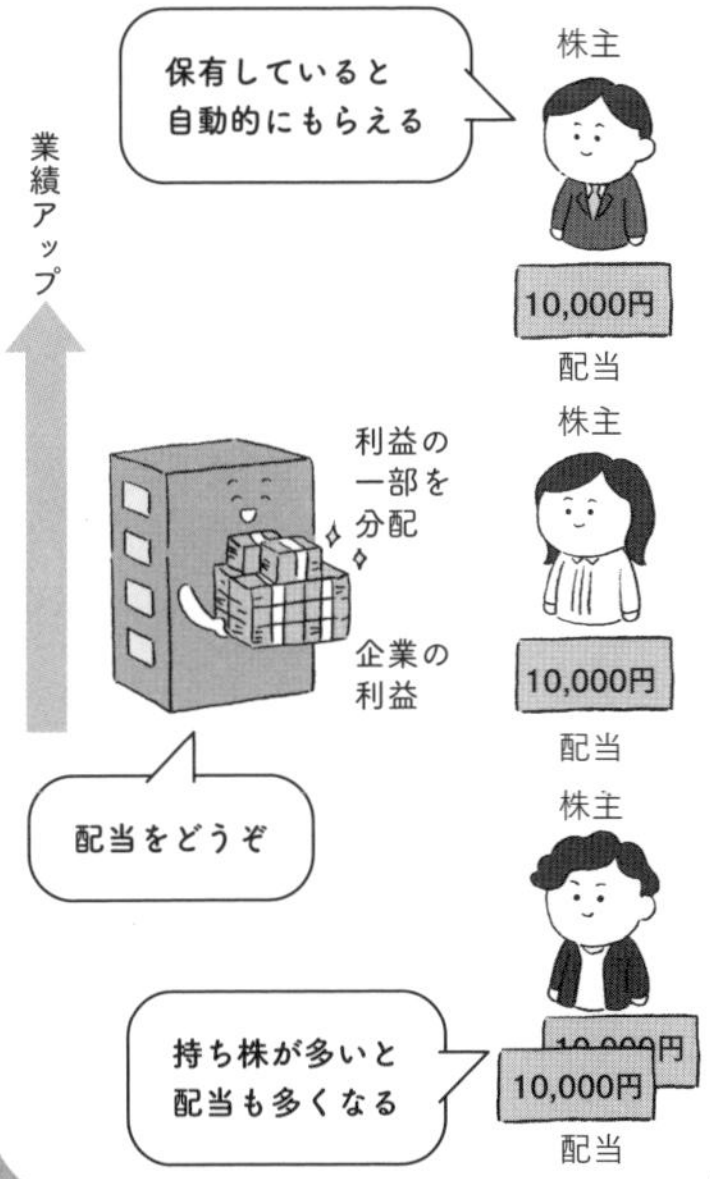
保有していると自動的にもらえる
株主
10,000円
配当
株主
10,000円
配当
株主
10,000円
10,000円
配当
業績アップ
利益の一部を分配
企業の利益
配当をどうぞ
持ち株が多いと配当も多くなる

高配当株を見つける

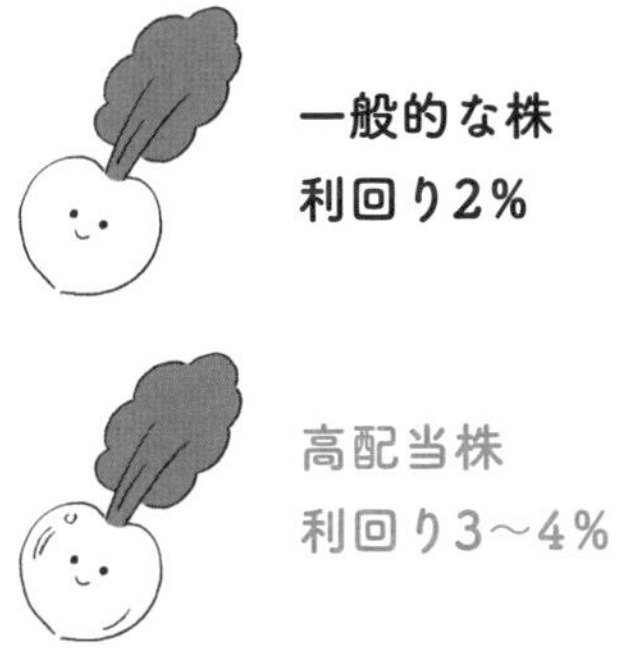
一般的な株
利回り2%
高配当株
利回り3〜4%

配当利回り

1株あたりの配当金 ÷ 株価 × 100

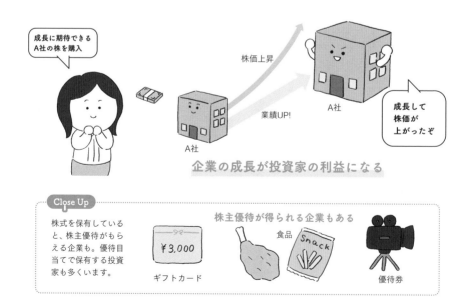

つみたて投資枠より選択の幅が広い

●成長投資枠なら個別株が選択肢に！

新NISAの成長投資枠では、個別株やREITなど、つみたて投資枠では選択できない商品の購入が可能です。そのため、投資に幅広く挑戦してみたいと考えている人には、成長投資枠の活用がおすすめです。

複数の資産に分散投資する投資信託とは違って、対象を一社に絞った個別株投資は、よく知る企業に直接投資できる醍醐味《だいごみ》があります。「ニュースで見て気になった」「普段から使用しているお気に入りの商品がある」といった理由で、自分なりの推《お》し企業の株式を購入することもできます。

上場投資信託であるETFは、個別株のようにリアルタイムで値動きします。すでにつみたて投資枠で投資信託を購入している人であっても、新しい取引への挑戦となります。また、つみたて投資枠では低コストで購入できないNASDAQ100やSOX（フィラデルフィア半導体株指数）などの投資信託も選択肢に入るので、より広い視野で投資戦術を考えることができます。

【個別株投資で推し企業の銘柄を購入】

個別株投資の基本は、成長が見込める企業に投資すること。株式を購入した企業の業績が好調になれば、株価の上昇が見込めるため、結果として投資家にも利益をもたらします。

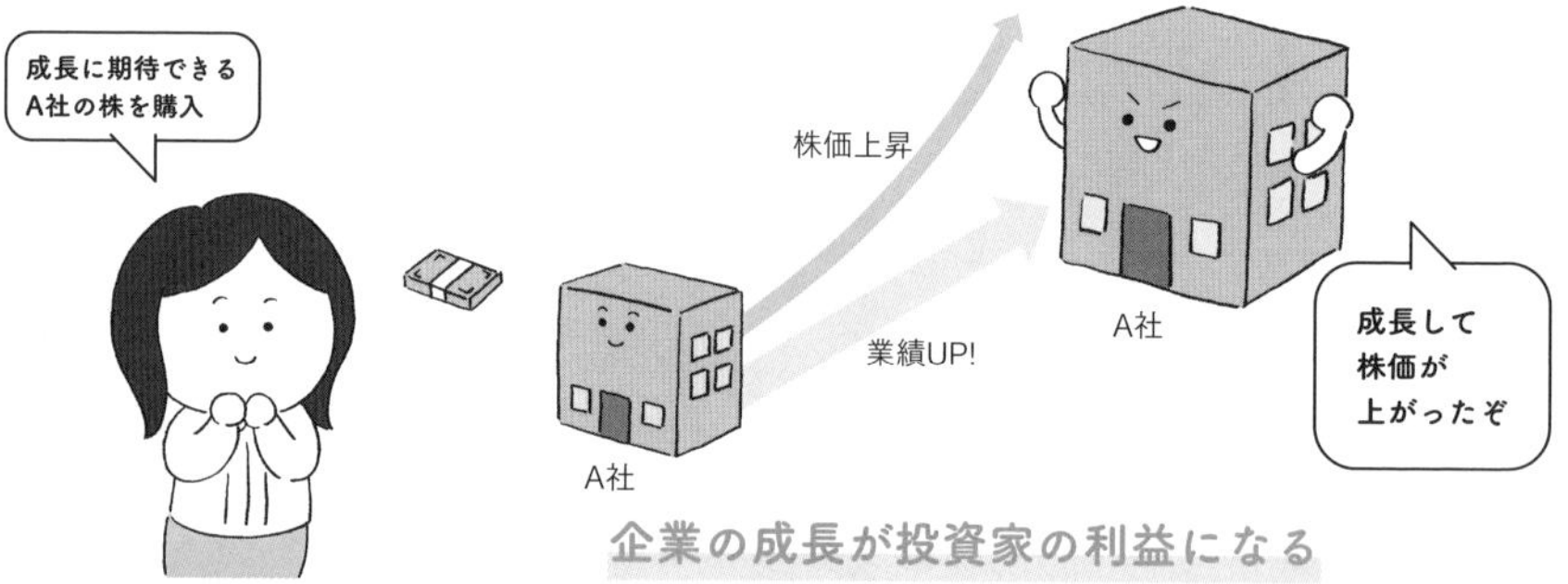
成長に期待できる
A社の株を購入
株価上昇
業績UP!
A社
A社
成長して
株価が
上がったぞ

企業の成長が投資家の利益になる

Close Up

株式を保有していると、株主優待がもらえる企業も。優待目当てで保有する投資家も多くいます。

株主優待が得られる企業もある

¥3,000
ギフトカード
食品
Snack
優待券

【リアルタイムで値動きする投資信託「ETF」】

ETFは証券取引所に上場している投資信託です。1つの商品で複数の投資対象を持つなど、投資信託と共通するポイントが多くありながらも、ETFは値動きがリアルタイムであるなど、所々異なる特徴もあります。

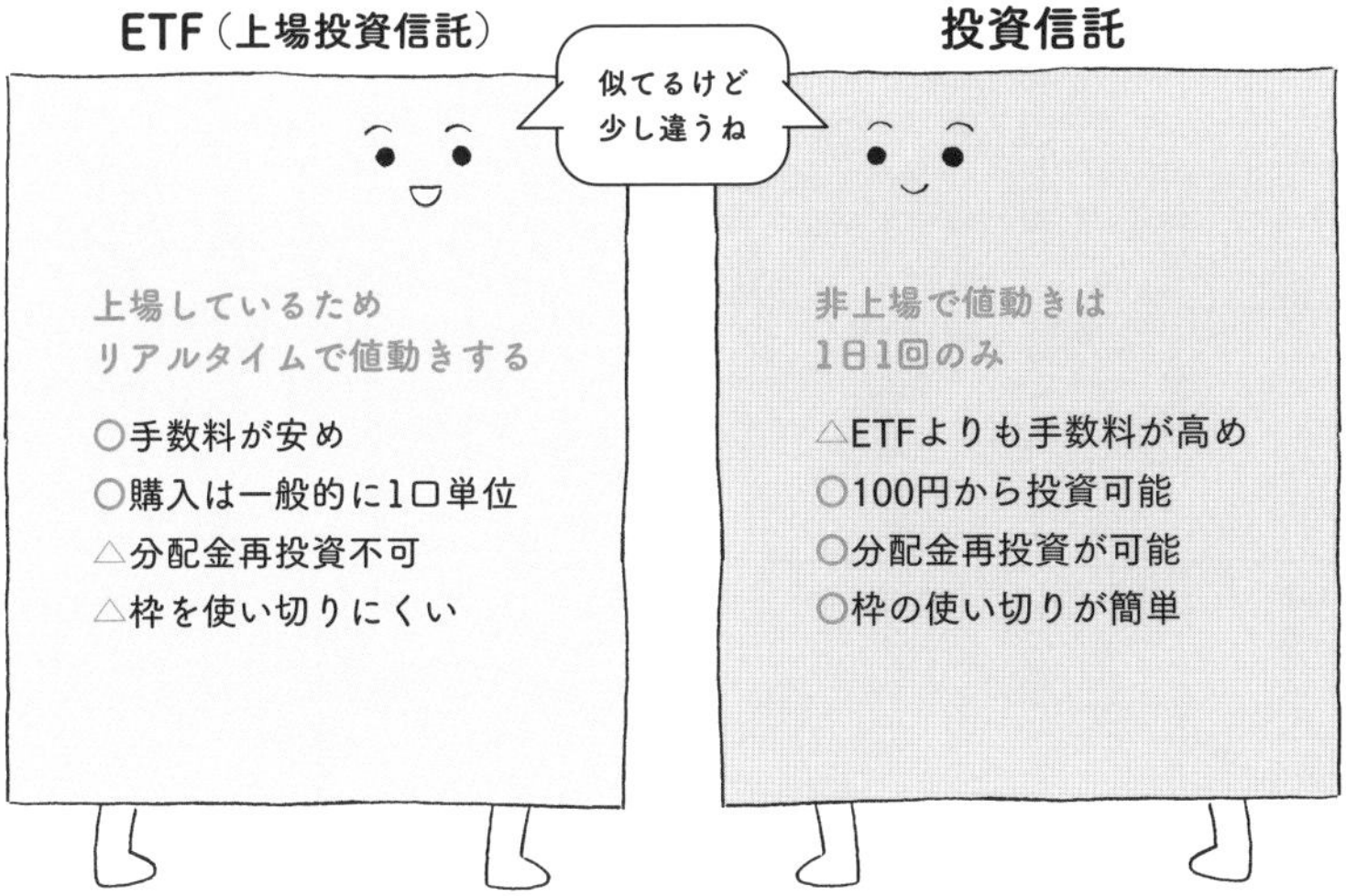
ETF（上場投資信託）
投資信託
似てるけど
少し違うね
上場しているため
リアルタイムで値動きする
○手数料が安め
○購入は一般的に1口単位
△分配金再投資不可
△枠を使い切りにくい
非上場で値動きは
1日1回のみ
△ETFよりも手数料が高め
○100円から投資可能
○分配金再投資が可能
○枠の使い切りが簡単

【つみたて投資枠で選べない投資信託を購入可能】

成長投資枠では、金融庁の条件に合わないために、つみたて投資枠では選択できない商品も購入が可能です。つみたて投資枠で選べる投資信託とETFの商品数282本に対して、成長投資枠では2201本もの商品が選択可能となっています。

選択肢はつみたて投資枠の7倍以上

枠別購入可能な投資信託とETFの商品数

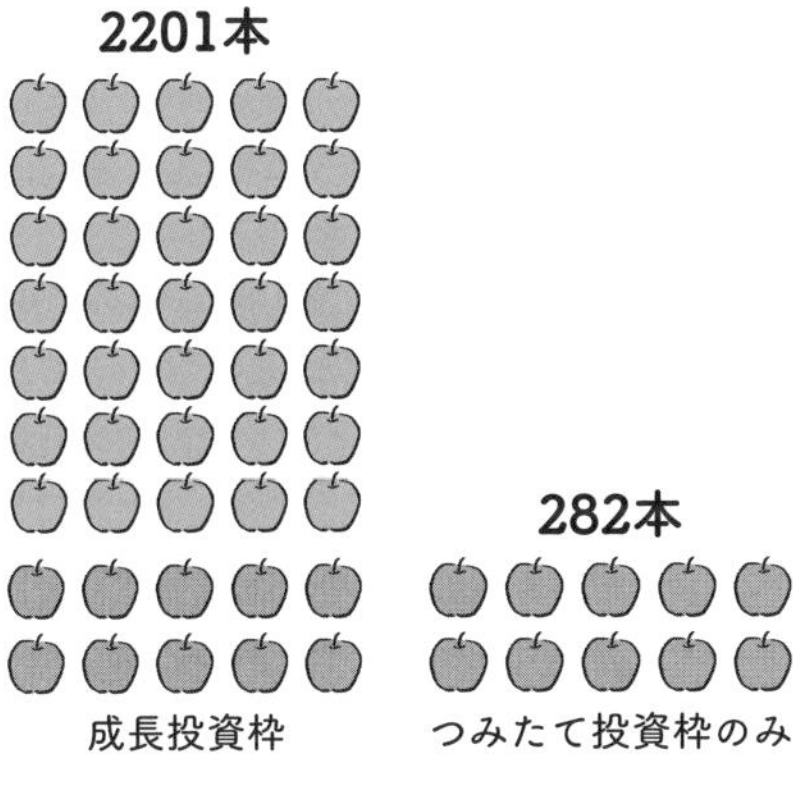
2201本
282本
成長投資枠
つみたて投資枠のみ

※つみたて投資枠は2024年2月末時点、
成長投資枠は2024年4月5日時点

注目するべき商品の例

①高配当株ファンド

利益を還元
します！
連続増配中の
銘柄だけで
構成される
ファンドも

②成長株ファンド

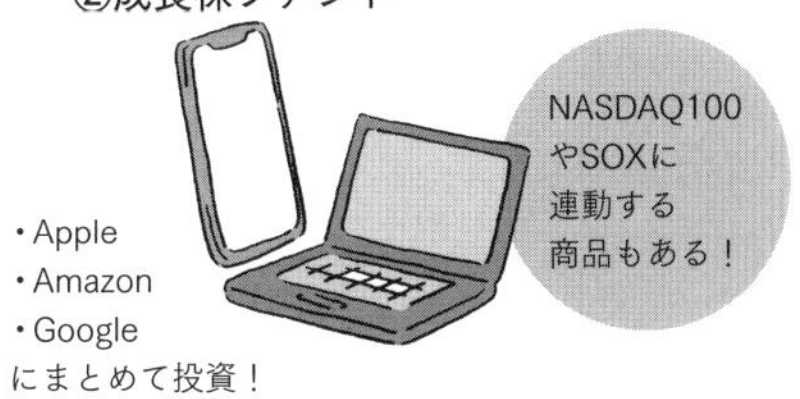
・Apple
・Amazon
・Google
にまとめて投資！
NASDAQ100
やSOXに
連動する
商品もある！

個別株で儲ける方法

●目指す利益の種類も投資戦略で重要

個別株投資で儲けようとするのであれば、まずは、どのようなメカニズムで利益を得られるのかを理解しておきましょう。最も大きな利益を狙えるのは「キャピタルゲイン」と呼ばれる株式の売却益です。「安く買って高く売る」差分が利益となるため、これから値上がりしそうな銘柄を見極めることが重要です。買い時と売り時が適切に判断できるようになれば、個別株投資で儲けることができるでしょう。

また、株式を保有していることで得られる、「インカムゲイン」と呼ばれる利益もあります。これは、企業が自社の事業で得た利益の一部を投資家達に配当として分配するものです。キャピタルゲインと比較して、得られる金額は少ないものの、保有しているだけで定期的に受け取れる点は魅力的です。

個別株投資を実践する際は、どちらの利益を狙うかも検討して銘柄選びを進めましょう。

【個別株で得られる利益は2種類】

個別株の利益は、売却で得られるキャピタルゲインと、保有していると定期的に受け取るインカムゲインの2つ。どちらを狙うかで投資戦略に違いが出てきます。

キャピタルゲイン
（売却したときの値上がり益）

インカムゲイン
（売却しなくても得られる利益）

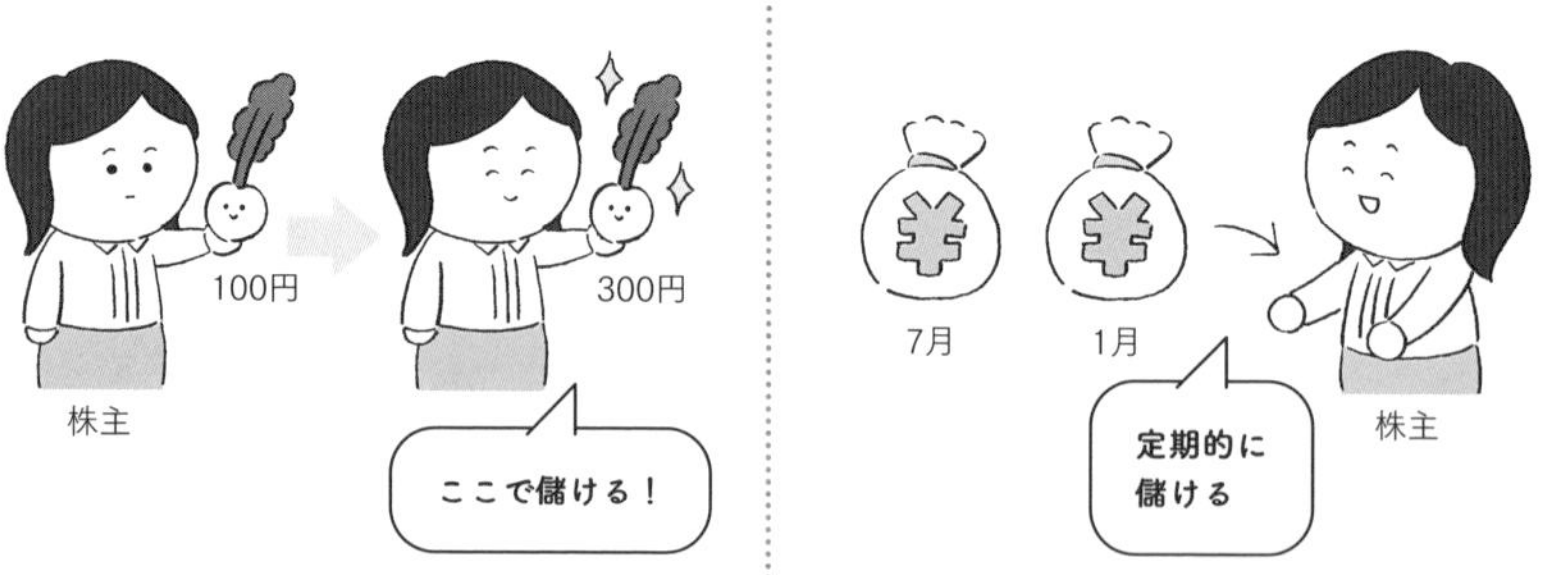

キャピタルゲイン
- 利益が出るのは売却時のみ
- 売却時に値下がりしていると利益は出ない

インカムゲイン
- 配当金として定期的に受け取れる
- 業績によって配当金は変動する

【キャピタルゲインは資産の売却益】

買値と売値の差がキャピタルゲインの金額となります。個別株投資で大きな利益を得るためには、安い金額で購入し、高い金額で売却するのが最も効果の高い方法です。

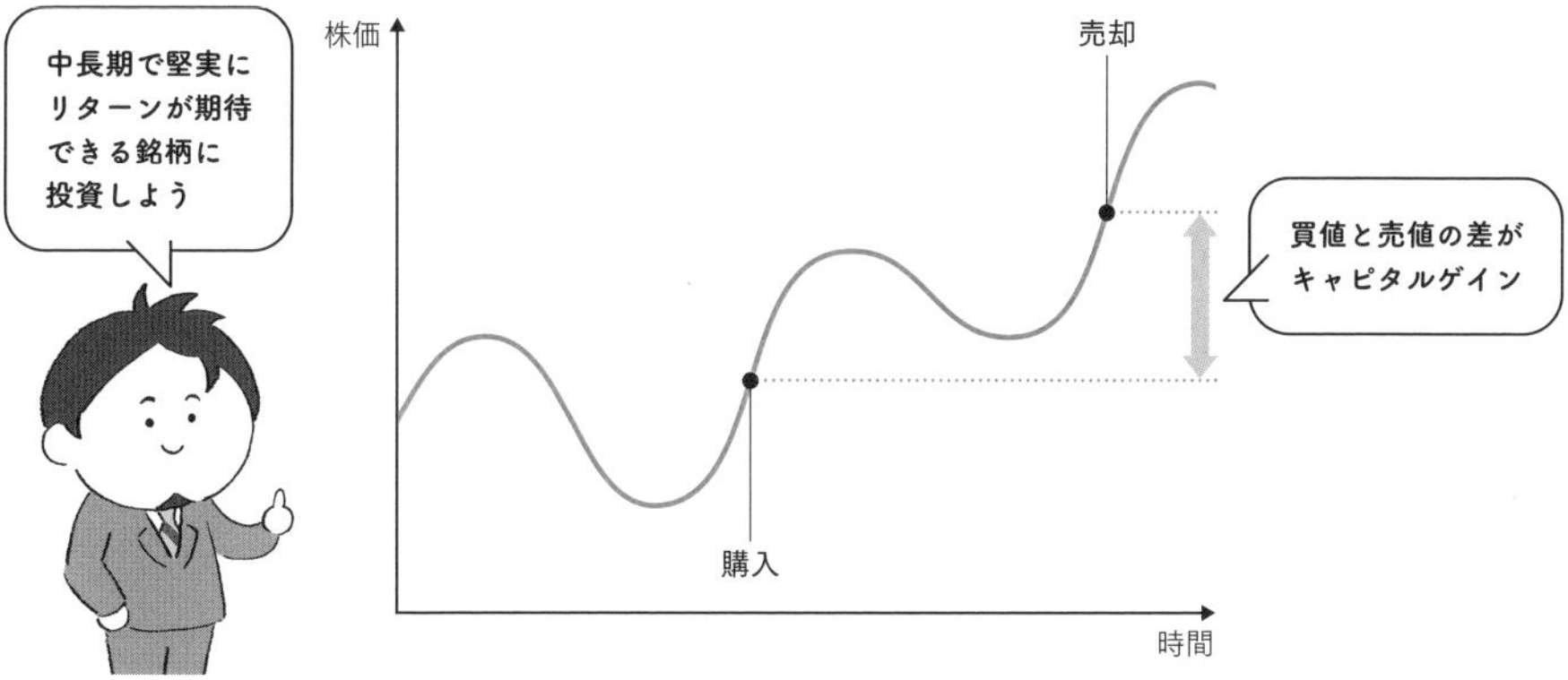
中長期で堅実にリターンが期待できる銘柄に投資しよう
株価
売却
買値と売値の差がキャピタルゲイン
購入
時間

【運用中継続して発生するインカムゲイン】

企業が事業で得た利益の一部を配当という形で受け取れます。配当は年1回の場合もあれば、年2回出されることもあり、企業によってまちまちです。配当がない企業もあります。

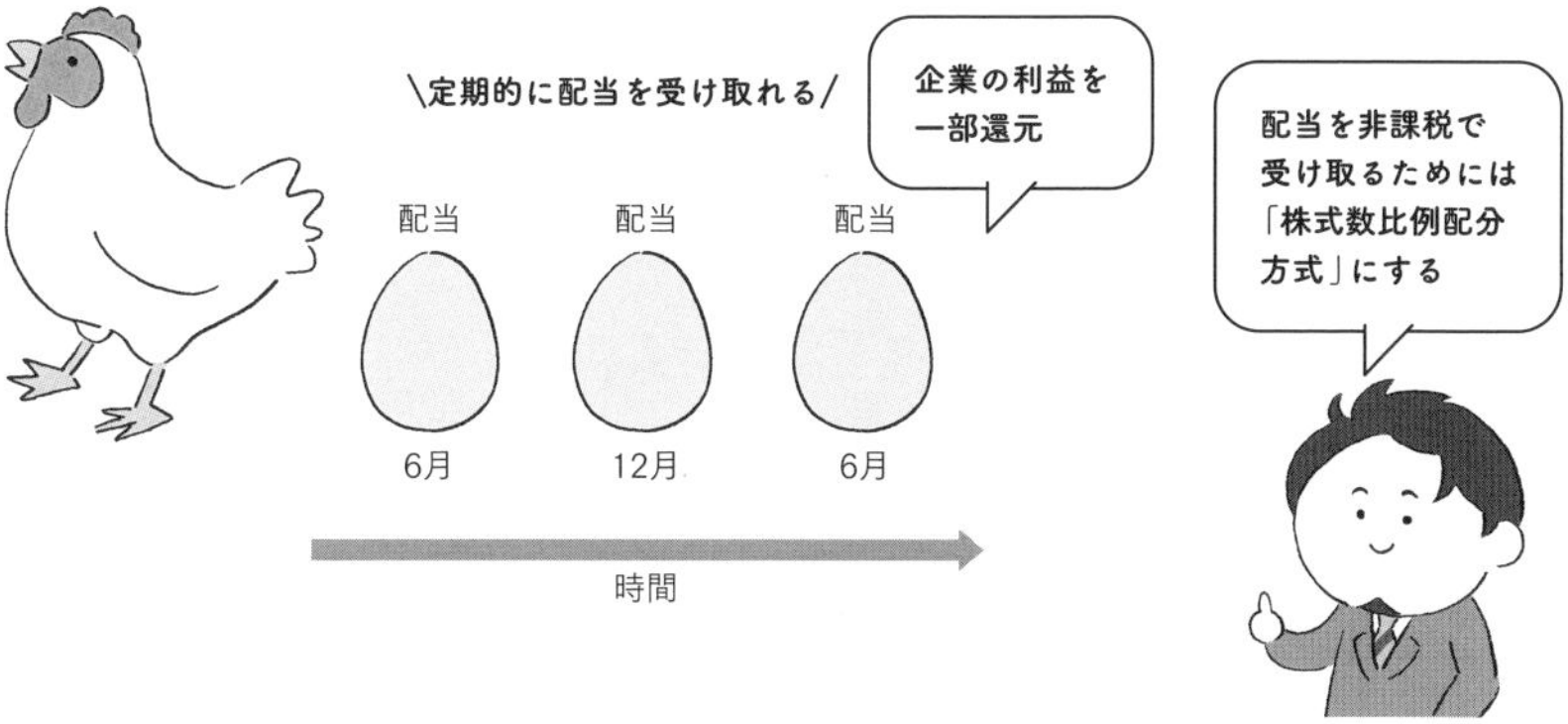
＼定期的に配当を受け取れる／
企業の利益を一部還元
配当を非課税で受け取るためには「株式数比例配分方式」にする
配当
配当
配当
6月
12月
6月
時間

Close Up

株価が上昇すると投資家は利益を得られますが、もちろん業績次第では、株価が下落する場合も。リスクもしっかり理解したうえで投資に臨みましょう。

業績が悪いと投資家の利益に悪影響が出る

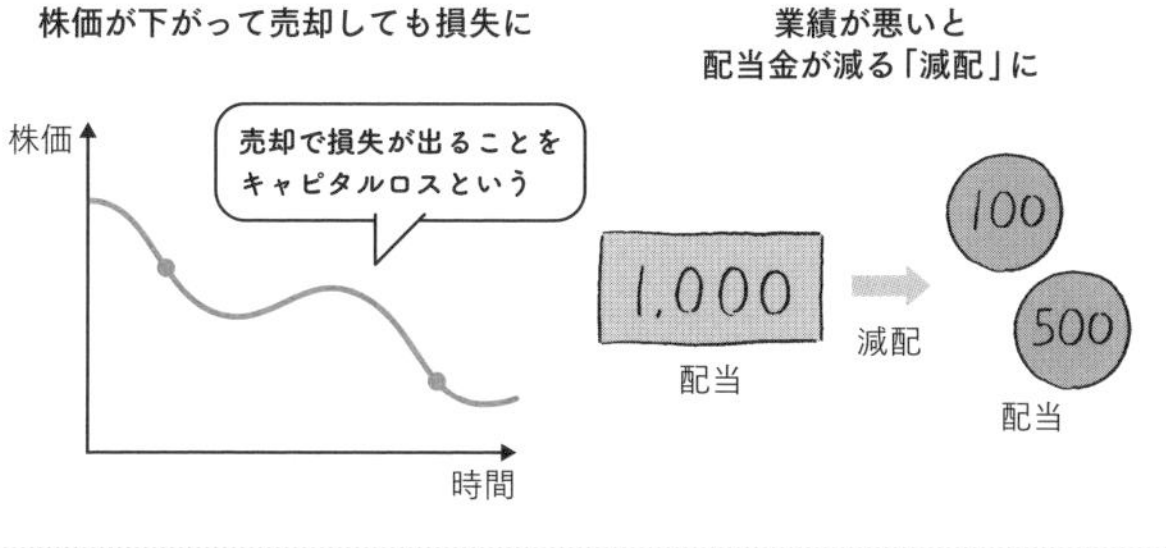
株価が下がって売却しても損失に
業績が悪いと配当金が減る「減配」に
株価
売却で損失が出ることをキャピタルロスという
時間
1,000
配当
減配
100
500
配当

個別株の銘柄を選ぶ際のポイント

●銘柄選びができれば一人前の投資家！

当然のことながら、個別株投資ではどの企業の株式を購入するかが非常に重要です。「個人的に好きな企業だから」という理由もありですが、ここでは、儲けにこだわって選ぶ方法を解説していきます。

個別株で利益を得るために、狙いたいのはズバリ「これから成長が見込める銘柄」です。これから株価が伸びる企業を見極めるうえで、参考になるのは、直近3〜5年の売上高・営業利益の推移や今後2期の業績予測といった指標です。はじめの内はそれぞれの数値をどのように考えれば良いかわからず、困惑するかもしれませんが、個別株の売買で利益を出すためには重要なことなので、がんばって覚えましょう。

ほかにも、将来的に拡大が見込める業界であるかどうかも見るべきポイントです。一時のブームに惑わされずに長期的視点で検討しましょう。企業情報の確認に欠かせない、会社四季報の見方も覚えておくと役立ちます。

【企業の業績は必ずチェック】

今後株価の値上がりに期待できる企業かどうかを判断するには、売上高と営業利益に着目しましょう。この2つが直近3～5年で伸びているのであれば良い兆候です。さらに、今後2期の業績予測が伸びそうだと見られるなら、今後の株価の成長に期待できるでしょう。

売上高・営業利益UP！
好業績だから買いだね
直近3-5年の売上高伸長
直近3-5年の営業利益伸長
今後2期の業績予測が伸びそう

営業利益 ＝ 売上高 － 売上原価 － 販管費

売上原価（商品にかかる経費）　販管費（販売管理の経費）

【将来拡大が見込めるか？も重要】

社会のニーズには流行り廃りがつきものなので、銘柄選びは長期的な視点で考えることが大切です。その企業の事業が、10年後や20年後の未来にも需要を保ち続けられるか？ という観点で考え、将来性をジャッジしましょう。

継続した需要が見込める業務の例

医療　農業　ゲーム　美容

- 医療：高齢化社会で活躍の場が広がる見込み
- 農業：スマート農業を国が支援
- ゲーム：eスポーツの人気が拡大中
- 美容：男性の利用者も増加傾向

【企業情報の確認は四季報を活用】

企業の情報を調べる際には「会社四季報」の活用がおすすめです。四季報には、国内の株式市場に上場する企業全社の、業績や財務状況などのデータが記載されています。四季報は、個別株投資家のマストアイテムなので、見方をしっかり押さえておきましょう。

四季報の誌面

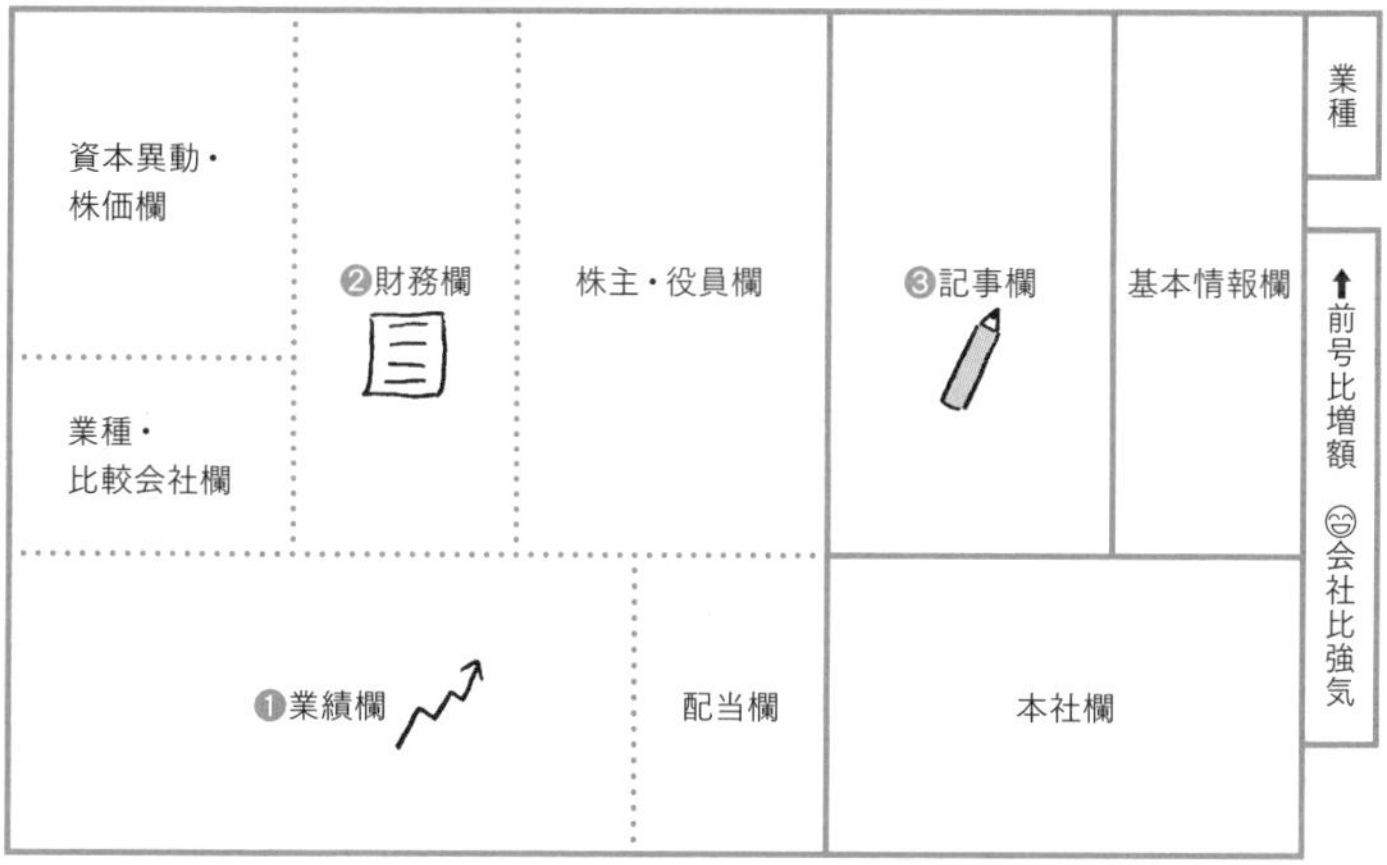

最低でもこの3つをCHECK

❶業績欄
過去5期の売上や利益、今後の業績予想などがわかる

❷財務欄
自己資本比率など、企業の資産に関するデータ

❸記事欄
1つ目の見出しをチェック。【最高益】【連続最高益】【絶好調】【連続増配】などは企業の好調ぶりを示す

注文する①

●購入はスマートフォンさえあればOK

購入したい銘柄が決まったら、商品の注文手続きを進めます。個別株の注文と聞くと、難しそうに思うかもしれませんが、パソコンやスマートフォンだけで簡単に手続き可能です。ここでは、楽天証券での注文手順に沿って紹介していきます。株式の購入手順に大きな違いはないので、楽天証券以外のネット証券を利用している人も参考にしてください。

投資初心者の多くは、注文画面にある「注文方法」の項目で悩みがちです。まずは、主要な注文方法である、「指《さし》値《ね》注文」と「成行《なりゆき》注文」の内容を押さえておきましょう。

指値注文は、希望金額を指定して注文する方法です。自分が意図しない金額での購入を避けられる点がメリットとなります。

一方の成行注文は、現時点の時価で注文する方法です。とにかく早く売買を成立させたいときには、成功注文がおすすめです。

【「指値」と「成行」の2つが注文方法のキホン】

注文方法は、株価を指定する指値注文と最新の市場価格で注文する成行注文の大きく2つに分かれます。株価を重視するなら指値、売買成立を急ぐなら成行、といった形で使い分けるのが基本となります。

金額を重視する
指値注文
500円に
なったら
買いたい
500円
600円
値段を指定して注文
市場価格にまかせる
成行注文
なるべく早く
買いたい！
800円
値段を指定せずに注文

【購入する商品を選ぶ】

楽天証券で購入する場合は、まず「メインメニュー」から「国内株式」を選択します。個別株式トップページへ移動したら、銘柄名や証券コードで購入したい銘柄を検索。銘柄の個別ページに移ったら、「買い注文」ボタンをタップして、注文画面に移動します。

①国内株式トップページ

メインメニュー　　　　国内株式トップページ

②個別銘柄ページ

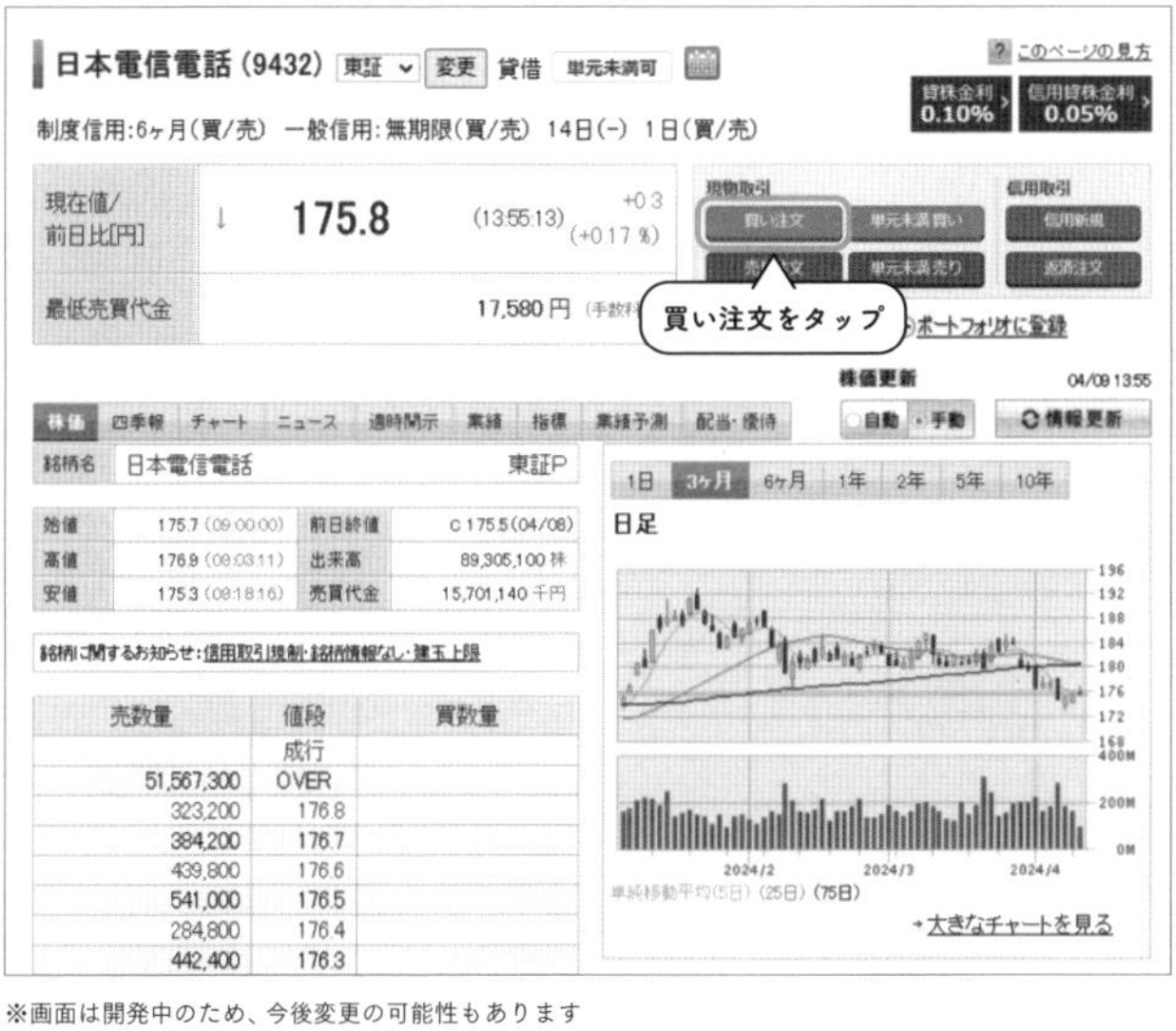

※画面は開発中のため、今後変更の可能性もあります

注文する②

●条件が設定できたら注文まであと一歩

買い注文画面では、注文条件を設定します。設定する項目は「購入数量」「注文方法」「口座の種類」などです。条件を入力できたら確認画面に移るので、入力した内容との相違がないか、しっかりと確認してから注文してください。確認画面で「注文」ボタンを選択して、注文完了です。注文した購入条件と合致する売却注文があれば、売買が成立します。

注文画面では、「セット注文」や「執行条件」など、細かい条件を決めての注文設定も可能です。

セット注文は、購入時に売却の注文もあわせて設定できる機能です。昼間は忙しくて取引ができない人は、利用するメリットが大きいでしょう。

執行条件は、「当日限定」や「週の最後の営業日まで」など、注文が有効となる期間を指定できる機能です。

選べる指定条件は、ネット証券によって異なる場合があるので、口座開設前に確認しておきましょう。

【購入画面で注文条件を選択】

下の画像は、楽天証券の個別株の買い注文画面です。この画面で株式の数量や注文方法、口座の種類などの条件を設定します。注文条件を設定したら、確認画面に移動します。設定内容に誤りがなければ、「注文」のボタンを選択して注文を完了させましょう。

①買い注文／受付ページ

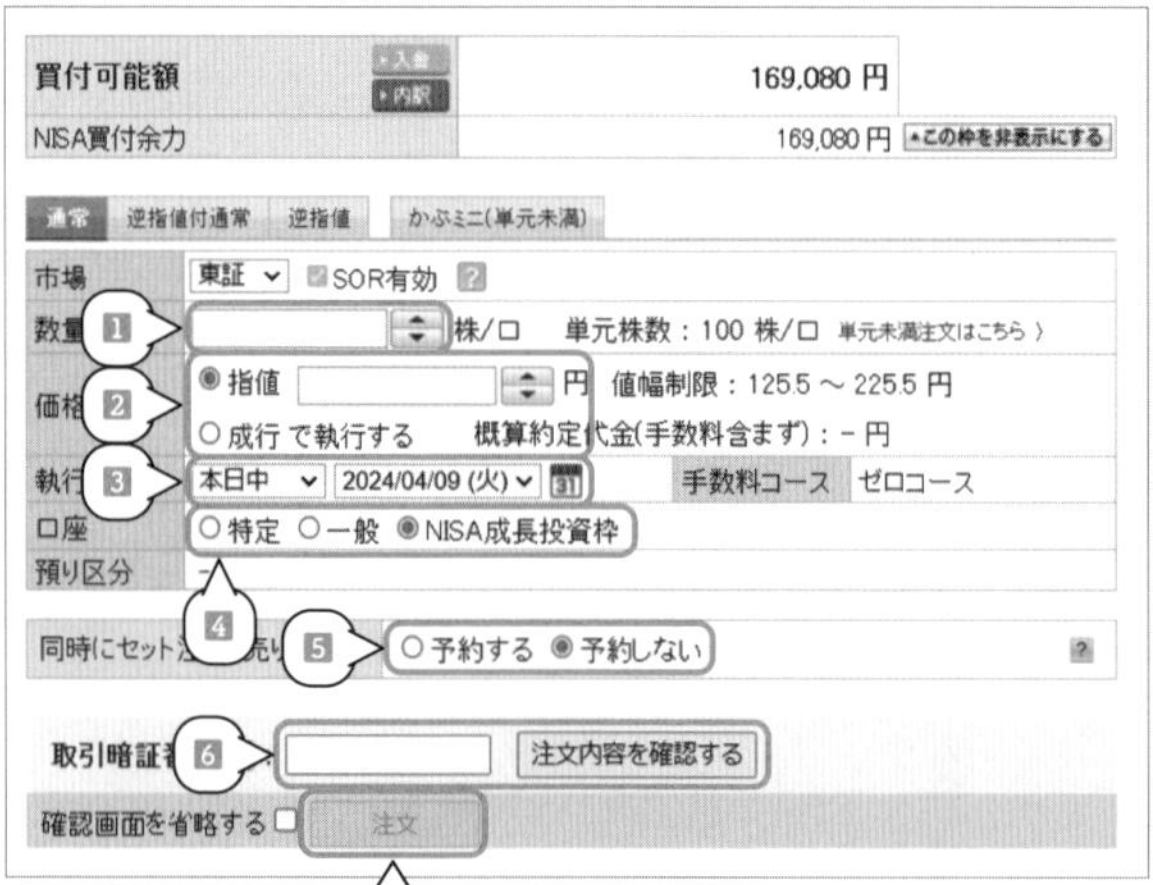

選択・入力が完了したら「注文」をタップして確認画面へ

1 購入する数量を選択
2 注文方法を選択
3 執行条件の日付を選択
4 口座を選択
5 セット注文の有無を選択
6 取引暗証番号を入力

※画面は開発中のため、今後変更の可能性もあります

②買い注文確認ページ

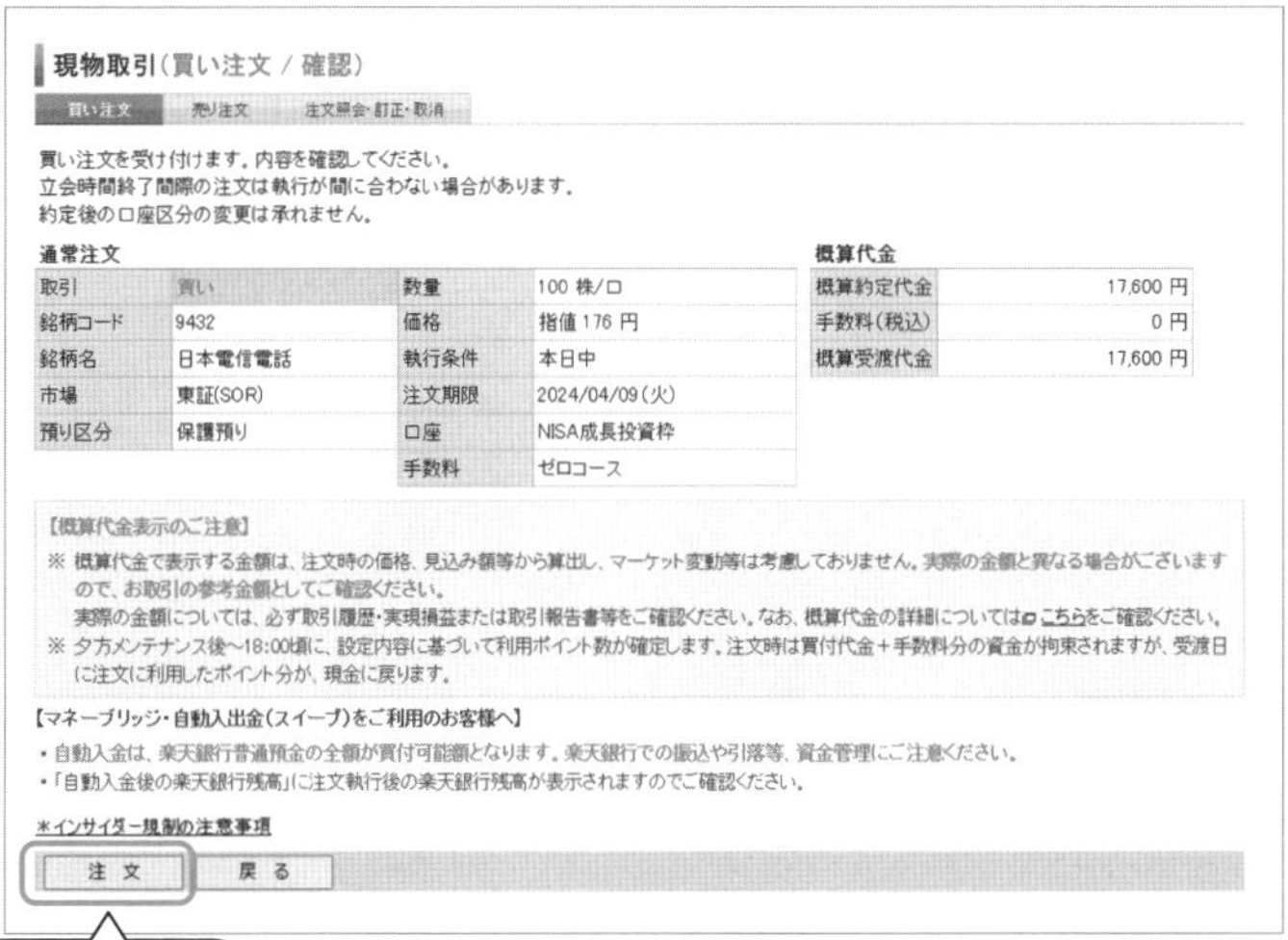

現物取引（買い注文 / 確認）

買い注文　売り注文　注文照会・訂正・取消

買い注文を受け付けます。内容を確認してください。
立会時間終了間際の注文は執行が間に合わない場合があります。
約定後の口座区分の変更は承れません。

通常注文

取引	買い	数量	100 株/口
銘柄コード	9432	価格	指値 176 円
銘柄名	日本電信電話	執行条件	本日中
市場	東証(SOR)	注文期限	2024/04/09（火）
預り区分	保護預り	口座	NISA成長投資枠
		手数料	ゼロコース

概算代金

概算約定代金	17,600 円
手数料（税込）	0 円
概算受渡代金	17,600 円

【概算代金表示のご注意】
※ 概算代金で表示する金額は、注文時の価格、見込み額等から算出し、マーケット変動等は考慮しておりません。実際の金額と異なる場合がございますので、お取引の参考金額としてご確認ください。
実際の金額については、必ず取引履歴・実現損益または取引報告書等をご確認ください。なお、概算代金の詳細についてはこちらをご確認ください。
※ 夕方メンテナンス後～18:00頃に、設定内容に基づいて利用ポイント数が確定します。注文時は買付代金＋手数料分の資金が拘束されますが、受渡日に注文に利用したポイント分が、現金に戻ります。

【マネーブリッジ・自動入出金（スイープ）をご利用のお客様へ】
・自動入金は、楽天銀行普通預金の全額が買付可能額となります。楽天銀行での振込や引落等、資金管理にご注意ください。
・「自動入金後の楽天銀行残高」に注文執行後の楽天銀行残高が表示されますのでご確認ください。

＊インサイダー規制の注意事項

注 文　戻 る

タップで注文完了

※画面は開発中のため、今後変更の可能性もあります

【取引の期限や売るタイミングも設定できる】

セット注文は、購入と同時に売却の注文ができる機能です。執行条件は、注文が有効な期間を決められます。設定した期限までに売買が成立しなければ、注文は取り消されます。

購入時に売却する日もセットで注文

600円
で購入
10日以内に800円
になったら売るよ

執行条件で注文の有効期間を指定

あと3日で600円に
ならなければ買わない
700円
800円

Point
成功注文の場合は
当日の時間を指定可能

個別株を買うのに大金は必要ない

●少額からでも株式投資は始められる

「投資に興味はあるが、運用するためのまとまった資金がない」といって、なかなかスタートできずにいる人は少なくありません。株式の取引は1単元100株が基本です。株価1万円の銘柄を購入するためには、最低でも1単元で100万円が必要となるので、なかなか手が出せないのも無理はないでしょう。

そんなときに利用したいのが、単元未満株です。単元未満株は1株から取引可能なため、投資資金が少額でも始められます。資金が少額であれば、値下がりに対する心理的な不安が少なくなるので、初心者が投資の雰囲気を掴むために、単元未満株から始めてみるのも1つの手です。

金融機関によって、単元未満株のサービス内容はまちまちです。そもそもサービスの取扱いがない金融機関もあるので、単元未満での取引を希望する場合は、金融機関を選ぶ際に確認しておきましょう。また、単元未満株では、優待がもらえない場合が多い点は注意が必要です。

【1株からでも購入が可能】

通常の株式取引は、1単元100株が最小単位となっており、株を購入するためには株価の100倍の資金が必要です。一方、単元未満株の取引は1株単位から売買できるので、十分に資金がない人でも手軽に始められます。

単元株の取引

1セット
（100株で10万円）

単元未満株の取引

1株単位で購入できる

Point
1株購入では指値は
選択できない

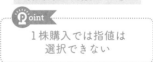

【PayPay証券は取扱銘柄が1,000円から購入できる】

PayPay証券は、取り扱う全銘柄が1,000円単位で購入可能である点が特徴です。ほとんどの場合、購入単位は1株未満となりますが、通常なら手が出せない株価が高い株式に1,000円から投資できる点は大きなメリットとなります。

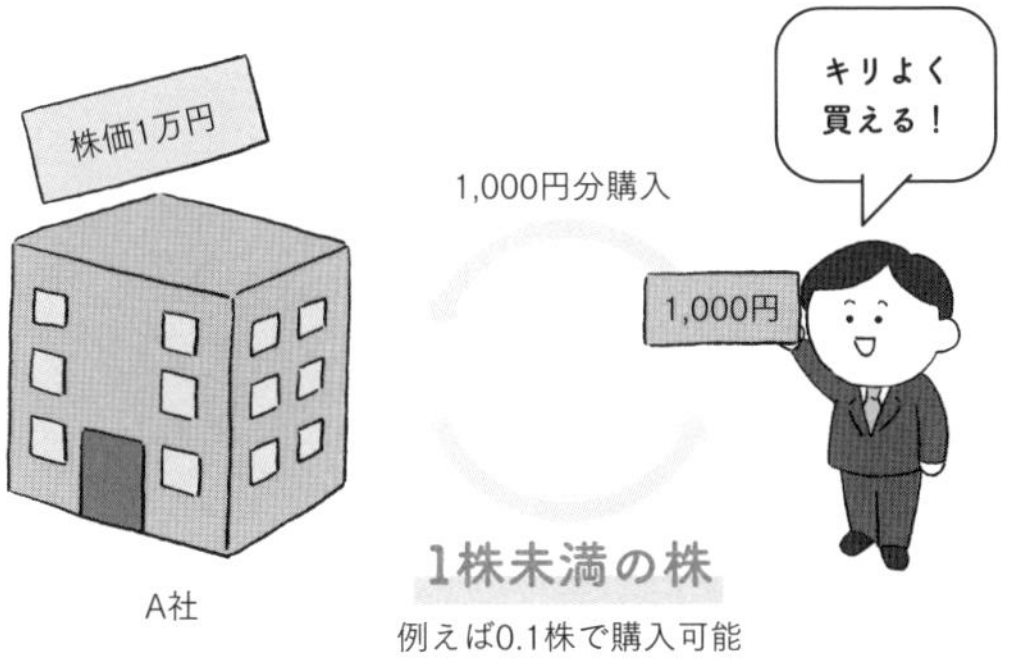

単元未満での購入が可能なその他のサービス

SBI証券
Rakuten 楽天証券
MONEX

1株から購入可能

対応していない金融機関も多いので、口座開設をする前に確認しておこう

【1単元未満だと優待はもらえない場合が多い】

単元未満株だけの保有でも、配当金は受け取れます。一方で、株主優待はもらえない場合が多いです。優待は1単元以上の保有を条件とする銘柄がほとんどなので、優待を目的として単元未満株を購入する場合は、購入前に優待の条件を確認してください。

配当金

配当は1株からでももらえる

株主優待

優待は保有株数に条件がある企業も

株の配当で不労所得を狙う

●権利付き最終日の日付をチェック

株式を保有していると、定期的に配当や優待という形でお金や品物などを受け取れます。配当の金額は、保有している株数に応じて変動し、大口の株主ほど受け取れる金額が高くなります

頻度は年に1回、もしくは2回の企業が一般的です。ただし、配当の制度がない企業もあるので、配当目的で株式投資をする場合は、事前に配当情報を確認することをおすすめします。

注意したいのが、受け取れる権利が確定する前に株式を手放すと、配当や優待をもらえなくなる点です。権利確定の条件は、権利確定日の2営業日前の「権利付き最終日」の取引終了時までに、株式を保有していること。自分が保有する株式の権利付き最終日の日付は、正しく把握しておきましょう。

また、企業の業績が低迷すると、「減配」といって配当の金額が下がる事態になる可能性もあります。

【企業の利益が配当になる】

配当は企業が事業で得た利益の一部を、株式の保有に対するお礼として投資家に分配する制度です。配当は、1株あたりの金額が決められており、保有株数が多い人ほど受け取れる金額が大きくなります。

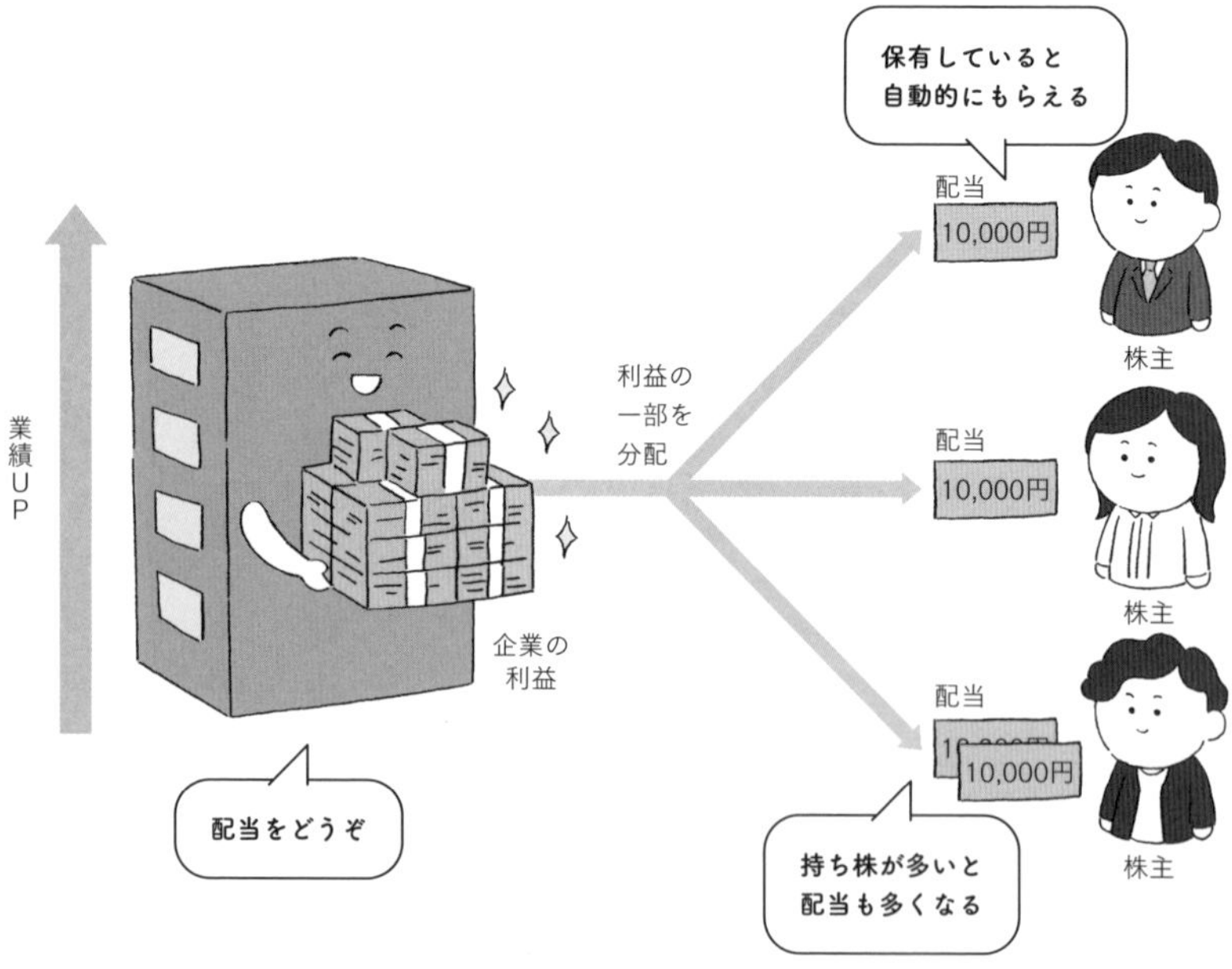

業績UP
配当をどうぞ
企業の利益
利益の一部を分配
保有していると自動的にもらえる
配当
10,000円
株主
配当
10,000円
株主
配当
10,000円
株主
持ち株が多いと配当も多くなる

【権利付き最終日までの保有が配当を得る条件】

配当・優待を受け取るためには、権利確定日の2営業日前の権利付き最終日の大引《おおび》けまで、株式を保有していることが条件となります。権利付き最終日の直後は、権利が確定したことで株式の売却に踏み切る投資家が急増し、株価が下落する場合があります。

権利付き最終日の「大引け」以前に売却すると配当・優待を得られない

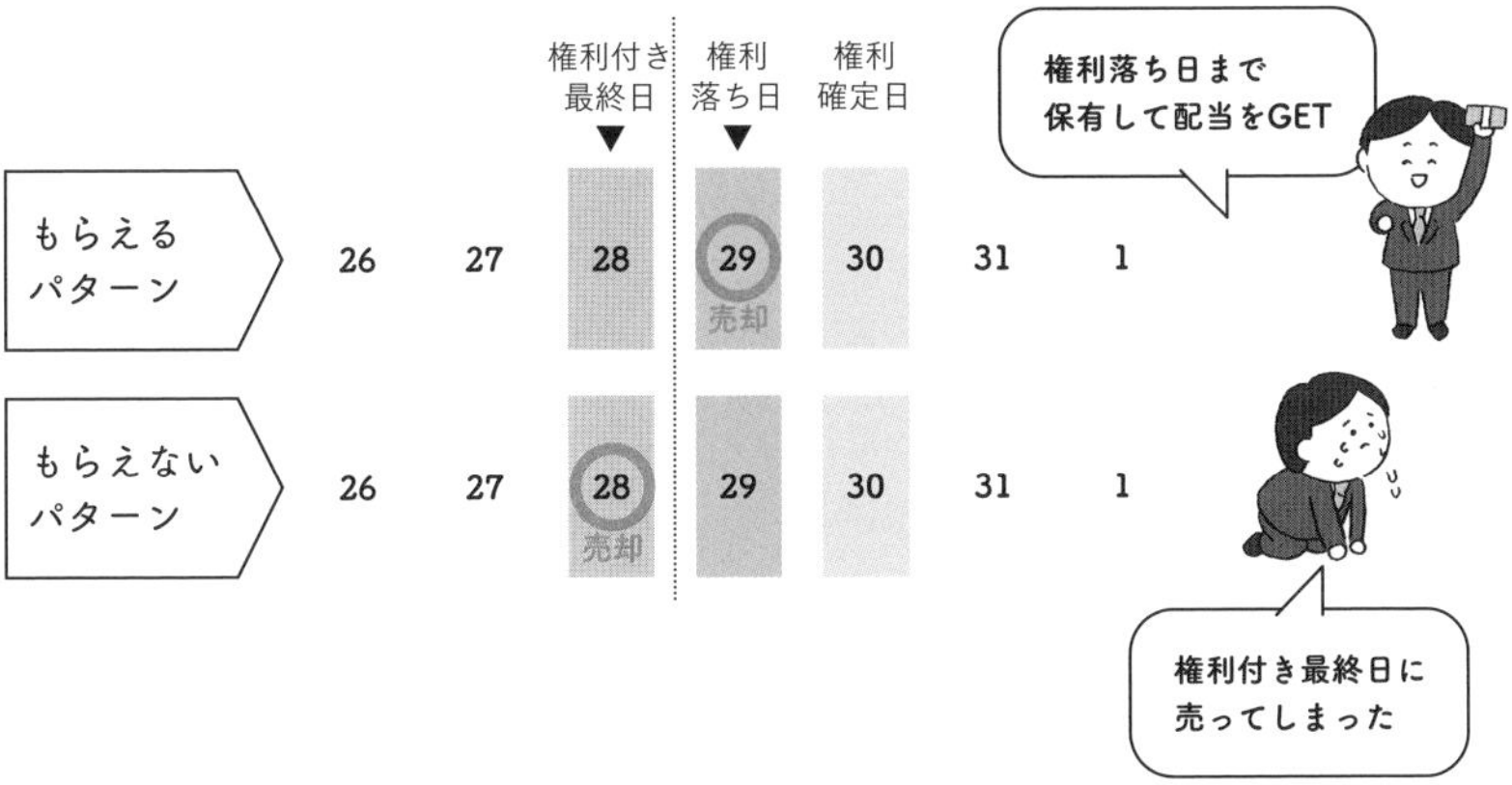

【業績が悪いと減配してしまう可能性も】

企業の業績が低迷すると、配当の原資となる利益が少なくなるので、それに応じて配当の金額が減額になることも。減配すると、株式を手放す投資家が増えるので、株価の下落を招く原因にもなります。

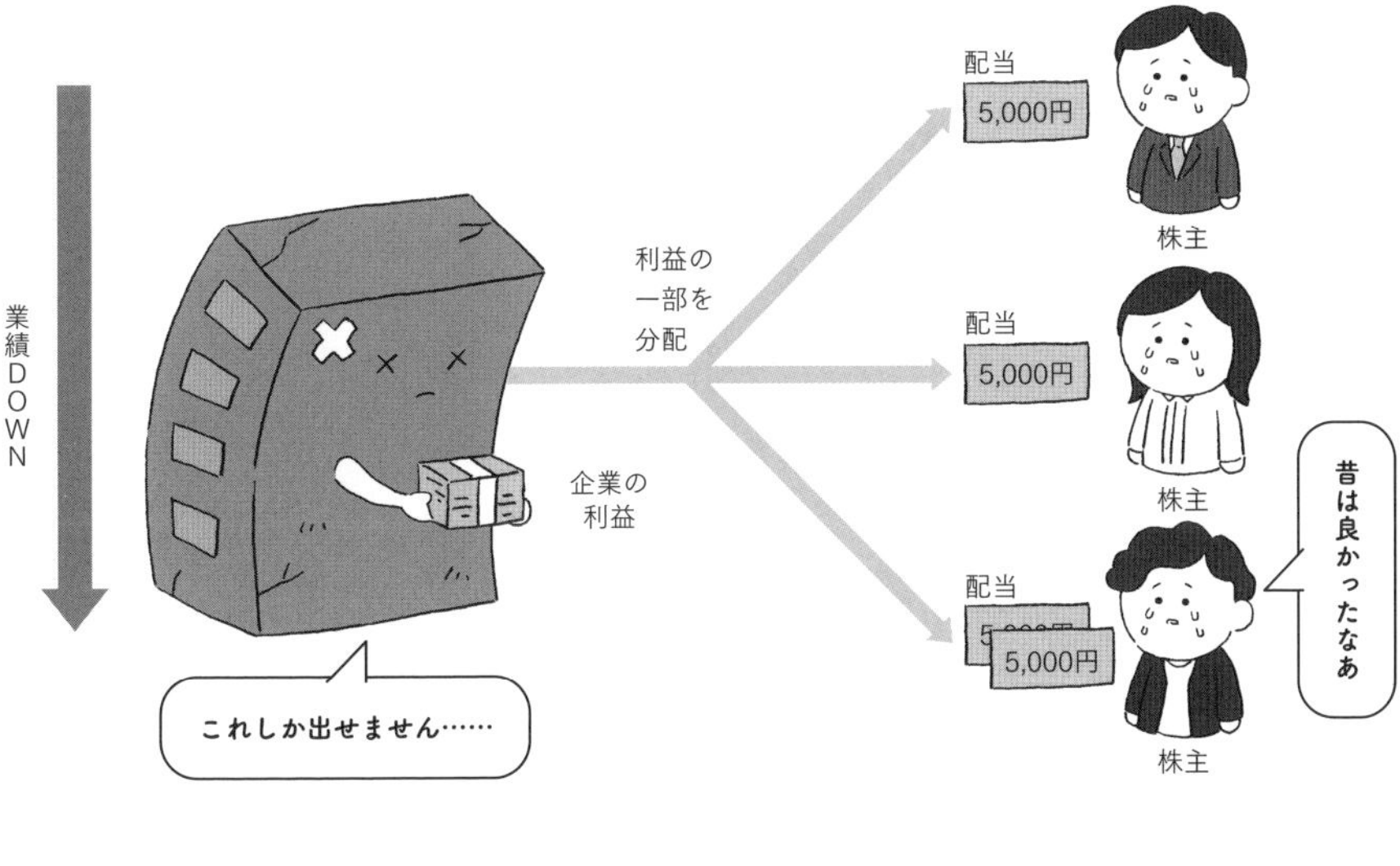

高配当株を探そう

●配当利回り以外の指標も必ずチェック

株価に対して年間で受け取れる配当金の割合を「配当利回り」と呼びます。配当利回りが高い銘柄は「高配当株」と呼ばれ、配当を重視する投資家に人気です。明確な基準はないものの、日経平均全体の平均利回りは2％弱で、配当利回りが3～4％以上あれば高配当とされる傾向です。

87ページで、配当が減る「減配」について説明しましたが、反対に前期から配当が増えることを「増配」といいます。連続して増配する状態は、連続増配といい、なかには、数十年にわたって連続増配し続ける銘柄も存在します。連続増配中の銘柄は、長期で業績を伸ばしているイメージですが、業績が下がっても増配に踏み切る企業もあるので一概に好業績とはいえません。

また、配当利回りは「1株当たりの配当金÷株価×100」の式で計算され、株価が下落すると利回りが高くなる仕組みになっています。そのため、配当利回りだけで銘柄を判断しないように注意が必要です。

【配当利回り3～4%以上が高配当株の目安】

明確な基準はないものの、配当利回りが3～4%以上ある銘柄は高配当株とされる傾向です。高い水準では、配当利回りが6%を超える場合もあります。

配当利回り ＝ 1株当たりの配当金 ÷ 株価 × 100

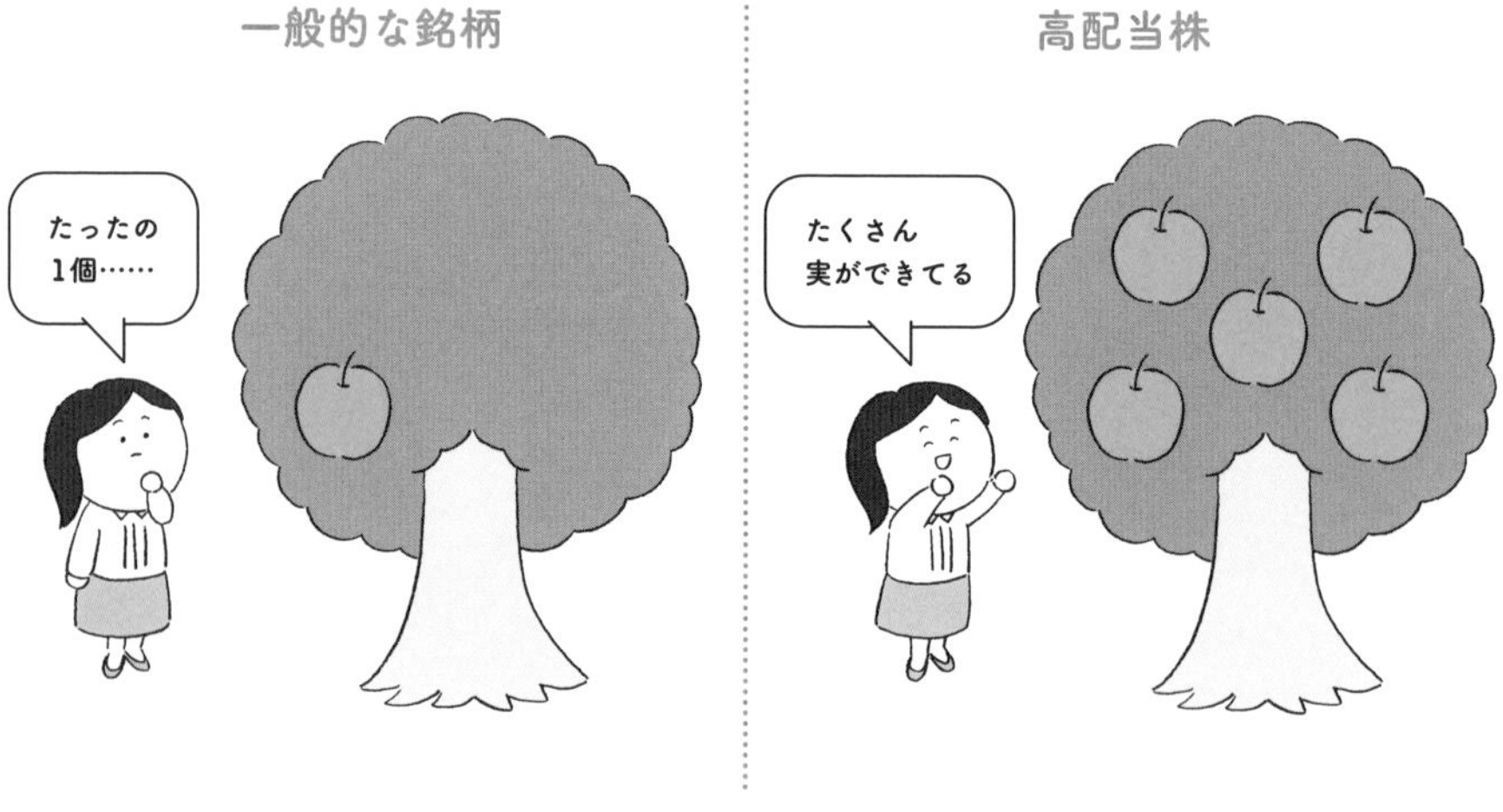
一般的な銘柄
高配当株
たったの
1個……
たくさん
実ができてる

【何十年も増配を続ける銘柄も存在する】

数十年単位で連続増配を続ける企業もあります。例えば、消費財大手の花王は2024年時点で34年連続で増配しており、増配開始当初から配当額が21.1倍になっています。

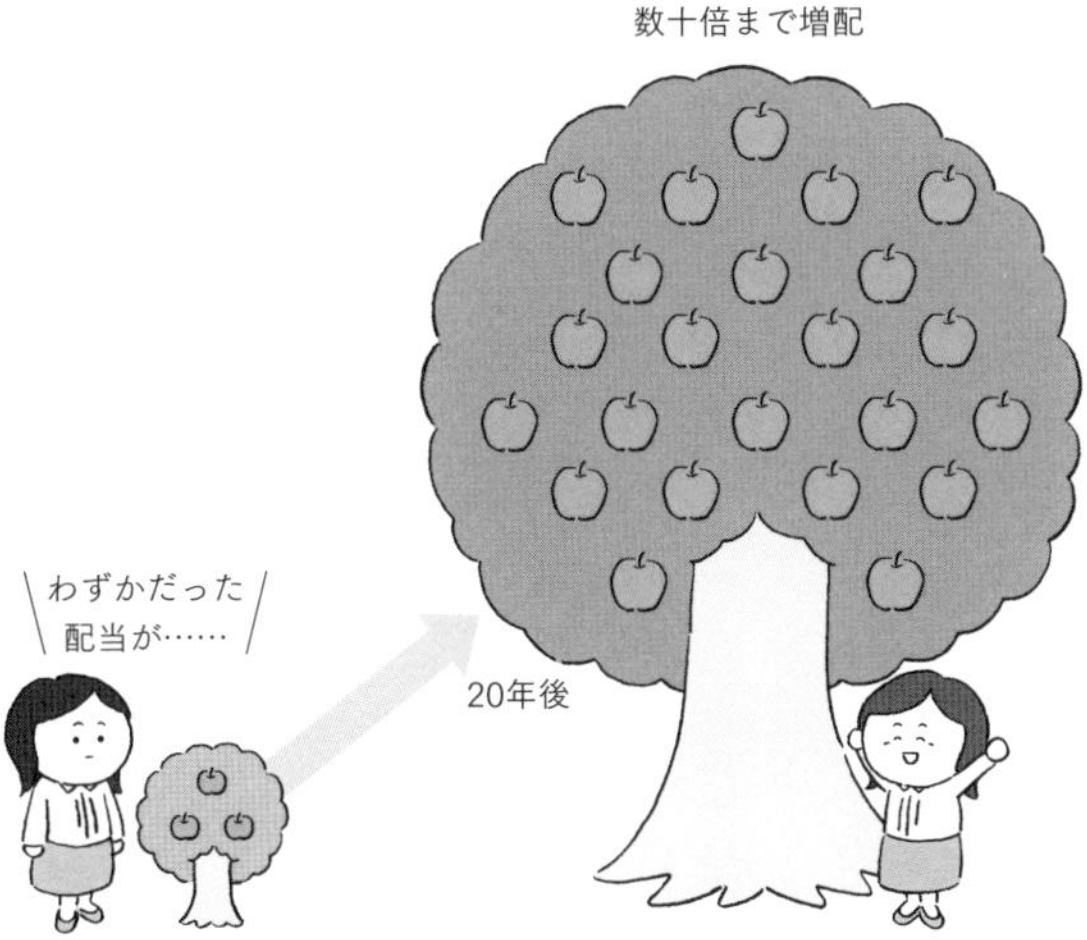
数十倍まで増配
わずかだった配当が……
20年後

配当開始から数十倍、数百倍増配する銘柄も

Point

増配し続ける企業の特長

・長期的に業績を伸ばしている
・業績が落ちても配当を出せるよう資金を残している

【株価の下落で配当利回りが上がるパターンに注意】

配当利回りの計算式は、株価が下がるほど数値が高くなるしくみになっています。そのため、数値上は高配当株であっても、株価が下がった結果として配当利回りが上昇しているパターンもあるため注意しましょう。

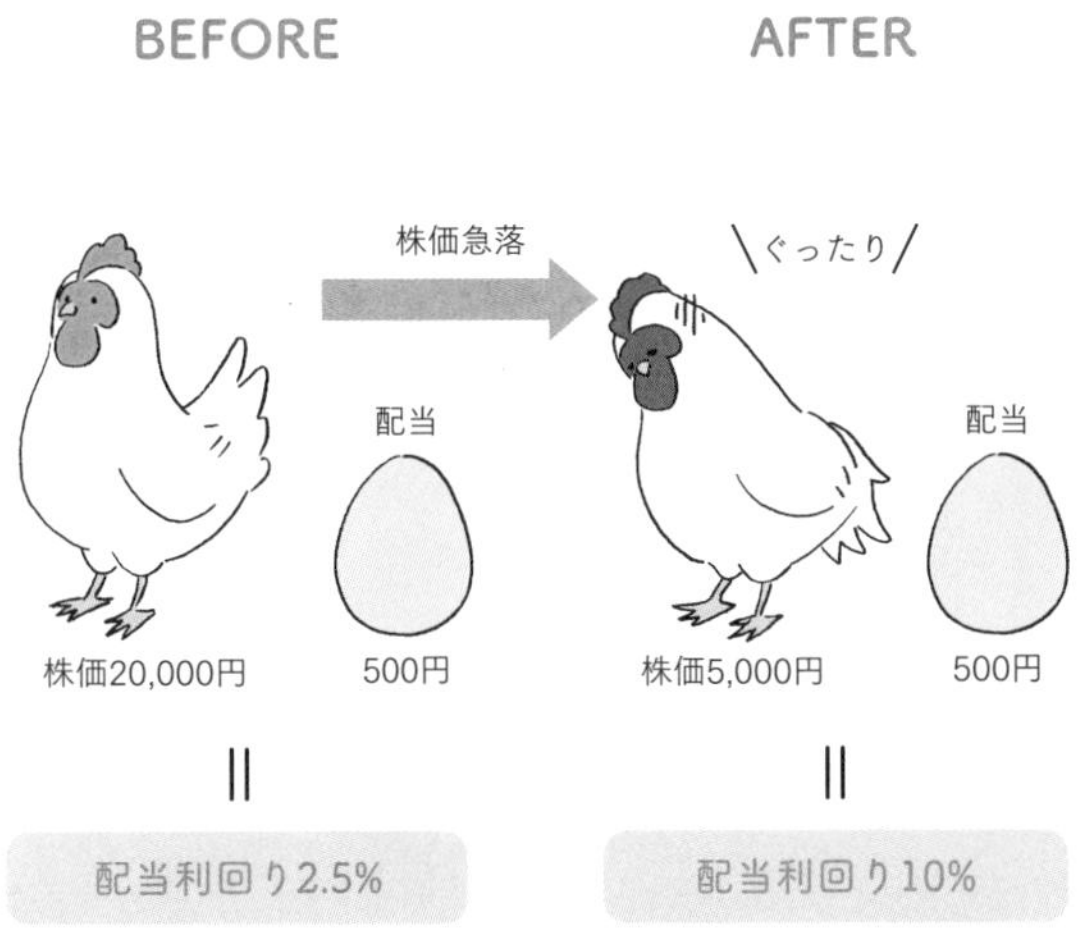
BEFORE
AFTER
株価急落
ぐったり
配当
株価20,000円
500円
配当
株価5,000円
500円
配当利回り2.5%
配当利回り10%

利回りが高くても
株価が下がっている
企業はNG

Point

株価が下がると配当利回りが上がる！

成長投資枠で個別株を選ぶ

注目の高配当銘柄

●利益関連の指標で優良銘柄をジャッジ

優良な高配当銘柄や連続増配株を見つけるには、いくつかのチェックポイントがあります。まず、配当は企業の利益から出されるため、「利益」に関連する指標が大切です。「営業利益率、経常利益率が競合他社より高い」や「EPS（1株当たり利益）が毎年増加している」といった経営状態にあれば、利益を出す力があり、着実に成長を遂げている企業だと考えられます。

企業が抱える借金の割合は、財務状況を判断する重要な材料です。自己資本比率が50％を超えていると、財務の安全性が高いとされます。

また、不況に強い業種は株価が安定しやすい傾向です。インフラやヘルスケア、日用品などの業種が該当します。

ほかにも通常の個別株同様に、直近3～5年の売上高や営業利益と今後2期の業績予測も見ておきましょう。

ここからは実際にどんな高配当株があるか知るために、日米の注目銘柄を3つずつ紹介していきます。

【国内の好業績な高配当株3選】

日本にも多くの高配当銘柄や連続増配中の企業があります。そのなかから、通信、金融、建設の３業界の注目銘柄をピックアップします。

NTT
（9432）

13期連続増配

配当利回り＝2.78%

株価：179.8円

配当＋優待利回り＝11.12%

（優待は100株以上の保有が条件）

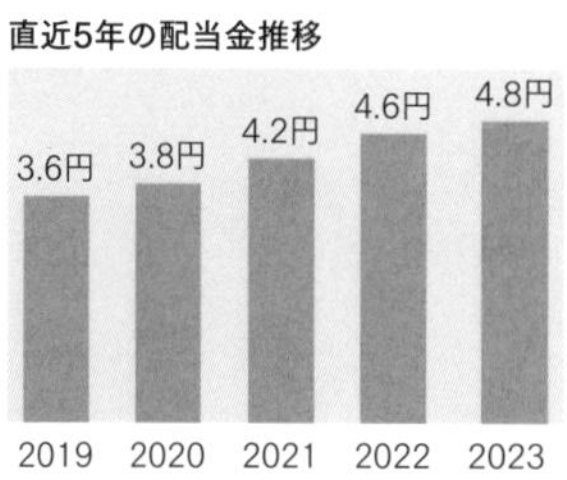
直近5年の配当金推移
3.6円
3.8円
4.2円
4.6円
4.8円
2019
2020
2021
2022
2023

インフラ事業の安定は大きな魅力
ビジネスの安定性が高く、長期投資に適している

日本を代表する通信大手

13期連続増配中。直近5年で1.2円配当金が増額しました。優待でdポイントをもらえるので、優待と配当を合わせた利回りは高くてお得です。安定性の高いビジネスモデルなので、今後も増配が続くと期待できます。

※日本株は2024年3月29日時点、米国株は2024年3月28日時点の情報に基づく

三菱HCキャピタル
（8593）

25期連続増配

配当利回り＝3.46%

株価：1,070円

大手総合リース会社

25期連続で増配しています。どれだけの利益を配当金の支払いに充てたかを示す指標、配当性向も少しずつ上昇しています。

小松製作所
（6301）

3期連続増配

配当利回り＝3.26%

株価：4,423円

建設・鉱山機械メーカー

連続増配はまだ3期と少ないが、2024年の3月期の配当金額は、増配開始以前の年間配当額から2.6倍も増加しています。

【米国には60年以上も連続増配する桁違いな銘柄も】

米国は日本株よりも配当の水準が高い傾向です。日本企業の連続増配年数のトップは、花王の34年ですが、米国には60年以上増配を続ける企業が多くあります。また、日本企業の配当は年に1～2回の場合が多いですが、米国株は年4回配当を受け取れます。

プロクター・&・ギャンブル
（PG）

67年連続増配

配当利回り＝2.35%

株価：162.25USD

洗剤などの日用品を幅広く展開

世界最大の一般消費財メーカー。67年連続増配中。130年以上、配当を欠かさず出しており、配当への信頼性が抜群です。

ジョンソン・エンド・ジョンソン
（JNJ）

61年連続増配

配当利回り＝3.03%

株価：158.19USD

医療機器や市販のヘルスケア用品を扱う

ヘルスケア関連事業を手掛ける企業。61年間増配を続けています。世界60ヶ国、約250社に分社化しており、リスクヘッジが万全。

IBM
（IBM）

28年連続増配

配当利回り＝3.59%

株価：190.96USD

100年以上の歴史を持つ老舗テクノロジー企業

28年連続増配中の世界的テクノロジー企業。景気に左右されにくいディフェンシブ銘柄として知られており、安定成長に期待できる。

高配当ファンド、高配当ETFも候補

●ETFは低コストで規模の大きい商品が◎

新NISAの成長投資枠では個別株以外に、つみたて投資枠では選択できない投資信託やETFが購入可能です。配当で不労所得を得たいけれど、個別株への投資に不安を感じる人は、高配当ファンドや高配当ETFへの投資を検討してください。

ETFの商品を選ぶ際は、分配金利回り以外の指標も確認するようにしましょう。

まず、手数料の安さと規模の大きさが注目ポイントです。ETFの手数料「経費率」は0・03〜0・2%の範囲が安いとされる水準です。

商品の規模は純資産総額で確認可能で、50億円を超えていると規模が大きいとされています。さらに、成立した売買の数を示す出来高で、人気のある商品かどうかも判断しておきましょう。出来高が3万口を超えている商品は、人気が高いといえます。

この3つを満たせば、優良商品である可能性が高いです。

【ETF選びは3つの数字に注目】

第2章で投資信託の選び方を解説したので、ここではETFを選ぶポイントを紹介します。経費率は0.03〜0.2%が優良商品の目安です。また、効率的な運用にはある程度の規模が必要なので、純資産総額50億円以上、1日の出来高3万口以上の商品が狙い目となります。

①経費率は 0.03%〜0.2%

②純資産 総額50億円以上

③1日の出来高が 3万口以上ある

【低コストでおすすめの商品4選】

新NISAの成長投資枠で購入できる投資信託やETFのなかから、「高配当」をテーマにおすすめの商品を厳選しました。配当利回りや連続増配が魅力の4商品を紹介します。

高配当ファンド

SBI日本高配当株式（分配）ファンド（年4回決算型）

配当利回りが市場平均以上の日本国内の銘柄を中心に投資するファンド。アクティブファンドでありながら、信託報酬が0.1%以下と非常に低い水準となっています。

基準価額	1万1,907円
純資産総額	610.04億円
信託報酬	0.099%
主要投資対象の配当利回り	3.98%（2024/2/29時点）

SBI・V・米国高配当株式インデックス・ファンド

バンガード・米国高配当株式ETF（VYM）への投資を通じて、米国株式市場の高配当銘柄に連動する成果を目指す商品。信託報酬が同種ファンドで最安水準となっています。

基準価額	1万6,991円
純資産総額	276億4,300万円
信託報酬	0.1238%程度
主要投資対象の配当利回り	2.17%（2024/3/28時点）

高配当ETF

バンガード・米国高配当株式ETF（VYM）

米国市場で配当利回りが平均値以上の大型株に投資するETF。高配当銘柄が多い金融や、長期的な値上がりに期待できるヘルスケア業界の銘柄の組入比率が高い商品です。

純資産総額	548.43億USD
経費率	0.06%
トータルリターン	10年 10.12%
直近分配金利回り	2.17%

バンガード・米国増配株式ETF（VIG）

米国で10年以上連続増配する大型株に投資する商品。銘柄の組入比率では、情報技術、金融、ヘルスケアなど、今後も成長に期待ができる業界が多くなっています。

純資産総額	789.6億USD
経費率	0.06%
トータルリターン	10年 11.48%
直近分配金利回り	1.68%

※VYMとVIGのリターン・分配金利回りは米ドルで計算した数値です。
※各種データは2024年3月28日時点

400以上の高配当銘柄を組み入れ

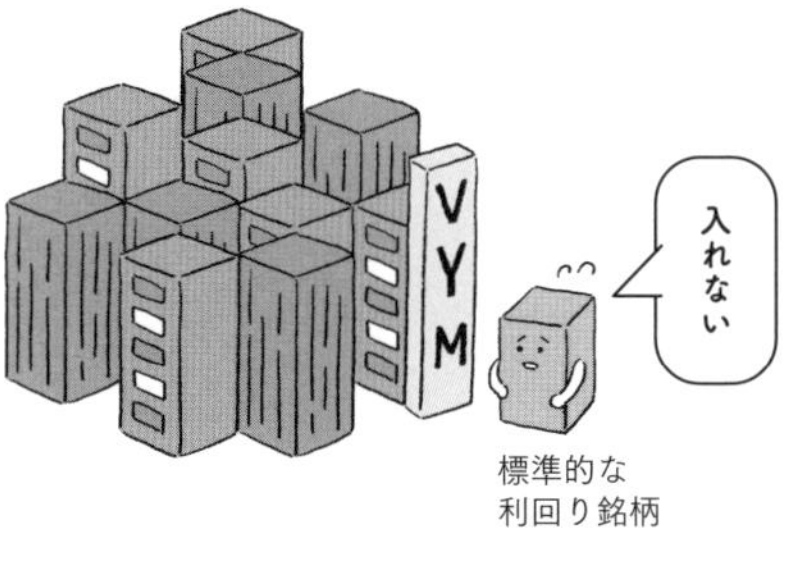
VYM
入れない
標準的な
利回り銘柄

10年以上連続増配する企業に投資

10年連続増配
増配ストップ

コラム 3

新NISAで買ってはいけない 成長投資枠の要注意商品

要注意1：似た商品なのに高コスト

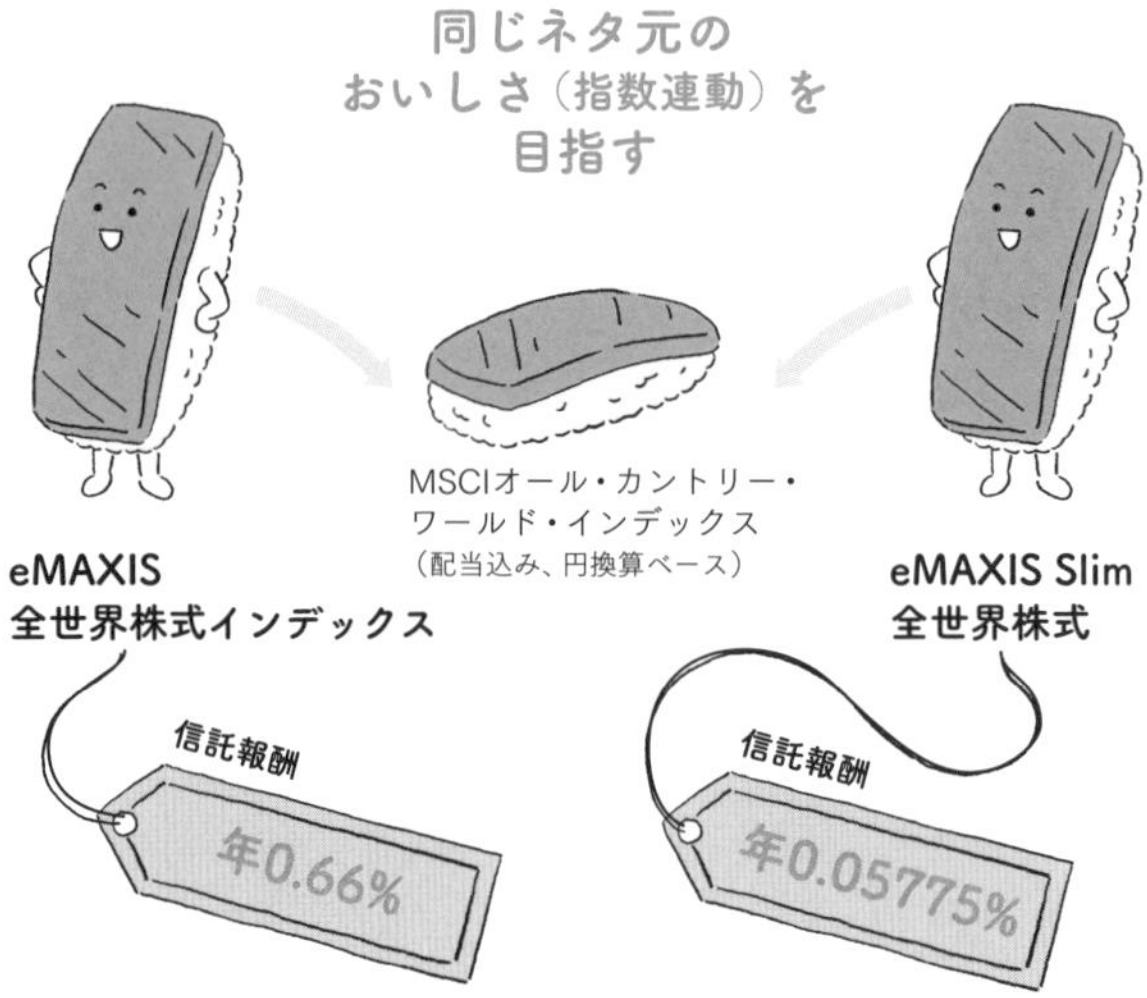

同じネタ元の
おいしさ（指数連動）を
目指す
MSCIオール・カントリー・
ワールド・インデックス
（配当込み、円換算ベース）
eMAXIS
全世界株式インデックス
信託報酬
年0.66%
eMAXIS Slim
全世界株式
信託報酬
年0.05775%

コストに大きな違い

同じ指数が対象なのに商品によってコストに差があることも。運用が長期間になるほど、信託報酬の差だけ資産残高への影響は大きくなります。

自由度が高い分 注意すべき商品も多い

信託報酬などの厳しい条件が定められているつみたて投資枠に対し、成長投資枠はより幅広い商品を選ぶことができます。しかし、だからこそ投資ビギナーにおすすめしにくい商品もあります。

まず注意したいのが同じ指数連動を目指しているのに、信託報酬が高いインデックスファンドです。運用成績が同じであれば、コストだけが高い商品を買うメリットは何もありません。

次に、テーマ型の投資信託もなるべく避けたいところ。「テーマ型」とは、世の中のトレンドに合わせて、特定の企業や業界に投資する特徴のこと。AI（人工知能）やESG、自動運転にメタバースなど、これまでに多くのテーマとそれらを対象とした商品が登場してきました。しかし、その多くは信託報酬が高水準なほか、流行が過ぎると運用パフォーマンスの低下が懸念されます。NISAを活用した長期間運用に適しているとはいえません。

また毎月分配型はNISAでは購入対象外となっていますが、複利効果を得にくいという理由から、隔月分配型の商品もあえて選ぶ理由はないでしょう。

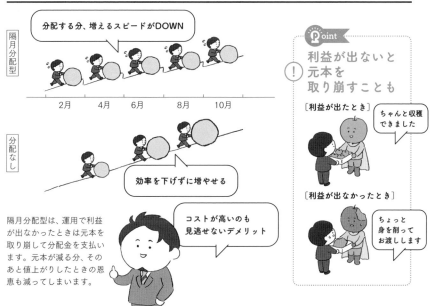

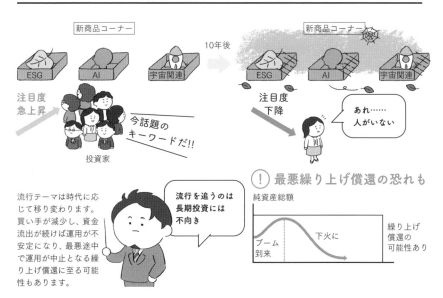

要注意2：テーマ型

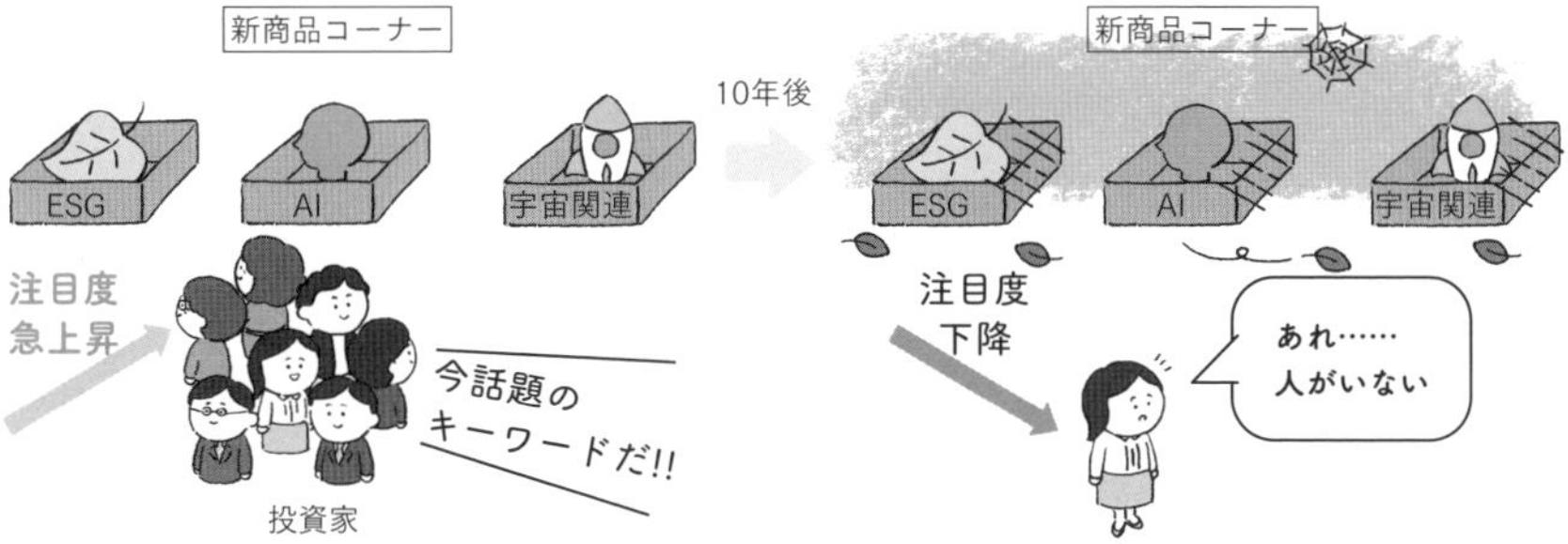

新商品コーナー
ESG
AI
宇宙関連
10年後
新商品コーナー
ESG
AI
宇宙関連
注目度
急上昇
今話題の
キーワードだ!!
投資家
注目度
下降
あれ……
人がいない

流行テーマは時代に応じて移り変わります。買い手が減少し、資金流出が続けば運用が不安定になり、最悪途中で運用が中止となる繰り上げ償還に至る可能性もあります。

流行を追うのは
長期投資には
不向き

! 最悪繰り上げ償還の恐れも

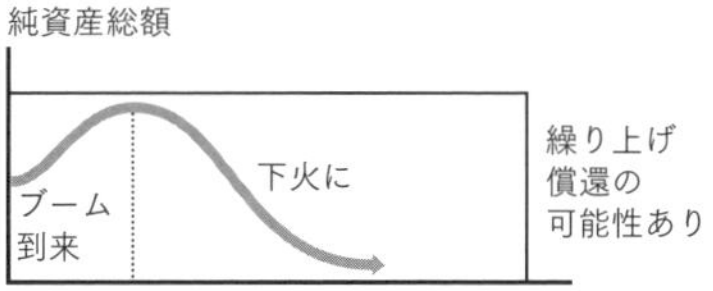

純資産総額
ブーム
到来
下火に
繰り上げ
償還の
可能性あり

要注意3：隔月分配型

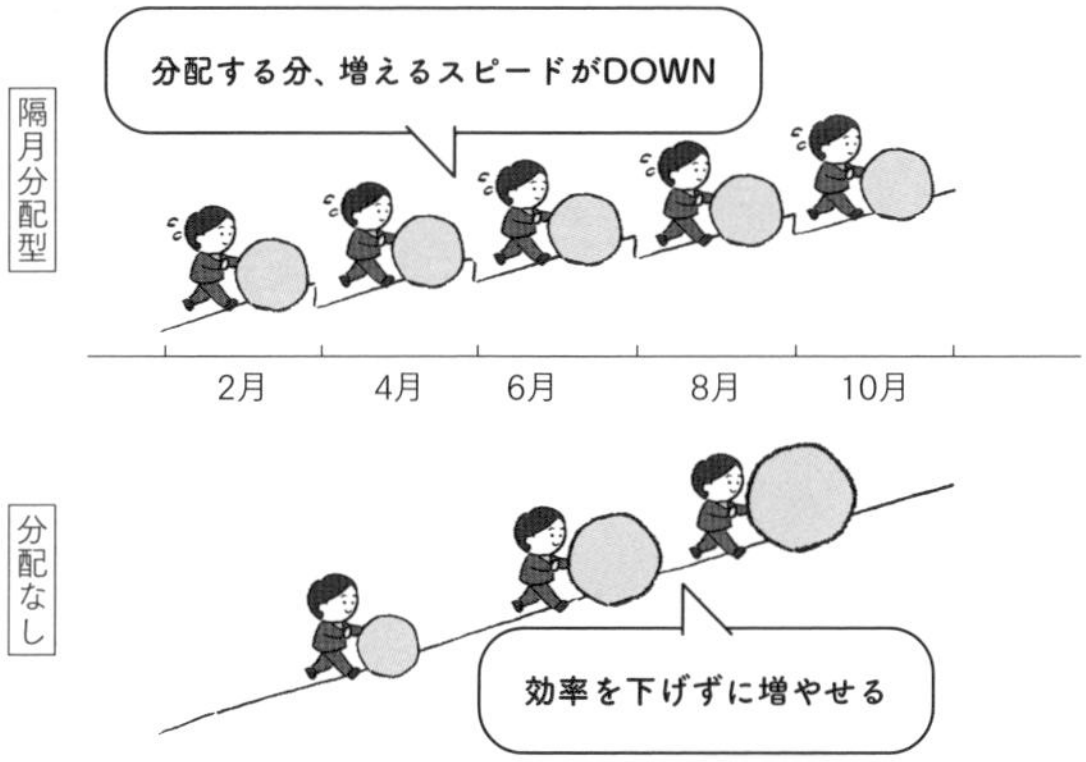

分配する分、増えるスピードがDOWN
隔月分配型
2月
4月
6月
8月
10月
分配なし
効率を下げずに増やせる

隔月分配型は、運用で利益が出なかったときは元本を取り崩して分配金を支払います。元本が減る分、そのあと値上がりしたときの恩恵も減ってしまいます。

コストが高いのも
見逃せないデメリット

Point

! 利益が出ないと元本を取り崩すことも

［利益が出たとき］

ちゃんと収穫
できました

［利益が出なかったとき］

ちょっと
身を削って
お渡しします

第4章 運用・管理する

運用中はほったらかしでOK

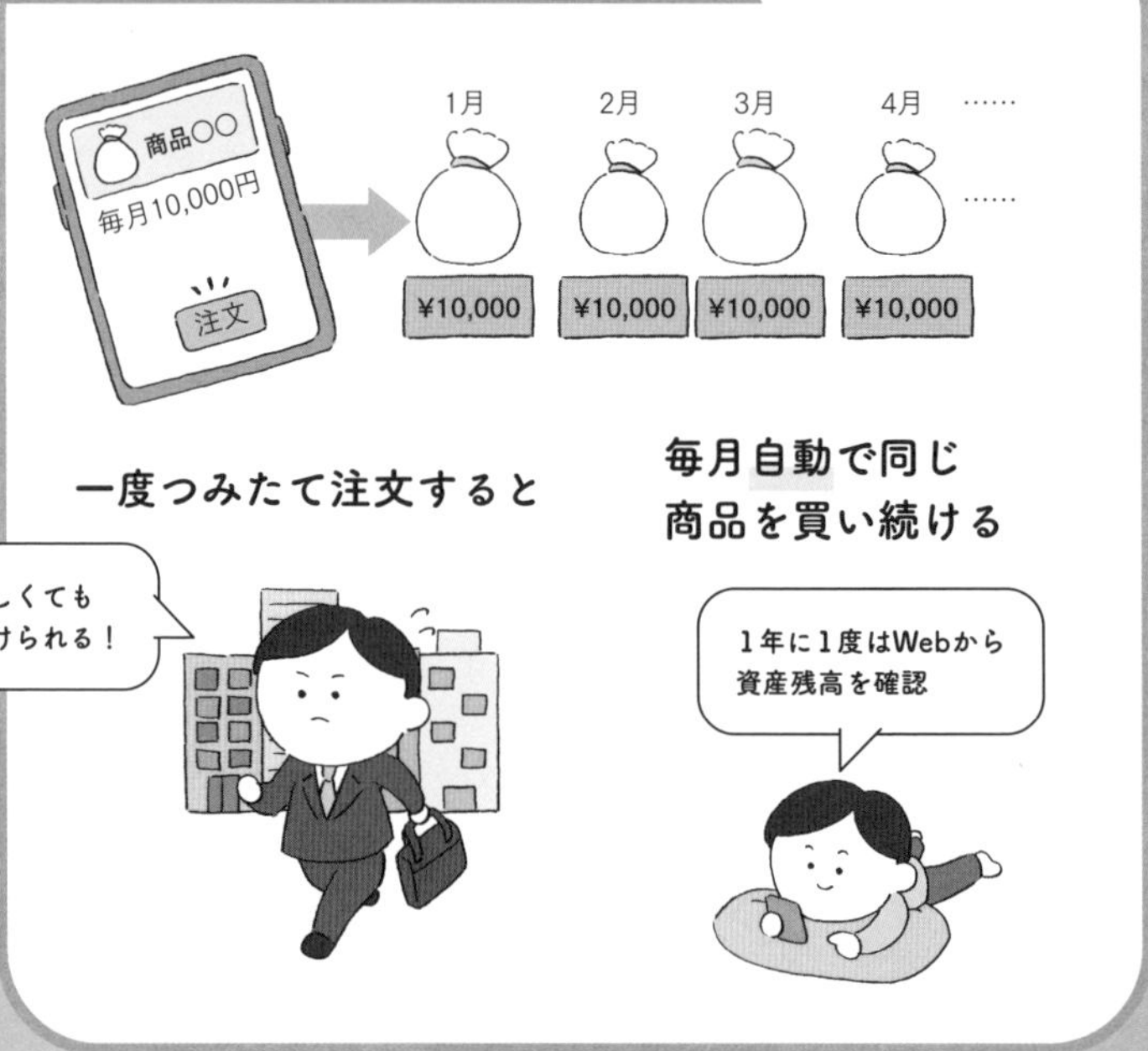
商品〇〇
毎月10,000円
注文
1月
2月
3月
4月
……
……
¥10,000
¥10,000
¥10,000
¥10,000
一度つみたて注文すると
毎月自動で同じ
商品を買い続ける
忙しくても
続けられる！
1年に1度はWebから
資産残高を確認

ライフイベントに応じて取り崩す

必要なときは使ってOK!
運用を
続ける
その後も
ちゃんと
育ってる!!

新NISAの戦略パターン

暴落で焦るのは損

リスク許容度に応じてポートフォリオを調整する

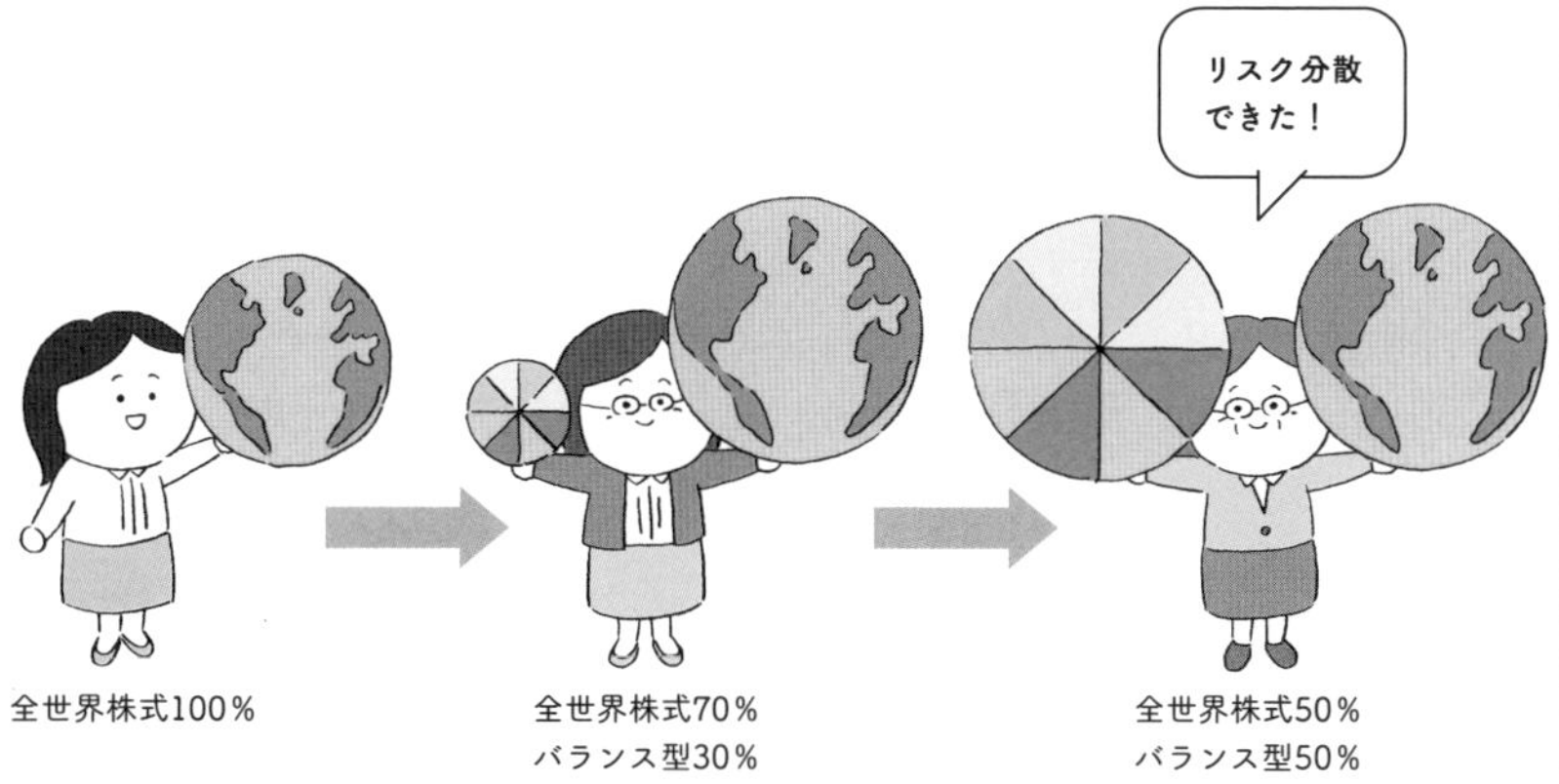

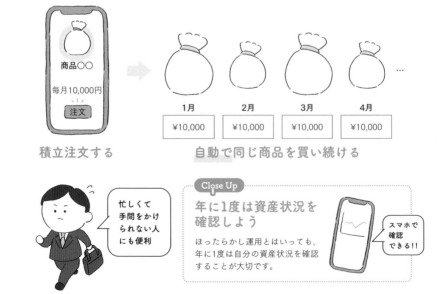

運用中は基本ほったらかし

●手間をかけずに資産形成できる

つみたて投資枠をはじめとした積立投資は、最初に商品や積立額を設定してしまえば、あとは基本ほったらかし運用で問題ありません。設定した内容で毎月自動で商品を買い付けてくれるため、売買のタイミングを自分で判断する必要もなく、忙しくて投資に時間をかけられない人にはぴったりの投資法です。ただし、１年に１回は資産状況を確認しましょう。市場動向によって、純資産総額、評価額がどうなっているのかを確認する程度でＯＫです。

金融商品は次々と新しいものが登場します。時には、よりコストの低い商品と出会うこともあるでしょう。しかし、あれこれと目移りして頻繁に投資先を変更するのはおすすめしません。せっかくのドルコスト平均法も活かせなくなり、保有資産の種類が増えると管理も煩雑《はんざつ》になりがちです。戦略的に複数の資産に投資をするなら問題ありませんが、なんとなくといった軽い気持ちで投資先を変えないようにしましょう。

【ほったらかしで長期運用を続けられる】

NISAを利用した積立投資は、一度積立注文をすればあとは基本ほったらかしでOKです。毎月設定した金額の商品を自動で買い続けてくれるため、売買のタイミングを考える必要もありません。忙しくて取引の手間をかけられない人にも取り組みやすい投資法です。

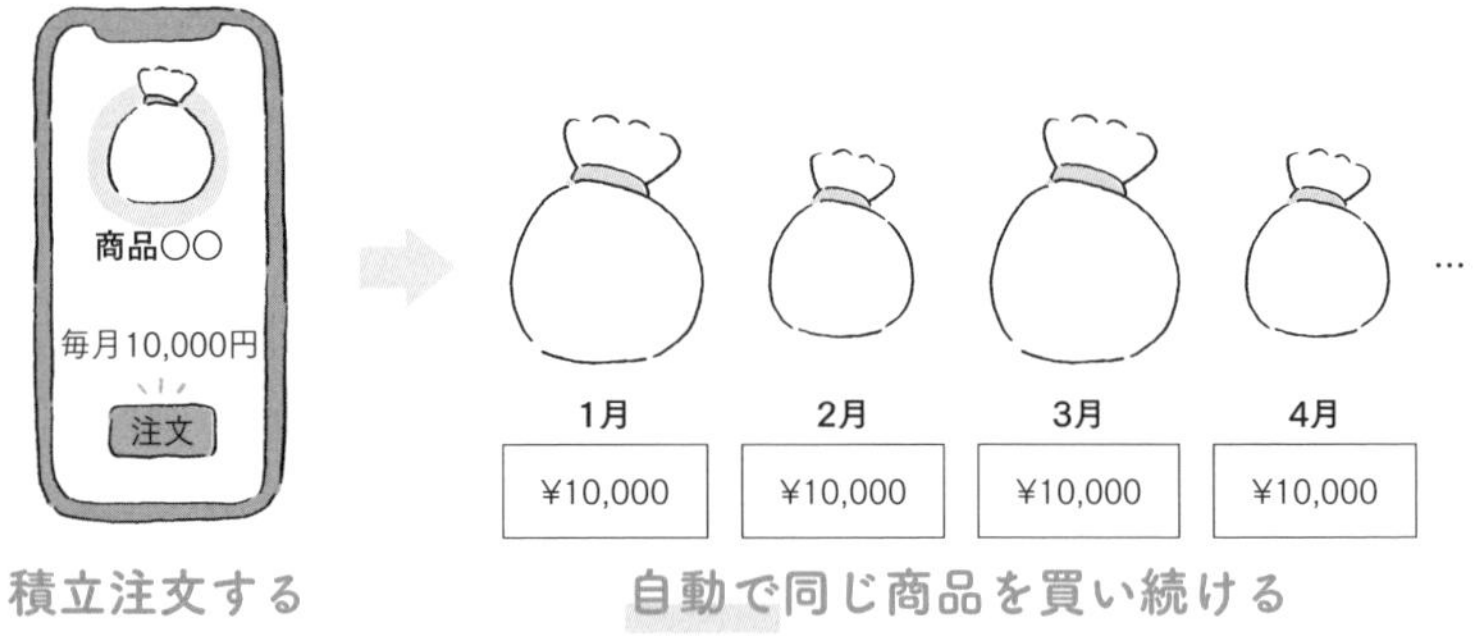
商品○○
毎月10,000円
注文
積立注文する
1月
¥10,000
2月
¥10,000
3月
¥10,000
4月
¥10,000
…
自動で同じ商品を買い続ける

忙しくて手間をかけられない人にも便利

Close Up

年に1度は資産状況を確認しよう

ほったらかし運用とはいっても、年に1度は自分の資産状況を確認することが大切です。

スマホで確認できる!!

【頻繁に商品を乗り換えるのはNG】

投資できる金融商品は市場に次々と登場しています。よりコストの低い商品が設定されると、目移りしてしまうかもしれません。しかし、頻繁に投資先を乗り換えるとドルコスト平均法も活かせず、資産管理も複雑になってしまいます。

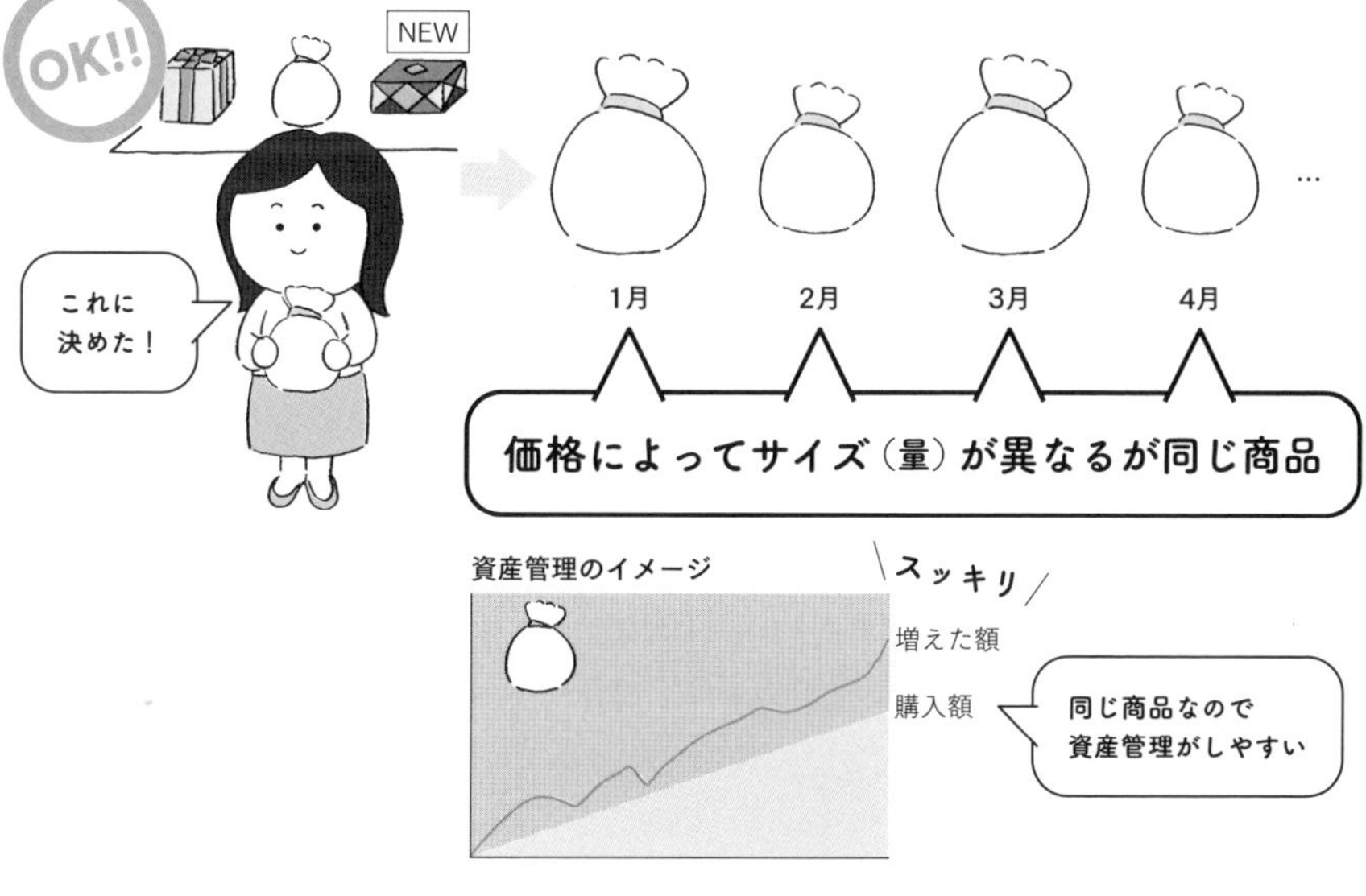

運用・管理する

暴落しても焦らない！

●長期でコツコツが勝つ秘訣

自分の資産を確認したときに下がっていることもあるでしょう。そんなとき、慌てて積み立てを止めたり、積立金額を減らしたり、資産を売却したりするのはおすすめしません。

これまでの数十年間を見るだけでも、リーマンショックやコロナショックなど、市場の暴落は何度もありました。今後も5年や10年といったスパンで暴落は起こると考えるのが自然です。一方で、長期目線で市場の変動を見てみると、世界経済は右肩上がりで成長を続けています。相場が下がったタイミングで資産を売却してしまうのは、安く買えるチャンスを逃すことにもなるのです。

ＮＩＳＡを利用した長期運用では、途中で辞めずに続けることが成功の秘訣。もちろん、相場が上がっているのに自分の資産だけが下がっている場合には見直しが必要かもしれませんが、市場全体が下がっているタイミングで一喜一憂しない心構えを持ちましょう。

【市場の暴落は必ず起こるもの】

世界経済は右肩上がりで成長していますが、5年や10年に1度といった頻度で市場の暴落は起こっています。ずっと上がり続ける相場はないので、一時的な相場の変動に一喜一憂せずにコツコツと運用を続けることが大切です。

MSCIワールド・インデックスの推移

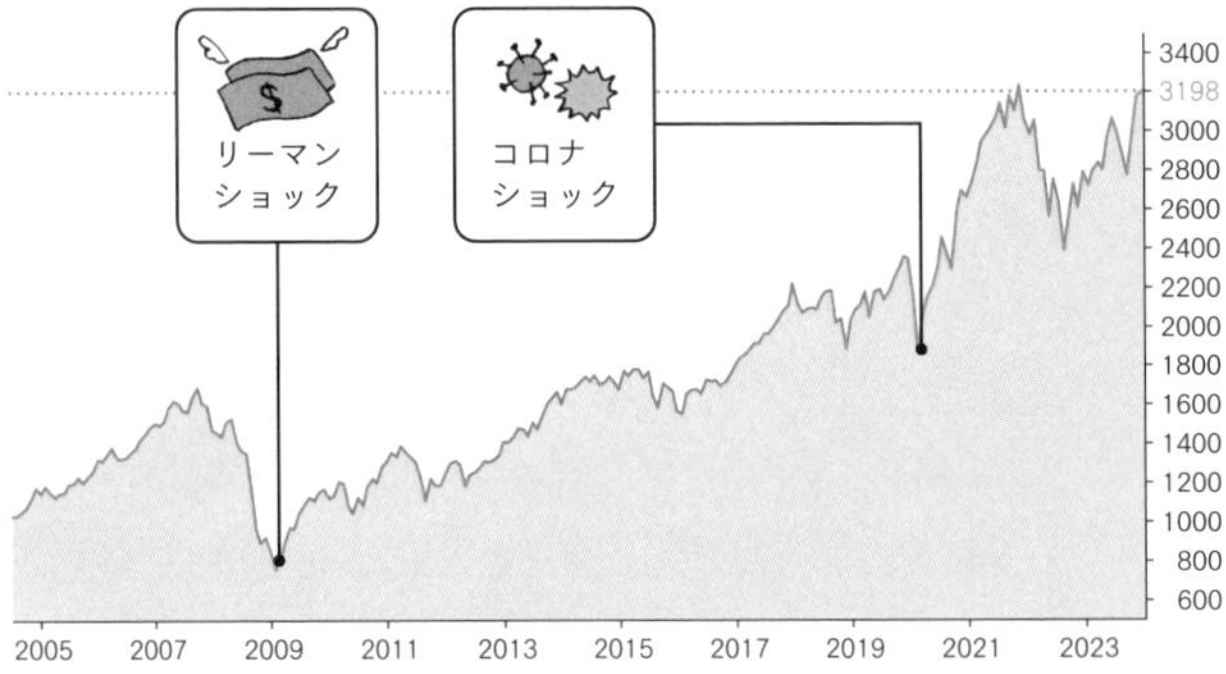

リーマンショック
コロナショック
3400
3198
3000
2800
2600
2400
2200
2000
1800
1600
1400
1200
1000
800
600
2005
2007
2009
2011
2013
2015
2017
2019
2021
2023

危ない！
立て直した
この繰り返し

一時的な相場変動に一喜一憂しないことが大切です

【慌てて辞める・売却するのが一番もったいない】

投資に慣れていない人の場合、保有資産の評価額が下がったときに、慌てて積み立てを止めてしまったり、資産を売却してしまったりします。しかし、これは一番もったいないことです。相場が戻ったタイミングで買い直しても思ったほど資産は増えません。

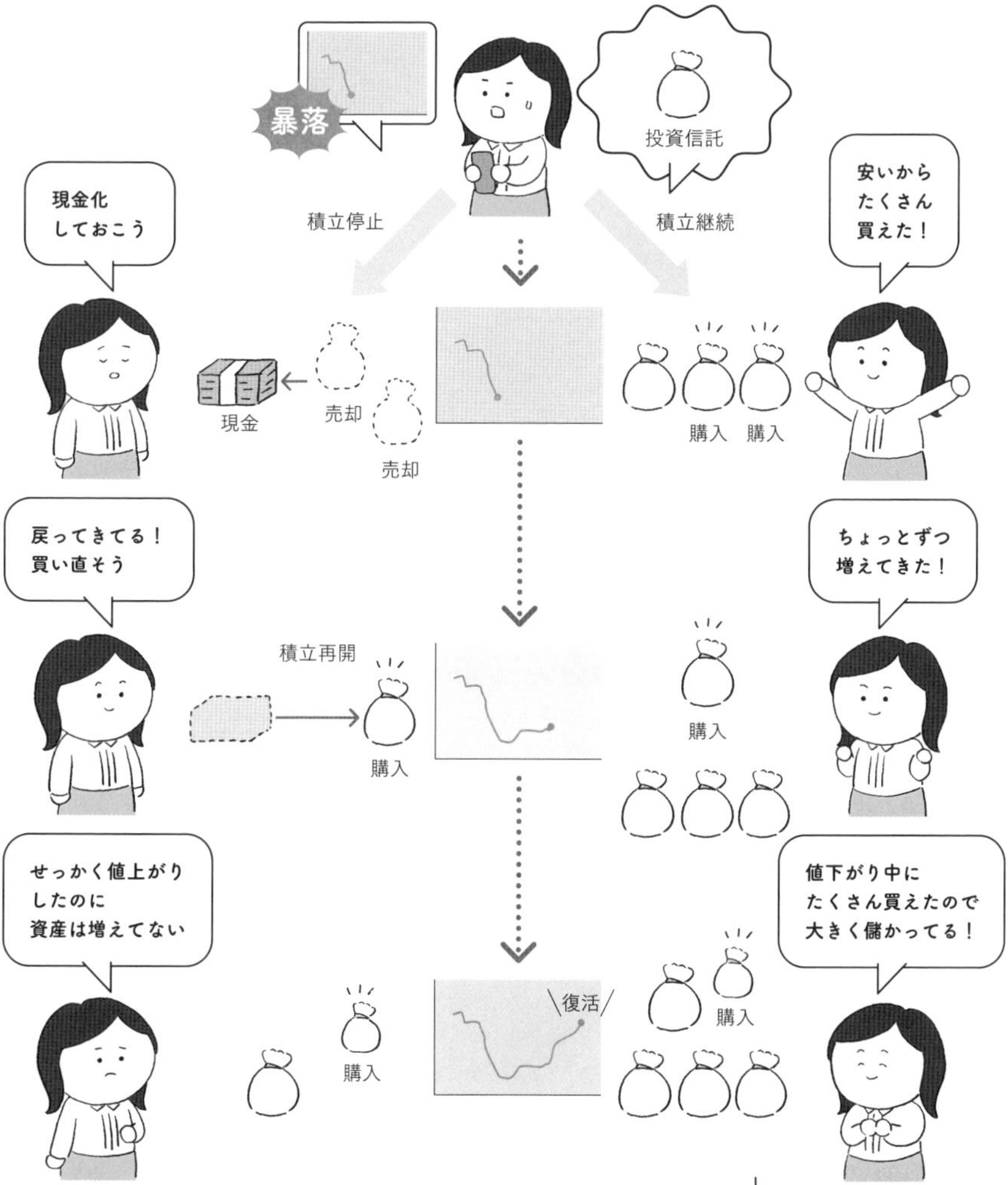

Close Up

継続こそが投資成功のコツ

お金を増やすために資産運用をしているので、どうしても暴落が来ると焦ってしまうもの。しかし、実は暴落時こそ絶好の買いどき、「バーゲンセール」のようなものだと割り切ってしまうのも一つの考えです。相場が下がったときにたくさん買い集めることで、市場が回復したときに資産増加の恩恵を受けられます。

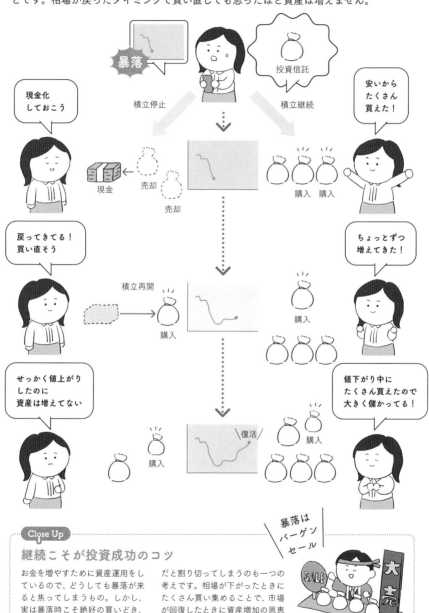

新ＮＩＳＡの戦略パターンその①

●積立投資だけでコツコツ運用する

新ＮＩＳＡは、つみたて投資枠と成長投資枠の２つの投資枠を併用し、１８００万円まで非課税で運用できます。ここで注意したいのが、非課税枠はつみたて投資枠だけでも使い切れるという点です。一方、成長投資枠は最大１２００万円までしか投資できません。１８００万円の非課税枠を使い切りたい場合は、最低でも６００万円分はつみたて投資枠を利用する必要があります。

１８００万円もの金額をどう運用するか悩む人もいるでしょう。まずは積立投資だけで新ＮＩＳＡを活用する方法を紹介します。一見地味に見えますが、着実に資産を増やすにはもってこいの方法です。毎月の積立金額が少ない人、投資初心者は、まずはつみたて投資枠のみの利用がよいでしょう。成長投資枠でも積立投資は可能なので、投資に慣れてきたり、投資に回せるお金に余裕があったりする人は成長投資枠の併用もおすすめ。つみたて投資枠の対象ではない商品にも投資できるので、選択肢が広がります。

【新NISAの使い方のおさらい】

新NISAでは、つみたて投資枠と成長投資枠を合わせて1,800万円まで非課税で投資ができます。この1,800万円をつみたて投資枠のみで使い切ることは可能ですが、成長投資枠のみの利用だと最大1,200万円までしか投資できません。

何を買おうかな
お一人様
1,800万円まで
つみたて投資枠
MAX
1,800万円まで
成長投資枠
MAX
1,200万円まで

Point

つみたて投資枠だけで
非課税枠を使い切ることも可能

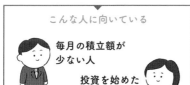

【コツコツ派なら積立投資オンリーも】

1,800万円の非課税枠を積立投資のみで使い切るパターンを考えてみましょう。つみたて投資枠は毎月10万円までしか投資できないため、非課税枠を使い切るのに最短で15年かかります。成長投資枠を併用すれば、最短5年で非課税枠を使い切ることができます。

①つみたて投資枠のみ

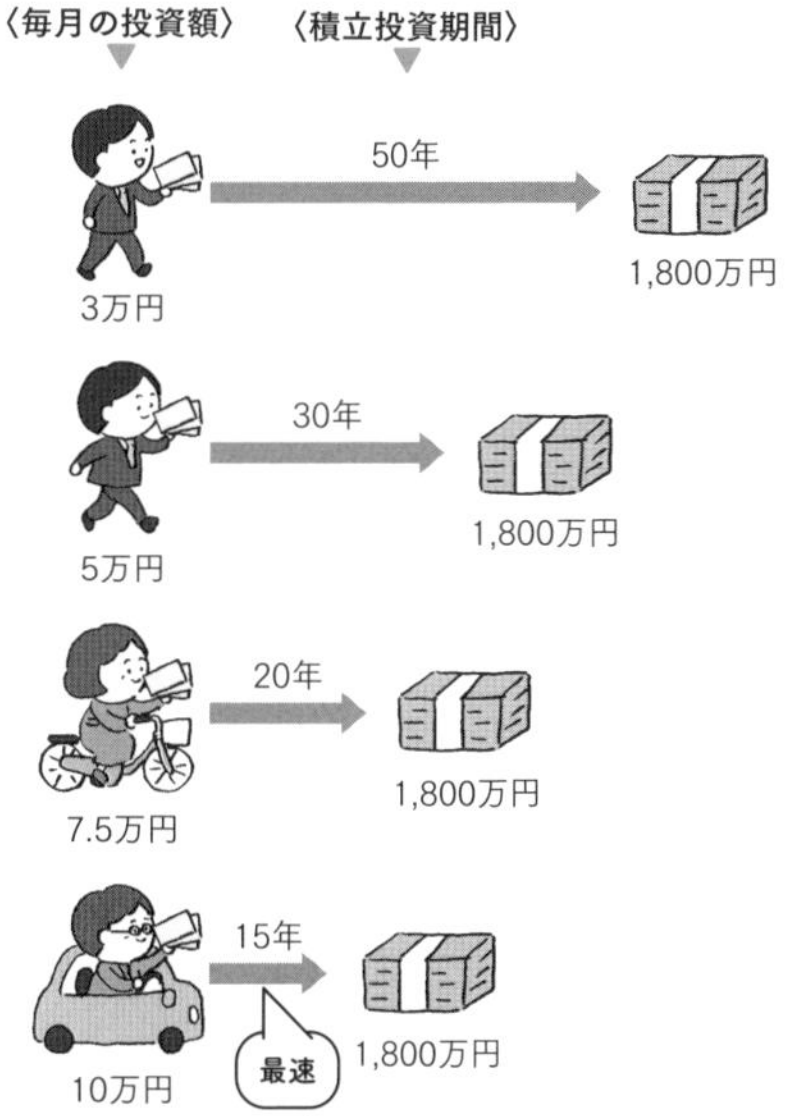
〈毎月の投資額〉
〈積立投資期間〉
50年
1,800万円
3万円
30年
1,800万円
5万円
20年
1,800万円
7.5万円
15年
最速
1,800万円
10万円

②つみたて投資枠＋成長投資枠

あっちも買ってみよう
成長投資枠限定
2万円／月
つみたて投資枠
3万円／月
成長投資枠
20万円／月
つみたて投資枠
10万円／月

併用すると毎月最大30万円の積み立てが可能

こんな人に向いている

毎月の積立額が少ない人

投資を始めたばかりの人

こんな人に向いている

毎月の積立額が多い人

つみたて投資枠対象外の投資信託に興味がある人

地味ではありますが、
堅実に資産を
増やしたい人向けです
GOAL
焦らず
1歩1歩!!

運用・管理する

新NISAの戦略パターンその②

●成長投資枠でアレンジを加える

成長投資枠なら毎月10万円までといった制限もなく、さらに個別株にも投資できます。せっかくNISAを利用するなら成長投資枠を活用し、投資信託のスポット購入や個別株に挑戦してみてはいかがでしょうか。個別株には、配当や株主優待などのメリットもあります。

ただし、個別株は投資信託よりも値動きが大きく、まとまった大金を投資するのは不安があるかもしれません。そのような場合は1株ずつ、または一定金額ずつ個別株を購入するという手もあります。1株投資でも配当金は出ますし、なかには1株から株主優待がもらえる企業もあります。例えば、上新電機(8173)は1株2300円程度で5000円分の株主優待券がもらえます。

また、個別株投資で高配当銘柄に積立投資をして不労所得をつくるのもいいでしょう。1株ずつなら金銭的な負担も少なく始められますが、コツコツと続けていくことで着実に資産が築きあげられます。

【成長投資枠で個別株投資をプラス】

成長投資枠なら、個別株にも投資できます。個別株といっても、84ページで紹介したように個別株を購入するのに大金は必要ありません。いまは1株からでも投資できるので、1株ずつや、一定金額ずつ積み立てることも可能です。

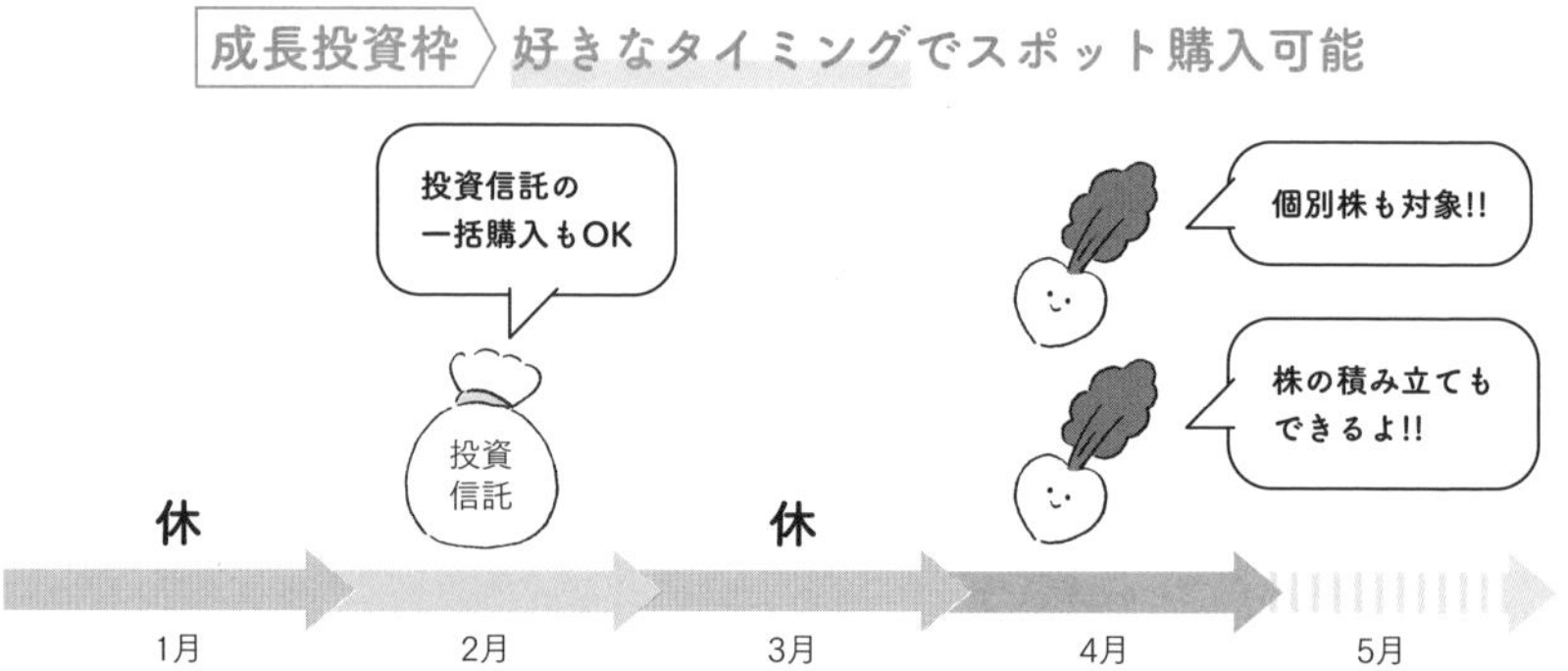

成長投資枠
好きなタイミングでスポット購入可能
投資信託の一括購入もOK
投資信託
個別株も対象!!
株の積み立てもできるよ!!
休
休
1月
2月
3月
4月
5月

Point

個別株投資の考え方

①1株ずつ積み立て

②一定金額で買えるだけ積み立て

個別株でも分散投資が基本
分散効果は30銘柄を超えるとあまり高まらない。管理しやすさをふまえて10～20銘柄程度に抑えよう

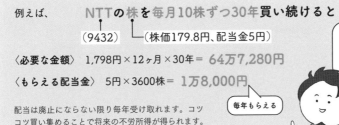

【1株投資でも立派な株主】

1株投資でも、株主であることには変わりありません。配当金は1株から出ますし、下図で紹介しているように1株保有でも株主優待がもらえる企業もあります。まずは気になる企業を見つけ、投資してみましょう。

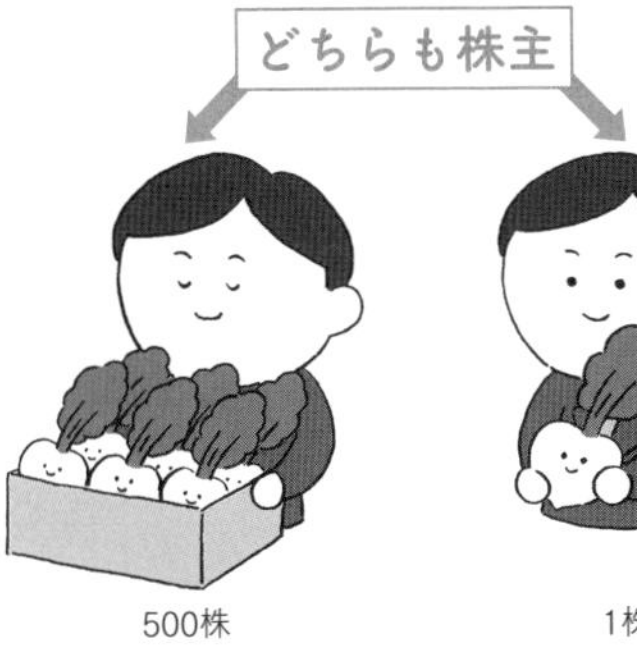
どちらも株主
500株
1株

Close Up

1株から株主優待がもらえる銘柄も

- **上新電機**（8173） 株価 **2,328円**
  株主優待券200円券25枚（5,000円分）
- **ダイドーグループHD**（2590） 株価 **2,717円**
  自社グループ商品の優待価格販売
- **ニップン**（2001） 株価 **2,372円**
  自社グループ会社商品の優待価格販売

など

【個別株の積立投資で不労所得づくりも】

安定したインカムゲインが魅力の配当も、個別株の積立投資で受け取れます。配当金は1株から出されるため、少額の投資でも不労所得を手に入れる実感が得られます。1株ずつでも高配当銘柄をコツコツと積立投資していけば、やがてまとまった配当金になります。

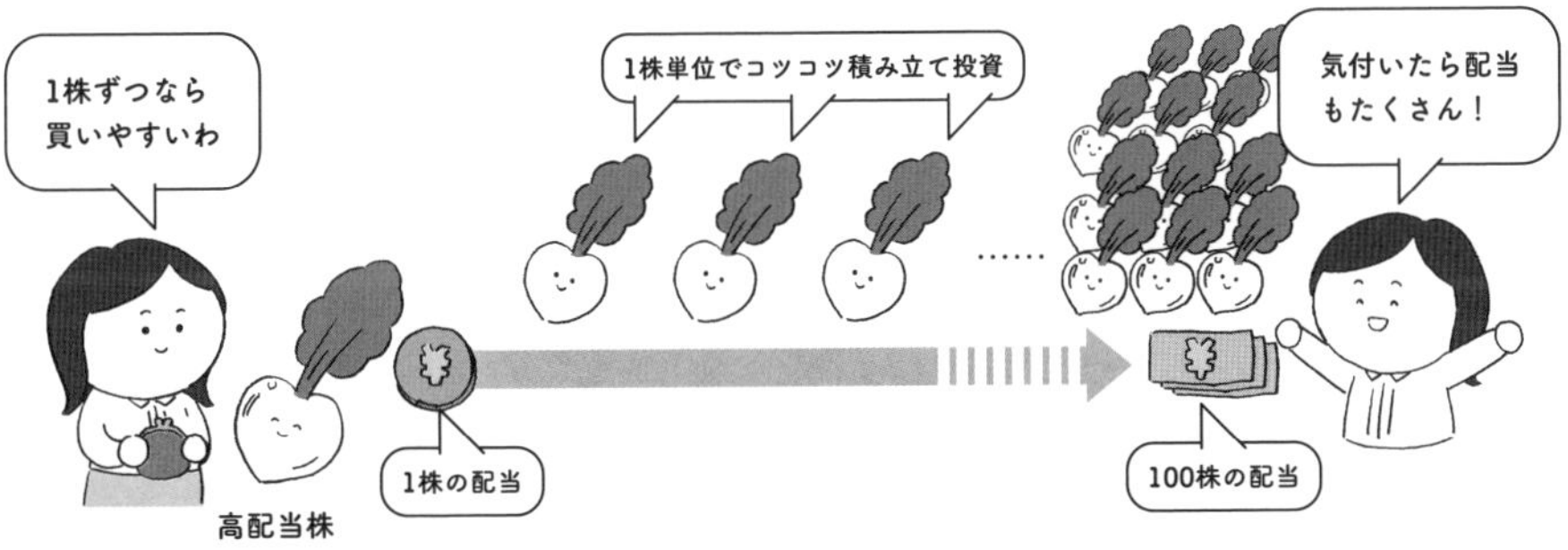
1株ずつなら
買いやすいわ
1株単位でコツコツ積み立て投資
気付いたら配当
もたくさん！
1株の配当
100株の配当
高配当株

例えば、 **NTTの株を毎月10株ずつ30年買い続けると**

（9432） （株価179.8円、配当金5円）

〈必要な金額〉 1,798円×12ヶ月×30年＝ **64万7,280円**

〈もらえる配当金〉 5円×3600株＝ **1万8,000円**

毎年もらえる

配当は廃止にならない限り毎年受け取れます。コツコツ買い集めることで将来の不労所得が得られます。

楽天証券は
1株積立投資に
対応しています

※いずれも数値は2024年3月29日時点

リスク許容度に応じてポートフォリオを調整する①

●リバランスで資産配分を整える

投資をしているときはベストだと思ったポートフォリオでも、時間の経過とともに最適ではなくなってくる事もあります。

例えば、結婚して子どもができた場合、一般的には独身時代よりもリスクを負った投資はしにくくなります。逆に、収入が上がるなどでよりリスクを取れることもあります。リスク許容度に合わせて、投資スタイルを見直しましょう。

また、運用を続けるうちに、保有資産のバランスが崩れてしまうこともあります。資産配分が当初の予定よりも15～20%ほど崩れたら、リバランス（資産配分の偏りをなくすこと）を検討しましょう。リバランスには、資産を売却せずに投資する金額の比率を変更する「配分変更」と資産の一部を売却し、ほかの商品を買い直す「スイッチング」の2種類があります。NISAでは売却した非課税枠が再利用できるのは1年後なので、スイッチングによる多額のリバランスは難しいことを覚えておきましょう。

【リスク許容度は変化する】

年齢や収入、家族構成など、リスク許容度はさまざまな要因で変化します。同じ年齢・年収でも独身か子どもがいるかによって取れるリスクは異なりますので、総合的に条件を鑑み、定期的なポートフォリオの見直しが必要です。

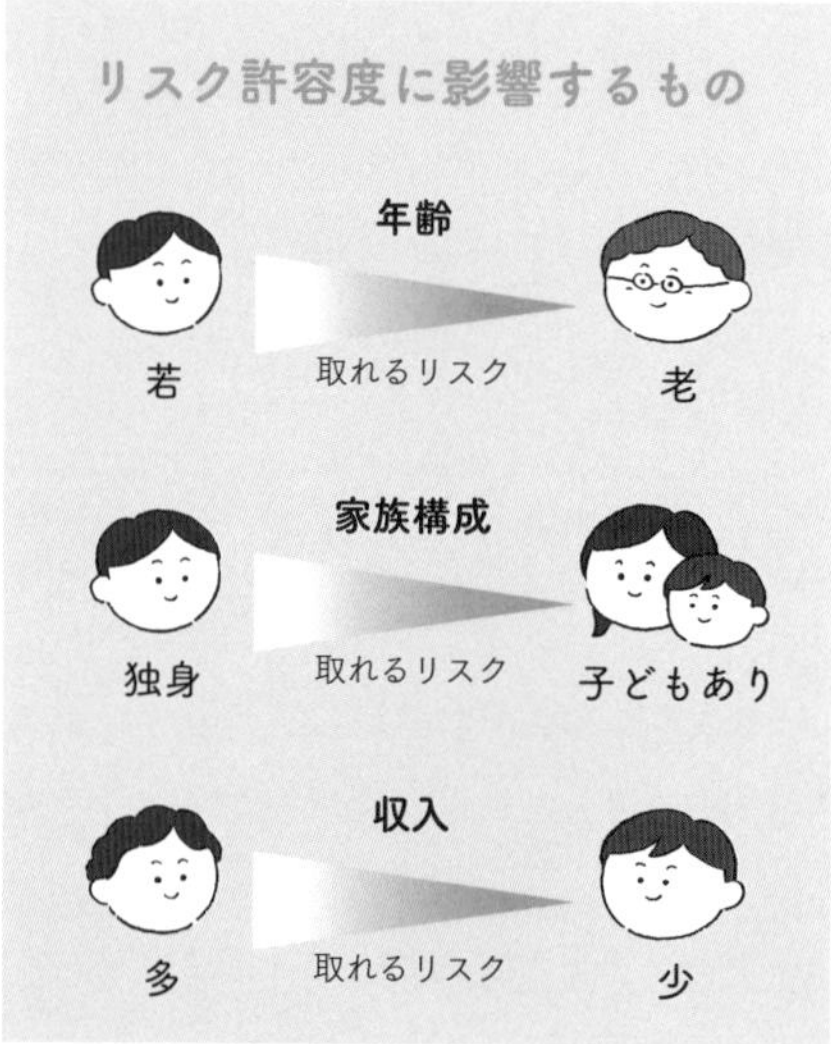
リスク許容度に影響するもの
年齢
若
取れるリスク
老
家族構成
独身
取れるリスク
子どもあり
収入
多
取れるリスク
少

30歳
年収500万円
独身
30歳
年収500万円
子どもあり

同じ年齢・収入でも
取れるリスクには差がある

【購入金額の配分変更でリバランスしよう】

リスク許容度が変化していなくても、資産配分にバランスの偏りが出たタイミングでポートフォリオの見直しは必要です。このように、資産配分の偏りを元に戻すことをリバランスといいます。リバランスには「配分変更」と「スイッチング」の2種類があります。

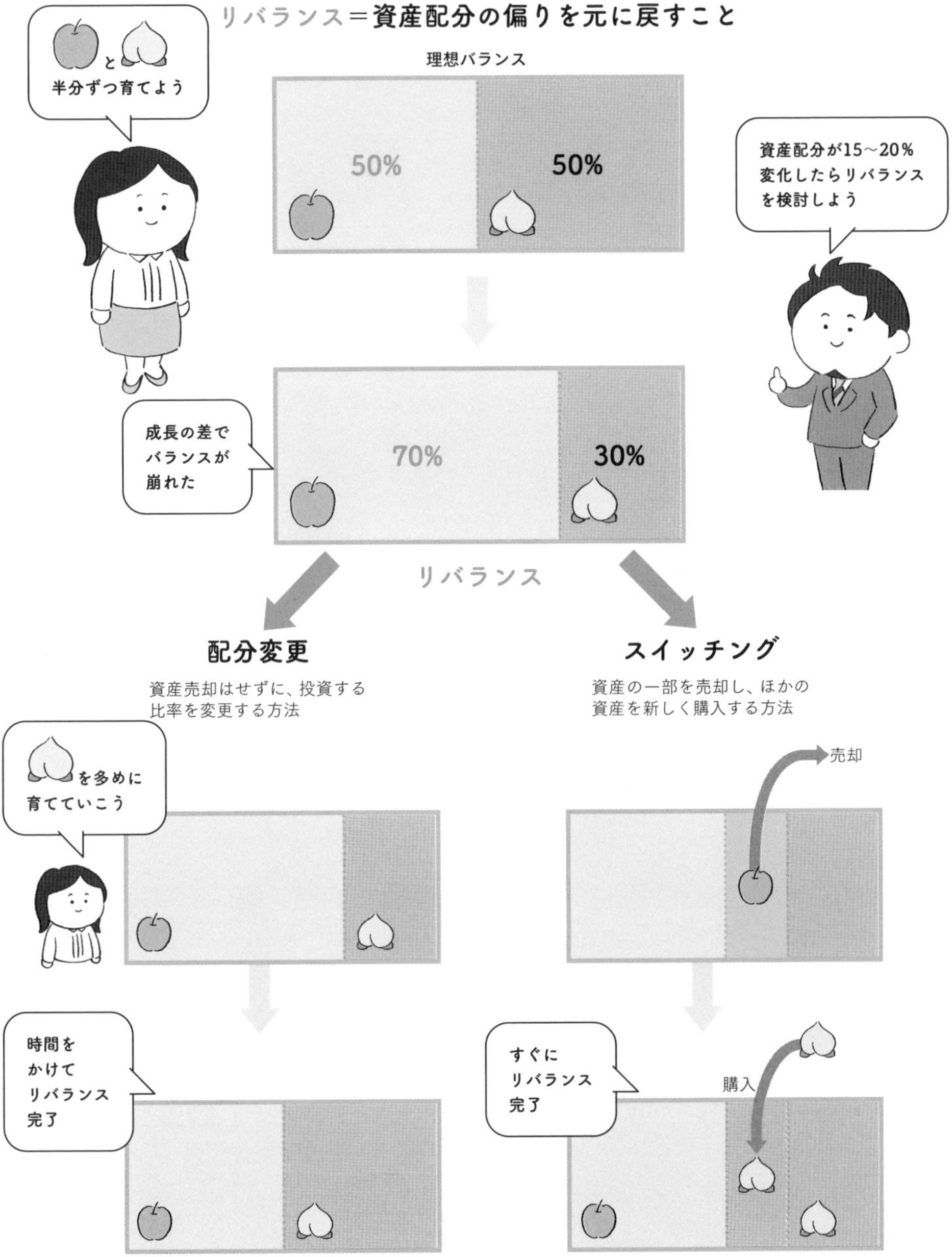

リバランス＝資産配分の偏りを元に戻すこと
と
半分ずつ育てよう
理想バランス
50%
50%
資産配分が15～20%
変化したらリバランス
を検討しよう
成長の差で
バランスが
崩れた
70%
30%
リバランス
配分変更
資産売却はせずに、投資する
比率を変更する方法
スイッチング
資産の一部を売却し、ほかの
資産を新しく購入する方法
を多めに
育てていこう
売却
時間を
かけて
リバランス
完了
すぐに
リバランス
完了
購入

リスク許容度に応じてポートフォリオを調整する②

● リバランスは資産全体で考える

自身のリスク許容度に応じて、ポートフォリオを調整する必要があることは伝わったと思います。ここで、具体的な方法をいくつか紹介します。

一般的に、年齢が上がったり家族が増えると、取れるリスクは小さくなるものです。例えば、外国株式の投資信託でもリスク許容度が高いうちは米国株式などの高いリターンが期待できるものへ投資し、少しずつ全世界株式へシフトしていく方法があります。58ページでも紹介したように、広く分散投資することで「負けにくい」投資をめざします。

そのほか、リスク調整には資産クラスそのものを変える方法もあります。株式1本の投資信託ではなく、バランス型の商品に乗り換え、リスクの小さい債券の比率を増やす方法もいいでしょう。

また、資産配分はＮＩＳＡ口座内だけで考えるものではありません。資産の一部を元本の保証される定期預金や個人向け国債に変えるという手もあります。

【具体的なポートフォリオ調整例】

例えば、リスク許容度が高いうちは成長性の高い米国株式に投資し、少しずつ全世界株式へ投資先を変更していく方法があります。同じ株式系の投資信託に投資する場合であってもリスク許容度に合わせて、「負けにくい」投資へと変更します。

勢いのある
米国に投資
「負けにくい」
全世界にシフト
スイッチングではなく配分変更ならこれまで
積み立てた資産もそのまま保有できる

【低リスク資産でバランスを取る】

投資する資産クラスそのものを変更する方法もあります。はじめは全世界株式などのリターンを見込める資産に投資し、少しずつバランス型への投資を増やすことで債券などの低リスク資産の比率を高めます。

全世界株式→バランス型

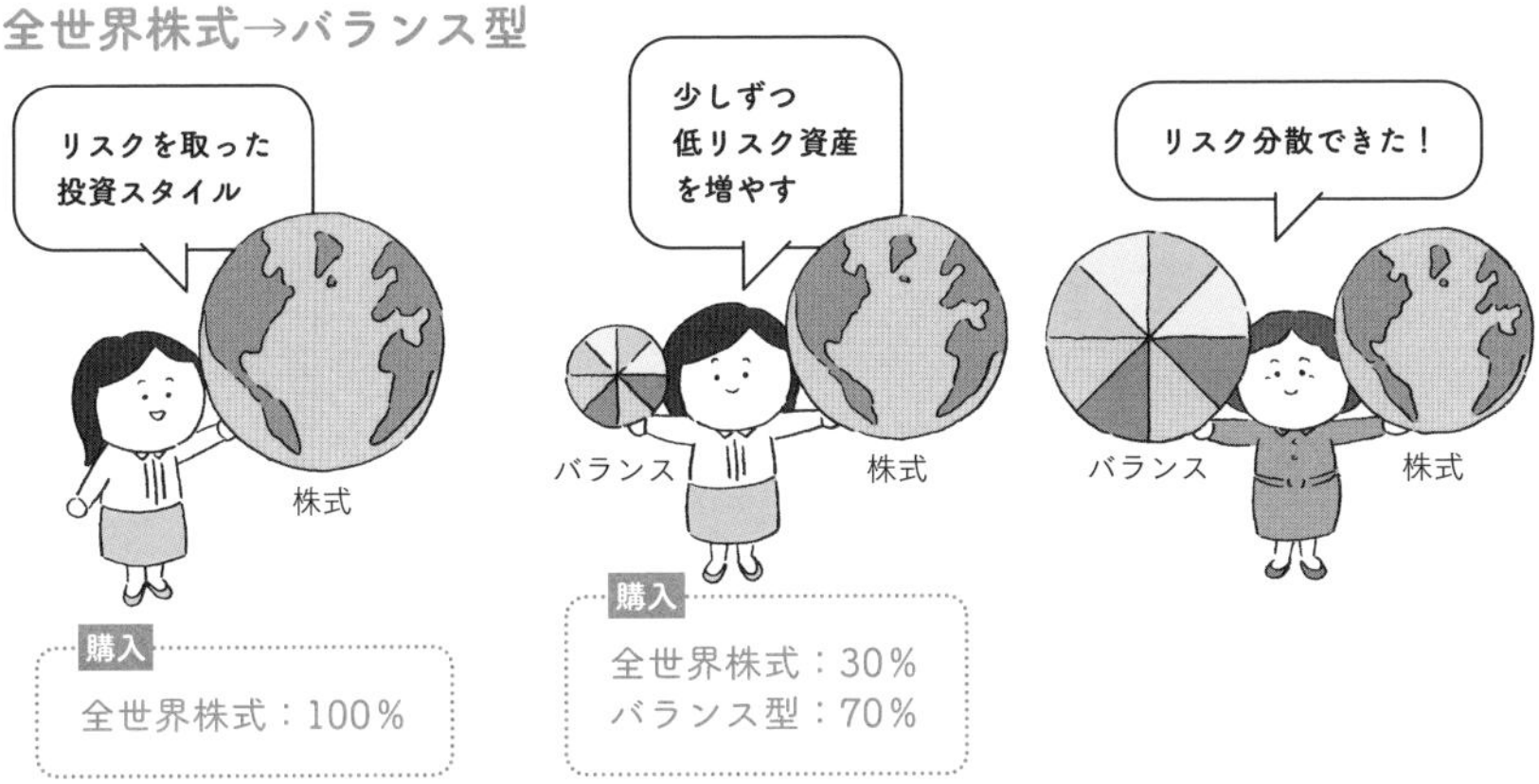

リスクを取った投資スタイル
株式
購入
全世界株式：100％
少しずつ低リスク資産を増やす
バランス
株式
購入
全世界株式：30％
バランス型：70％
リスク分散できた！
バランス
株式

NISA外の資産でバランスを取るのもアリ

守ってておくれ
まかせて！
NISA
少しは残しておく

ポートフォリオ調整は、NISA口座内のみで考える必要はありません。NISAで保有している商品を一部売却し、元本保証のある定期預金や個人向け国債といった低リスク資産に変えてしまうのも1つの手です。

ポートフォリオ調整は、資産全体でバランスを取ることを意識しましょう。

投資商品とリスク許容度の関係は62ページを参考にしよう

Close Up

つみたて投資枠で「債券のみ」「REITのみ」はない

株式よりも低リスクで資産運用するために、「債券のみ」「REITのみ」といった投資信託に投資したいと考える人もいるかもしれません。そのような商品もありますが、残念ながらつみたて投資枠の対象ではありません。このような商品への投資をしたい場合は、成長投資枠の利用を検討しましょう。

投資信託
金融庁
債券
REIT
No
REIT
債券
つみたて投資枠

運用・管理する

状況に応じて積立額を変更する

●積立金額を変更し、無理なく投資を続ける

収入やライフスタイルの変化によって、家計状況が変わることは珍しくありません。投資は余剰資金で行うものなので、家計に余裕がない状況で無理をして投資を続けるのはおすすめしません。

ＮＩＳＡの積立投資は、毎月決められた設定日の前までならいつでも積立金額の変更が可能です。金額変更は積み立てを止める「中断」、金額を変更する「減額」「増額」の3種類。積立金額によって資産形成のスピードはもちろん変わりますが、大切なのは運用を続けることです。積み立てを途中で止める中断の場合でも、経済成長の恩恵を受けて少しずつ資産は増えていく可能性があります。

積立金額の変更は金融機関によって異なりますが、楽天証券の場合はマイページの「投資信託」を選択後、「積立設定」から積立金額を変更したい商品を選択します。

【積立金額は毎月変更できる】

NISAの積立投資は、積立金額を自由に変更できるのも魅力の1つ。設定日の前であれば、金額や投資先を1ヶ月単位で変更できます。家計に余裕があるときは多く積み立て、子育てなどでお金がかかるときは投資に回すお金を減らすなど、柔軟な対応が可能です。

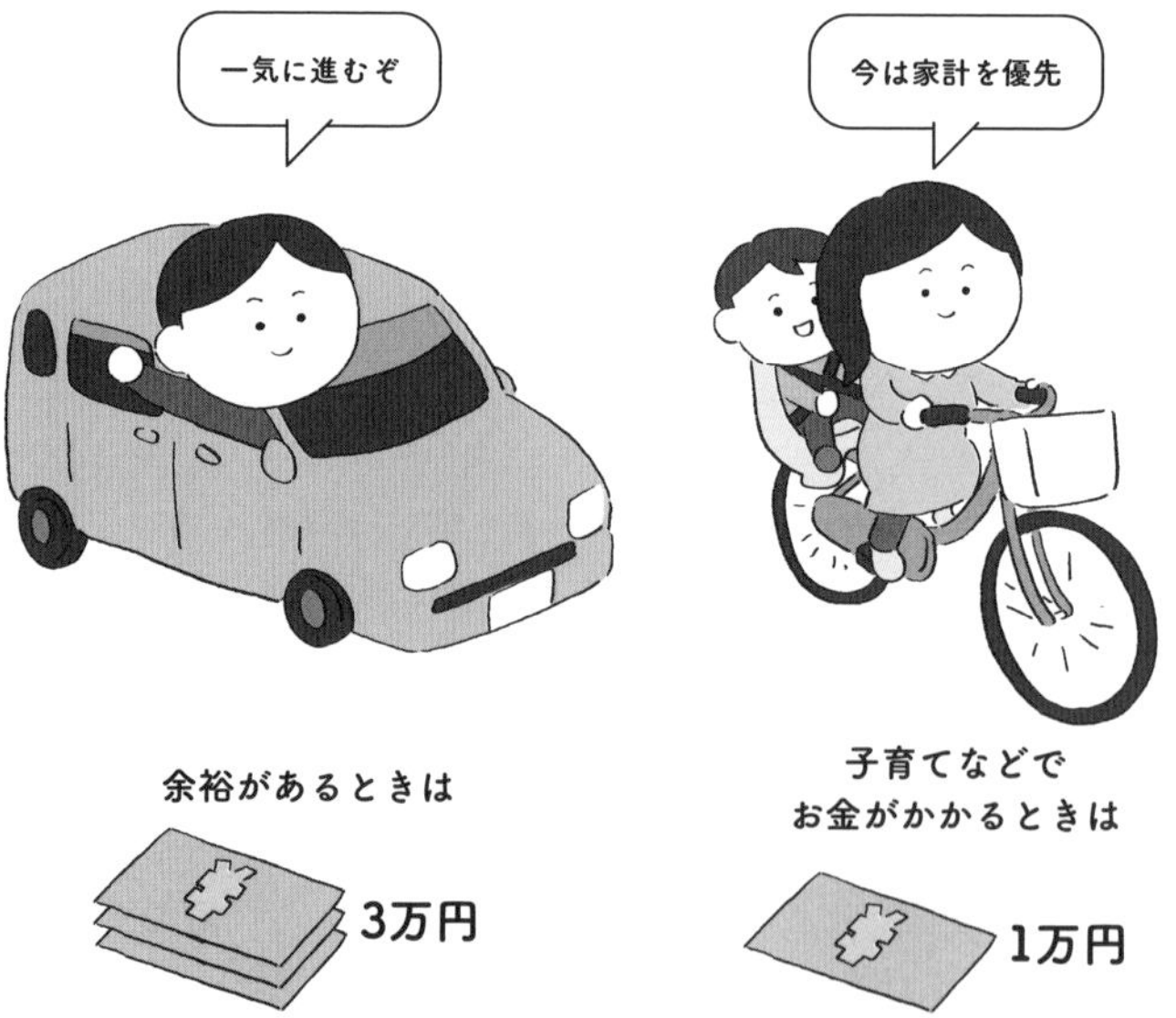
一気に進むぞ
今は家計を優先
余裕があるときは
3万円
子育てなどで
お金がかかるときは
1万円

【金額変更は3種類】

積立金額の変更は、「中断」「減額」「増額」の3種類です。それぞれの金額変更後の資産推移のイメージは下図のとおり。積み立てを止めてしまう「中断」であっても、資産を売却しない限りは少しずつ資産が増えていく可能性があります。

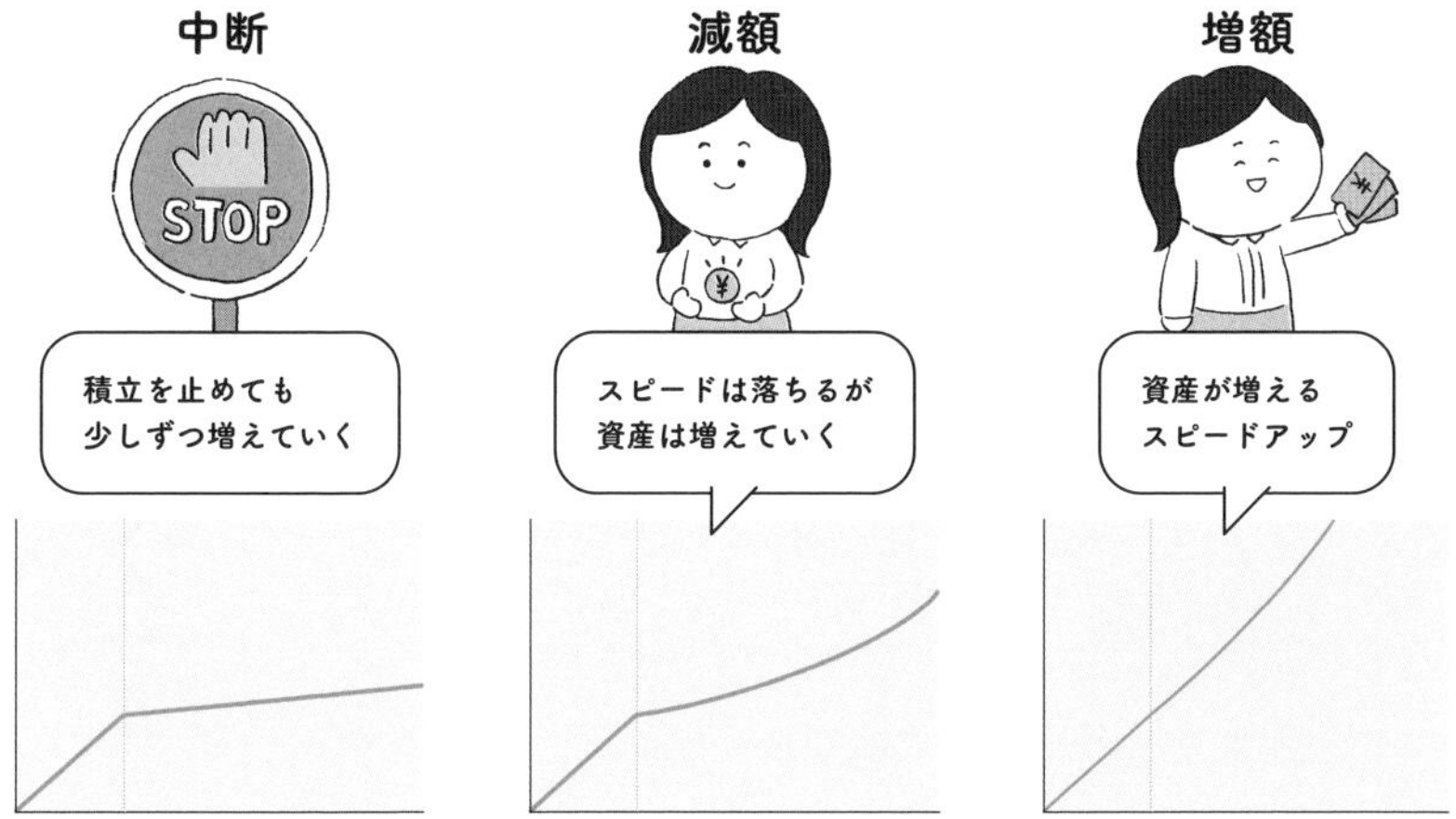

※実際の相場は上下に変動しながら推移します。上図はあくまでイメージです。

●積立金額の変更方法

①「投資信託」を選択

②「積立設定」を選択

③積立金額を変更する商品を選択

④変更後の金額を入力

ライフイベントに応じ資産を取り崩す

運用中の資産は手をつけていい

運用が長期にわたると、マイカーの買い替えや住宅購入の頭金など、預貯金だけではカバーできない支出が発生することもあります。ライフイベントに応じたそれらの支出は、資産を取り崩すことも検討しましょう。

ただし、気を付けたいのは途中で取り崩しても運用はストップしないこと。資産運用は長く続けるほど複利効果で資産が増えていくので、必ず積立投資を継続しましょう。

もう1つ意識したいのは、お金の使い途で口座を分けること。5〜10年以内に使うお金は、元本割れしにくい定期預金や個人向け国債で少しずつ増やします。一方で、子どもの進学費や老後資金など、10年以上先の用途のための資産はＮＩＳＡ口座で運用し、時間をかけて増やしましょう。

またＮＩＳＡ口座内でも、非課税投資枠が大きく再投資しやすい成長投資枠の資産の利益部分を、優先的に取り崩します。資産運用のベースとなるつみたて投資枠は、なるべく手をつけずに運用を続けましょう。

【途中で取り崩しても再度運用を続ける】

下記は2041年に投資元本が1,080万円、運用益は608万円となっていたところで、子どもの学費として512万円を取り崩したグラフ。売却直後は減少するものの、その後も積立投資を継続することで再び資産は増えていき、2064年時点で資産合計は約5,600万円に。

毎月5万円・年利5%で運用できた場合

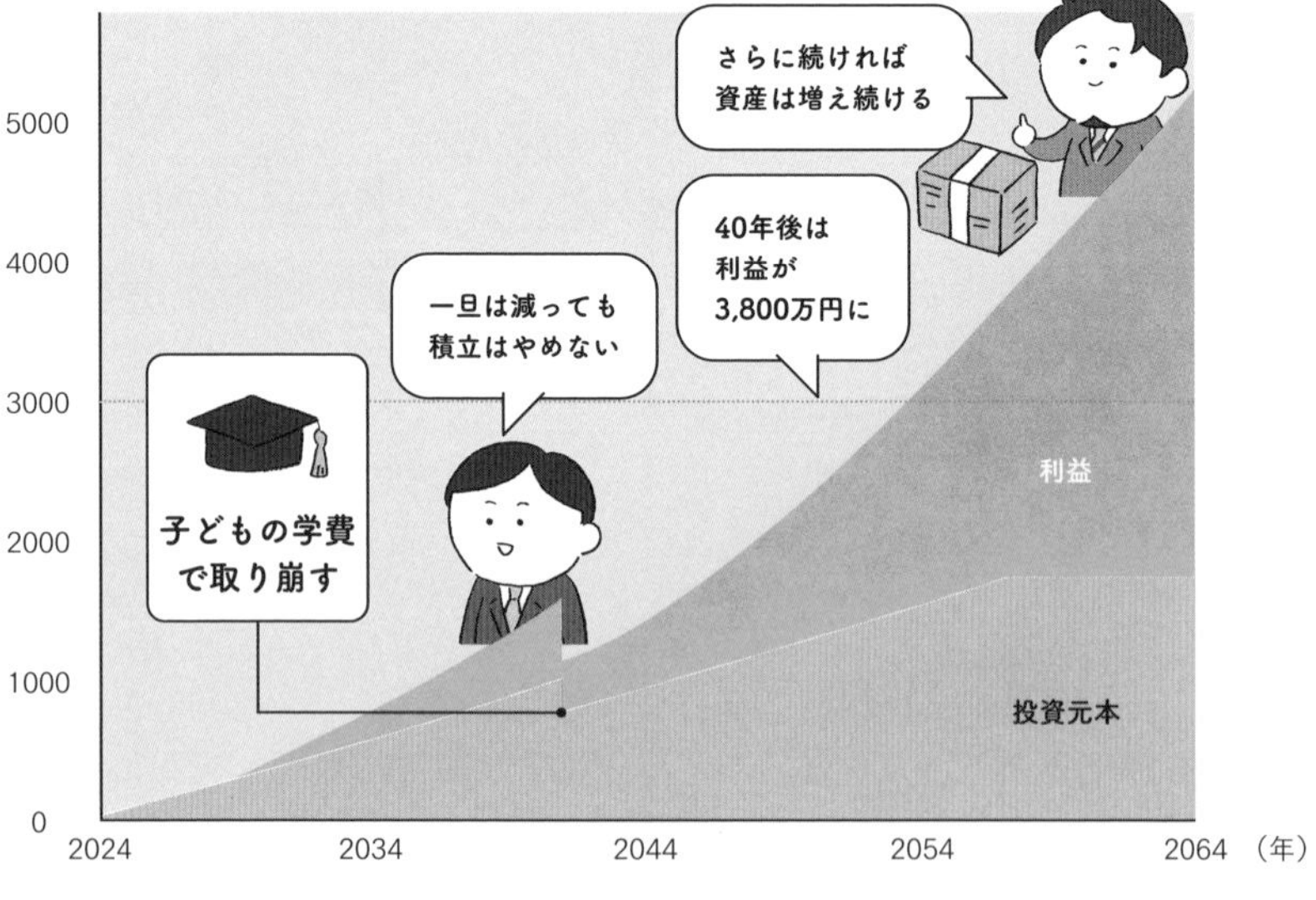
さらに続ければ
資産は増え続ける
40年後は
利益が
3,800万円に
一旦は減っても
積立はやめない
子どもの学費
で取り崩す
利益
投資元本
5000
4000
3000
2000
1000
0
2024
2034
2044
2054
2064 （年）

【お金の使い途で置きどころを変える】

5〜10年以内に使うお金

元本割れしにくく
少しずつ増やせる

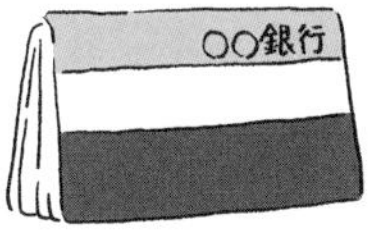

定期預金

個人向け国債

10年以上使わないお金

時間をかけて
きっちり増やす

NISA口座

さらに

NISA口座内でも使い分ける

つみたて投資枠

成長投資枠

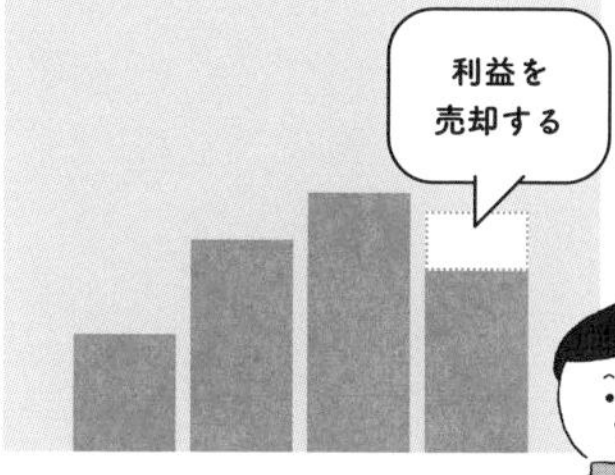

非課税投資枠が大きい成長投資枠の資産を優先的に売却し、その後も積立投資は継続。

売却注文の手順を知る

●売却は金額ベースで注文

NISA口座の資産は、スマホから簡単に売却できます。楽天証券の場合、具体的な手順は下で紹介しているとおりですが、ひとつずつ解説していきましょう。

まずはトップページからNISAページに移動。「保有商品」をタップし、NISA口座で運用中の商品一覧を表示させます。「投資信託」「国内株式」などカテゴリがいくつか分かれているので、「投資信託」のなかから売却したい商品を表示し、「売却」をタップします。

売却ページでは、該当商品のすべてを売却する「全部売却」、金額を指定して一部売却する「一部売却（金額指定）」、口数を指定して一部売却する「一部売却（口数指定）」のいずれかを選べます。基本的にはどれくらい資産が減少したかイメージしやすい「一部売却（金額指定）」を選びましょう。注文確認ページでは、売却時のコストである信託財産留保額もあわせて表示されます。問題なければ、取引暗証番号を入力して、「注文する」をタップしましょう。

【NISAページから商品を選んで売却】

①トップページ

②メニュー

③NISAページ

④保有商品

※保有状況によっては「保有商品」のボタンは表示されない場合もあります

⑤商品ページ

⑥売却ページ

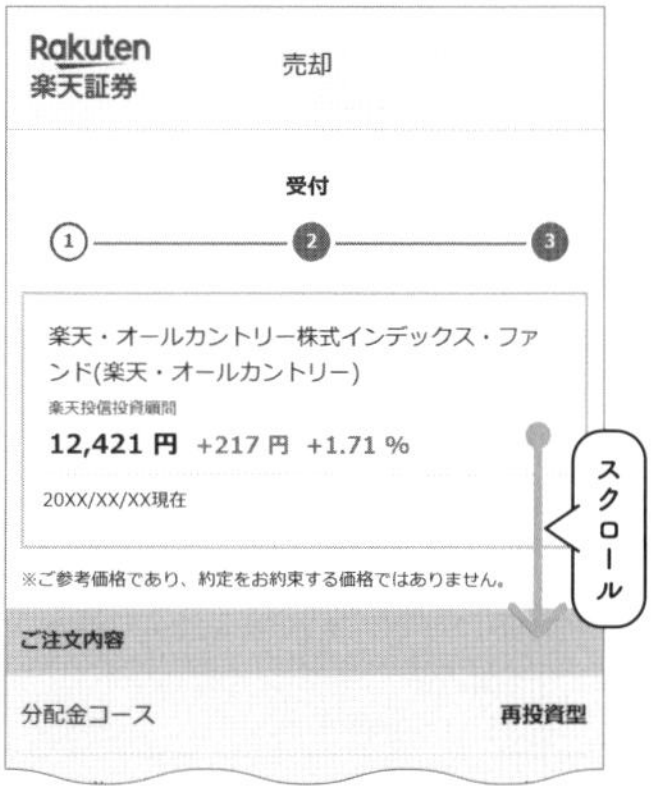

⑦売却数入力

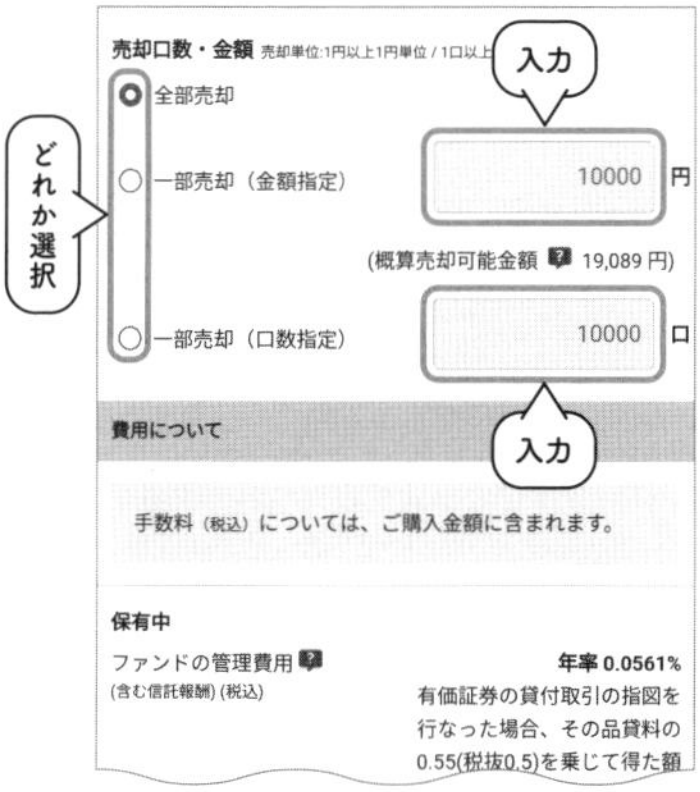

⑧注文確認

運用・管理する

新NISAは売却枠が復活する

●売却した翌年に生涯投資枠が復活

ＮＩＳＡは一生涯で１８００万円の非課税保有限度額（生涯投資枠）が設けられています。この生涯投資枠は、一度商品を購入しても、その後売却することで、再び非課税で商品を購入できます。このことを、「生涯投資枠が復活する」「生涯投資枠を再利用する」といいます。

おさえておきたいのは、売却して復活する生涯投資枠は「購入したときの投資金額分（簿価）」であること。たとえば、元本が１００万円、利益が50万円であった場合、復活するのは簿価の１００万円となります。

ただし、復活したからといって、非課税で投資できるのは「つみたて投資枠」＋「成長投資枠」で年３６０万円までという金額は変わりません。復活するのも翌年のため、生涯投資枠を短期間で何度も再利用できるわけではありません。このあたりの制度設計からもわかるとおり、ＮＩＳＡは中長期の資産運用に適した制度です。短期売買はなるべく避けてじっくり資産を育てていきましょう。

【売却したら非課税枠が復活する】

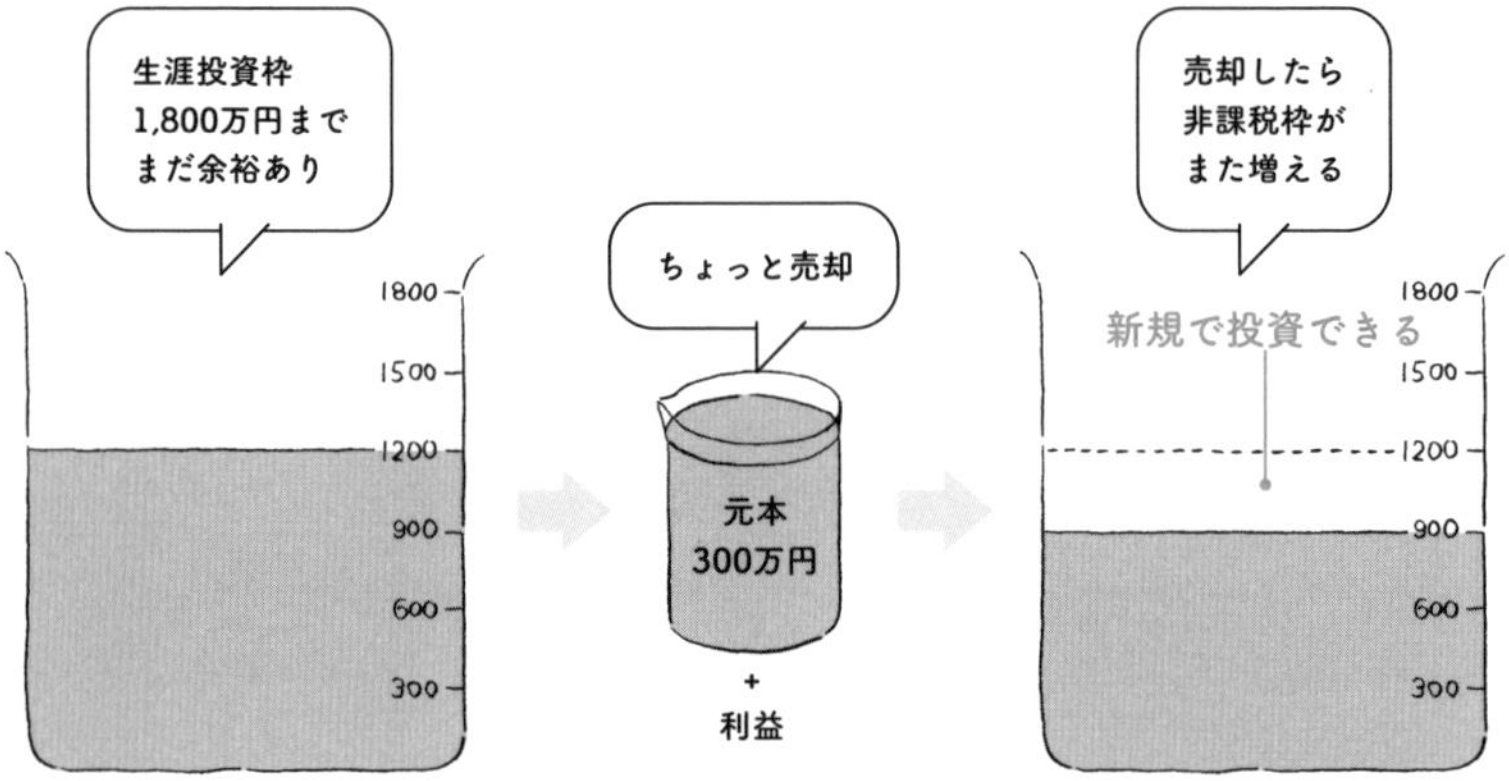

NISAは年360万円までという非課税投資枠とは別に、生涯で1,800万円という上限が設定されています。この生涯投資枠は資産を売却すれば復活し、再び非課税枠を利用できます。必要に応じて資産を売却しても、その後に復活した枠で積立投資を継続できます。

【復活するのは「投資金額」ベース】

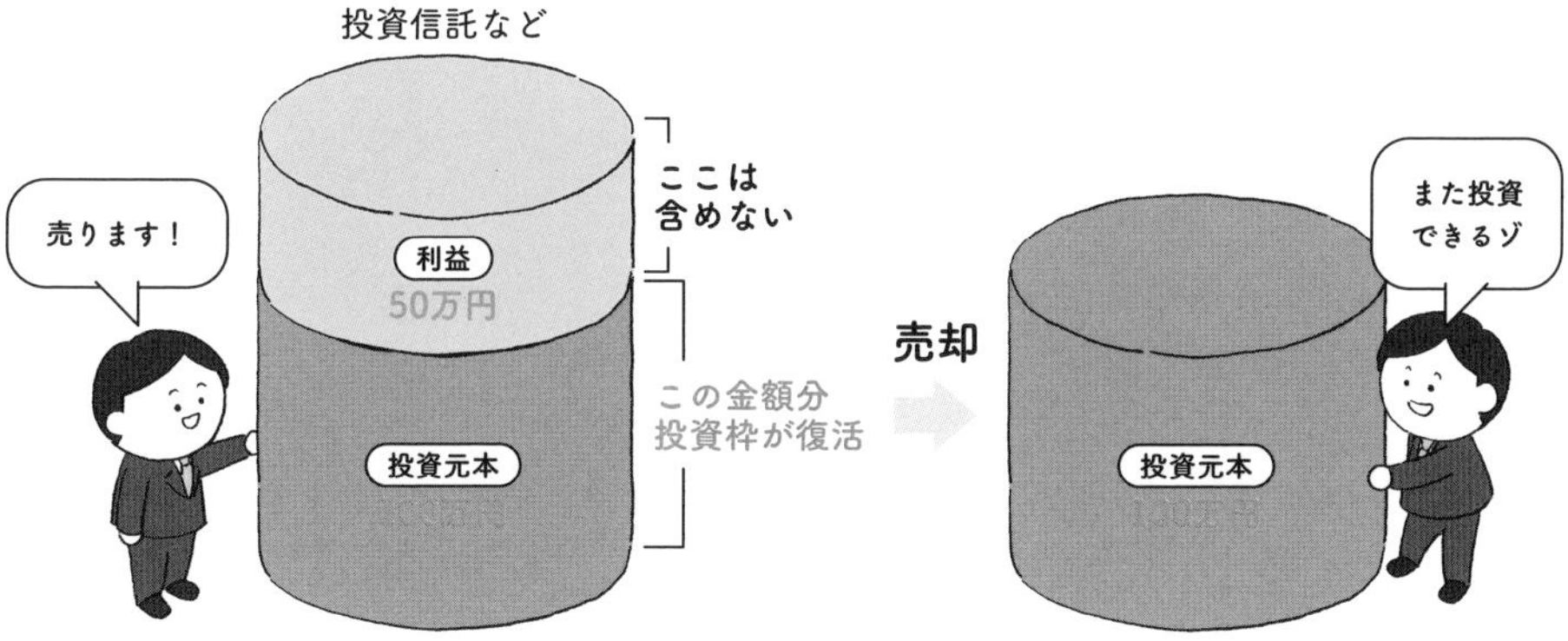

【復活しても年間の上限額は変わらない】

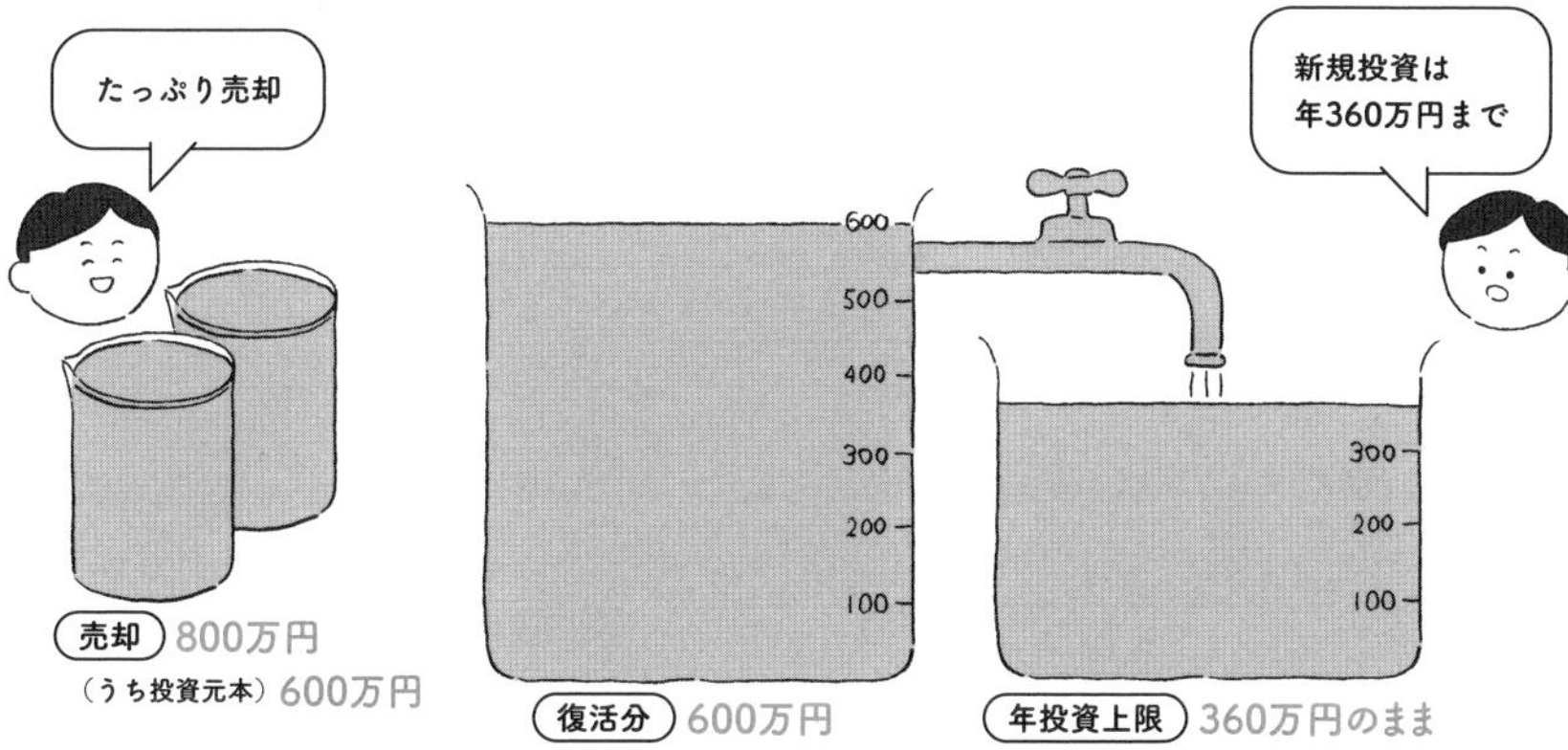

Close Up

投資枠が復活するのは翌年分

例えば100万円分資産を2050年に売却した場合、生涯投資枠が復活するのは翌年の2051年です。100万円のうち投資元本が50万円なら、50万円分だけ復活します。

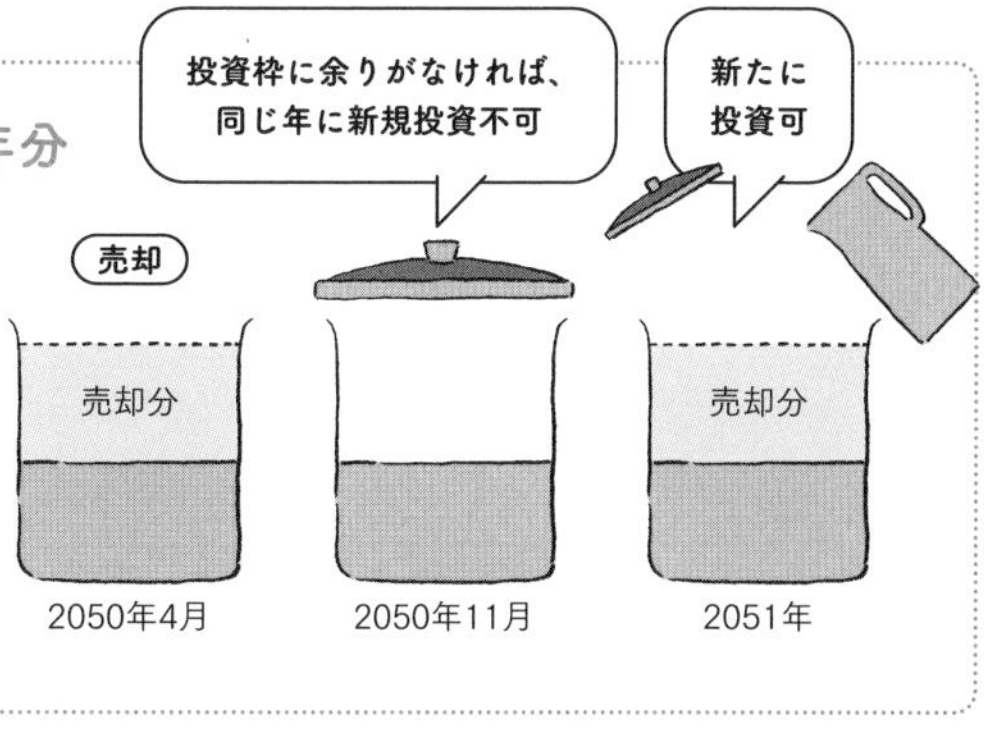

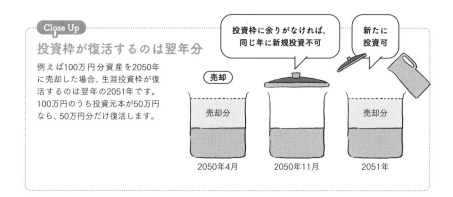

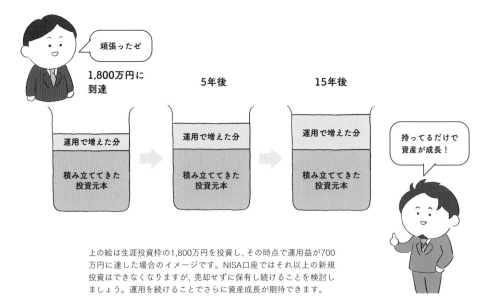

限度額上限に達しても運用は続行

●毎月10万円なら15年後に達成

生涯投資枠の１８００万円という金額は、まだ投資を始めていない人にとっては実感が薄い金額に感じるかもしれません。しかし積立投資の場合、毎月５万円なら30年かかるものの、毎月10万円なら15年後、毎月15万円なら10年後に生涯投資枠上限に達します。

上限に達しても、売却せずに運用は続けましょう。例えば投資元本１８００万円で運用益が７００万円となっていた場合、合計２５００万円の運用を続けると、利回り３％なら10年後には３３６０万円、20年後には４５１５万円と約１・８倍に達します。利回り５％なら、10年後に３１９０万円、20年後に６６３２万円と、約２・７倍に成長します。

また、ＮＩＳＡでの運用だけでなく、余裕があるなら同じ非課税投資制度であるｉＤｅＣｏで積立投資を継続しましょう。さらに余裕があるなら課税口座でも投資することで、資産が増えるスピードはさらにアップするでしょう。

【積み上げた1,800万円はそのまま運用継続する】

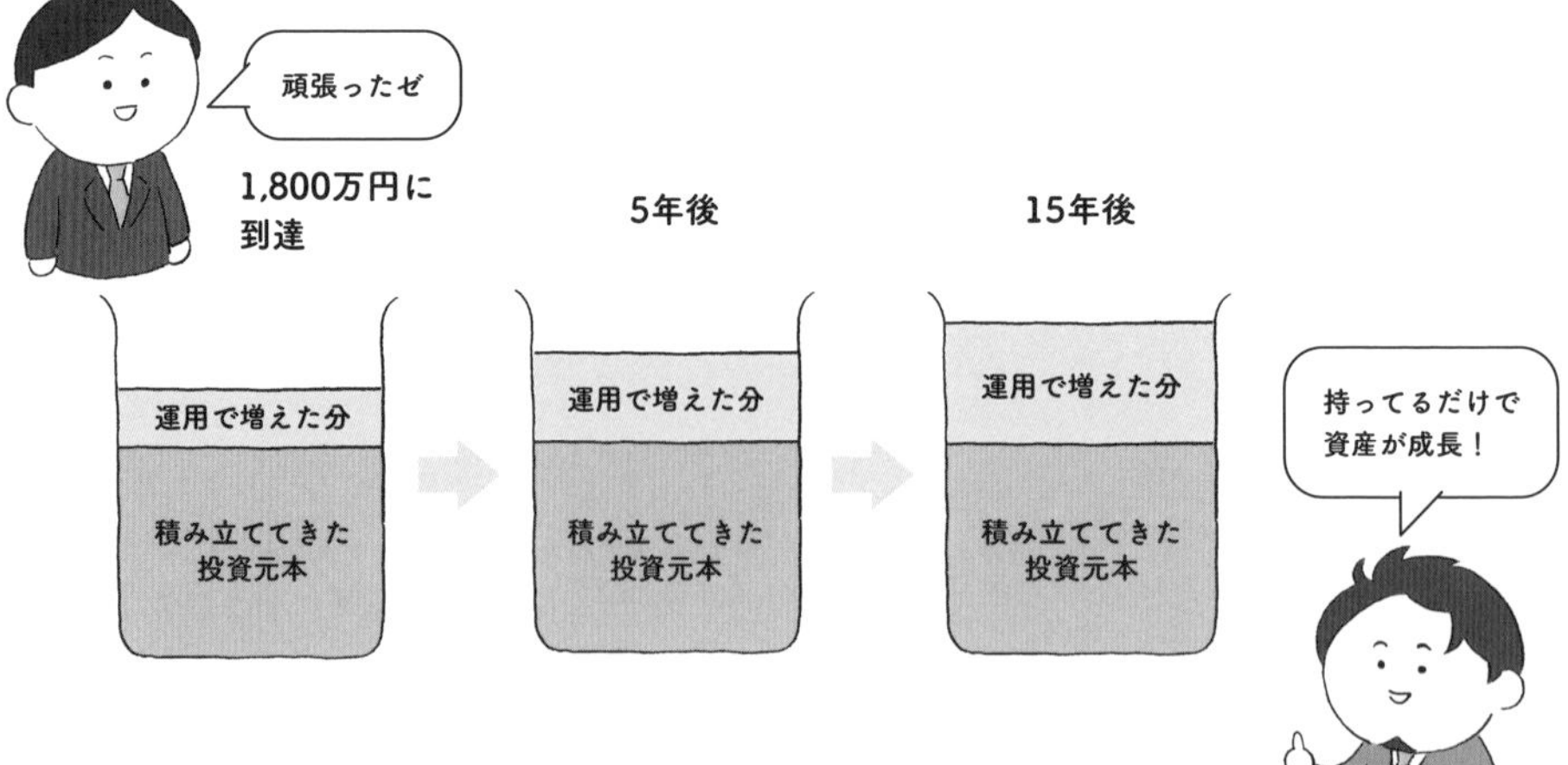
頑張ったぜ
1,800万円に到達
5年後
15年後
運用で増えた分
積み立ててきた投資元本
運用で増えた分
積み立ててきた投資元本
運用で増えた分
積み立ててきた投資元本
持ってるだけで資産が成長！

上の絵は生涯投資枠の1,800万円を投資し、その時点で運用益が700万円に達した場合のイメージです。NISA口座ではそれ以上の新規投資はできなくなりますが、売却せずに保有し続けることを検討しましょう。運用を続けることでさらに資産成長が期待できます。

【2,500万円、運用を続けたらどう増えていく？】

毎年利回り3%で運用できた場合

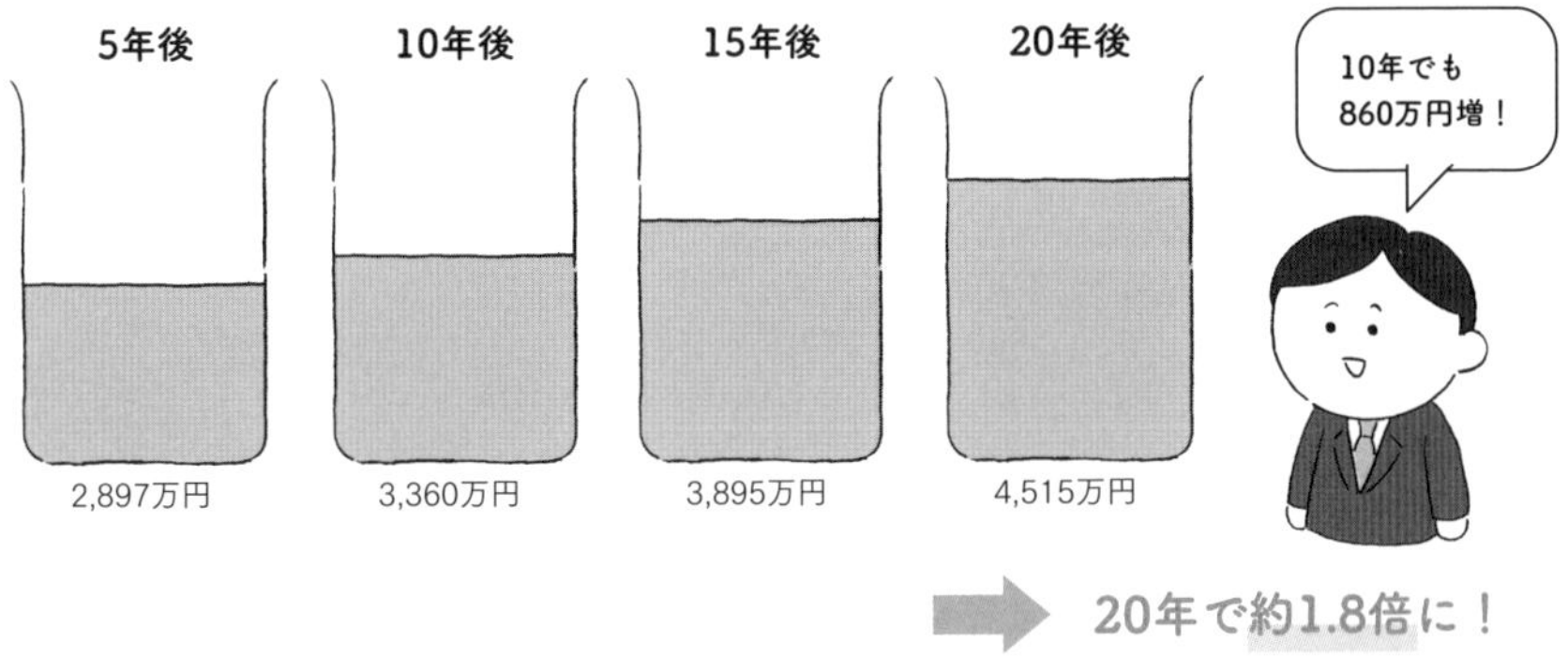
5年後
10年後
15年後
20年後
2,897万円
3,360万円
3,895万円
4,515万円
10年でも
860万円増！
20年で約1.8倍に！

毎年利回り5%で運用できた場合

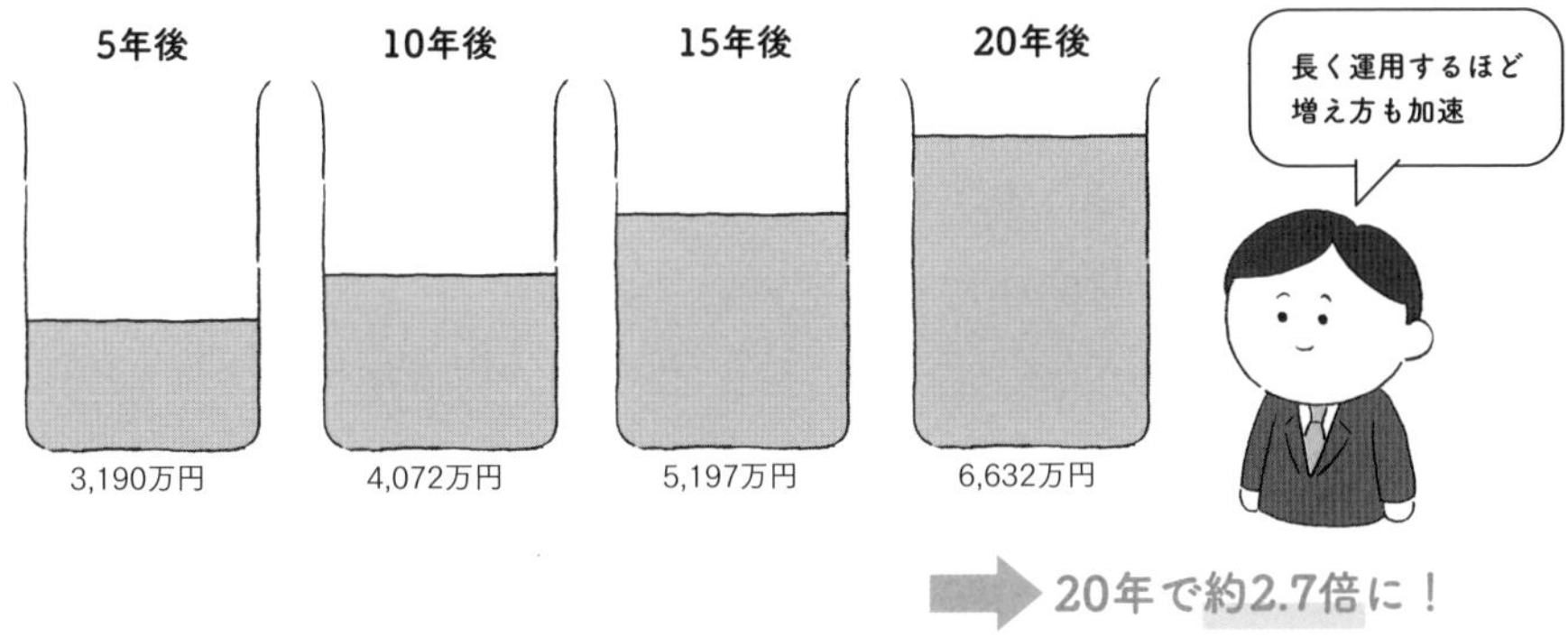
5年後
10年後
15年後
20年後
3,190万円
4,072万円
5,197万円
6,632万円
長く運用するほど
増え方も加速
20年で約2.7倍に！

【iDeCoや課税口座への積立も検討しよう】

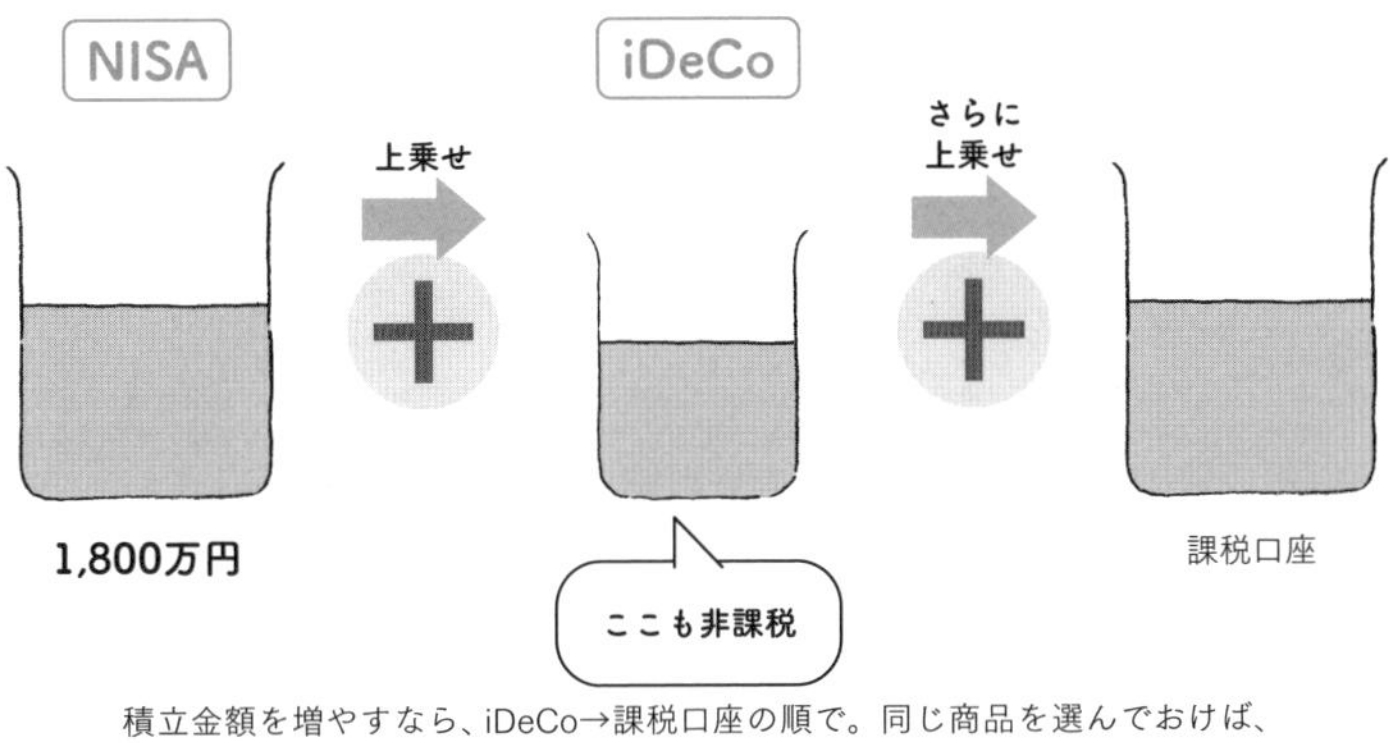
NISA
iDeCo
上乗せ
さらに
上乗せ
1,800万円
ここも非課税
課税口座

積立金額を増やすなら、iDeCo→課税口座の順で。同じ商品を選んでおけば、
運用成果が安定するドルコスト平均法の効果が得られます（22ページ参照）。

コラム 4

「記憶の配当」を引き出す期間を長くする
お金を使うのは若いときのほうが価値がある

若いほど経験価値が高い

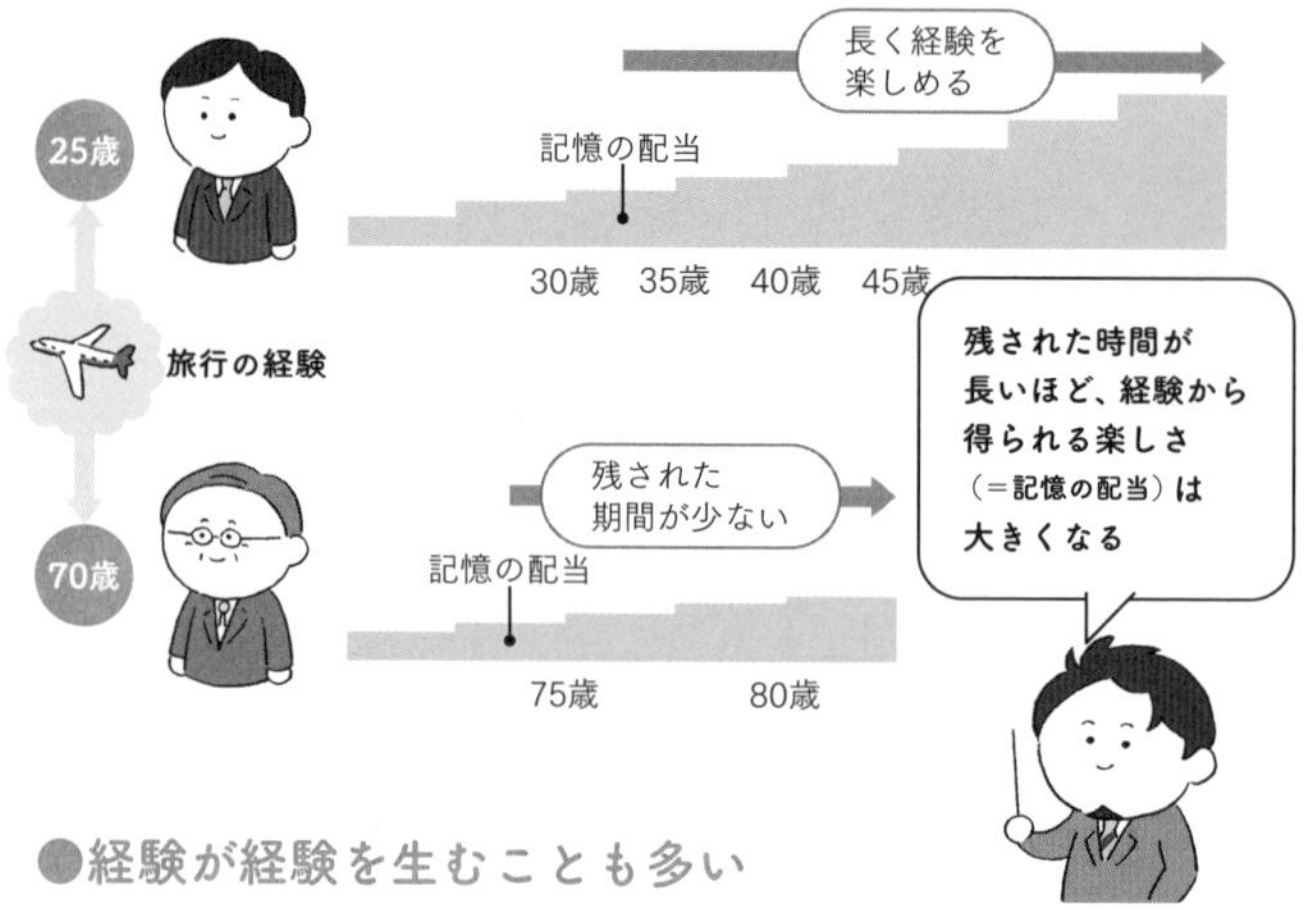

25歳
長く経験を楽しめる
記憶の配当
30歳
35歳
40歳
45歳
旅行の経験
70歳
残された期間が少ない
記憶の配当
75歳
80歳
残された時間が長いほど、経験から得られる楽しさ（＝記憶の配当）は大きくなる

●経験が経験を生むことも多い

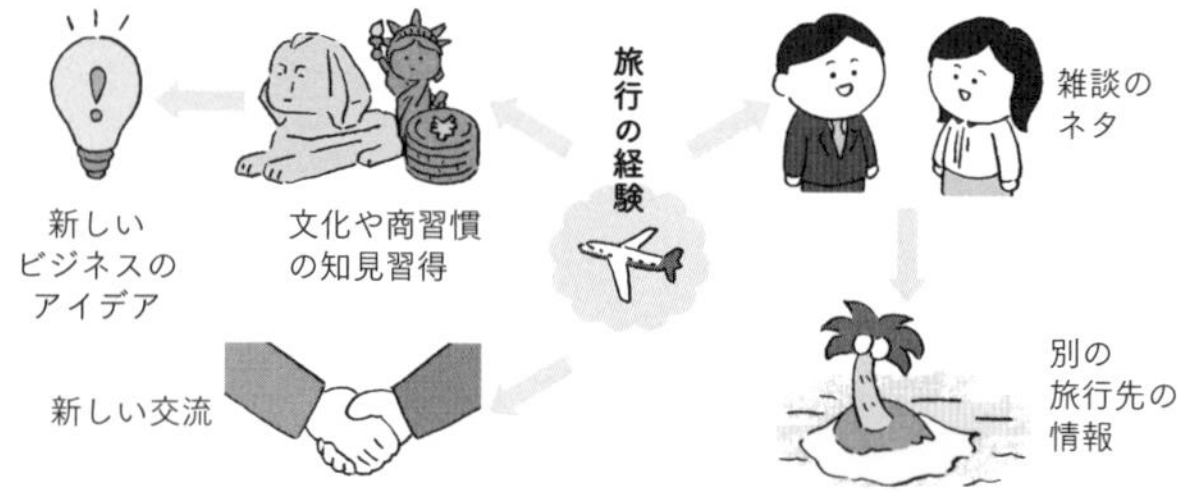

旅行の経験
新しいビジネスのアイデア
文化や商習慣の知見習得
雑談のネタ
新しい交流
別の旅行先の情報

若いうちの経験は次の経験につながることも

人生１００年時代といわれるなか、資産形成の目的は「老後の蓄え」が一般的になりつつあります。しかし、お金はすべて老後に使うために存在するわけではありません。若いときにしかできないことにお金と時間を投資する選択肢も、検討してみましょう。

ビル・パーキンス著『DIE WITH ZERO』では、経験にお金を使うことを説いています。経験から引き出される思い出話や教訓を「記憶の配当」と呼び、若いうちのほうがその後の人生で引き出す期間が長くなります。思い出話を家族や友人、仕事仲間や取引先と共有し、そこから新たな誘いや出会いが生まれれば、「経験が経験を生む」というポジティブな連鎖にも。これは「経験の複利効果」といえます。

また、経験を楽しむ能力は加齢とともに減少するといわれています。例えば同じ世界旅行でも健康でなければ行動範囲が狭まったり、活動時間が短くなったりするものです。それ以外にも、40代以降は前頭葉が萎縮《いしゅく》し、好奇心そのものも低下するといわれています。お金を使う行動を過剰に避け、若いうちにしかできない経験を遠ざけるのは避けたいところです。

経験を楽しむ能力は加齢とともに低下

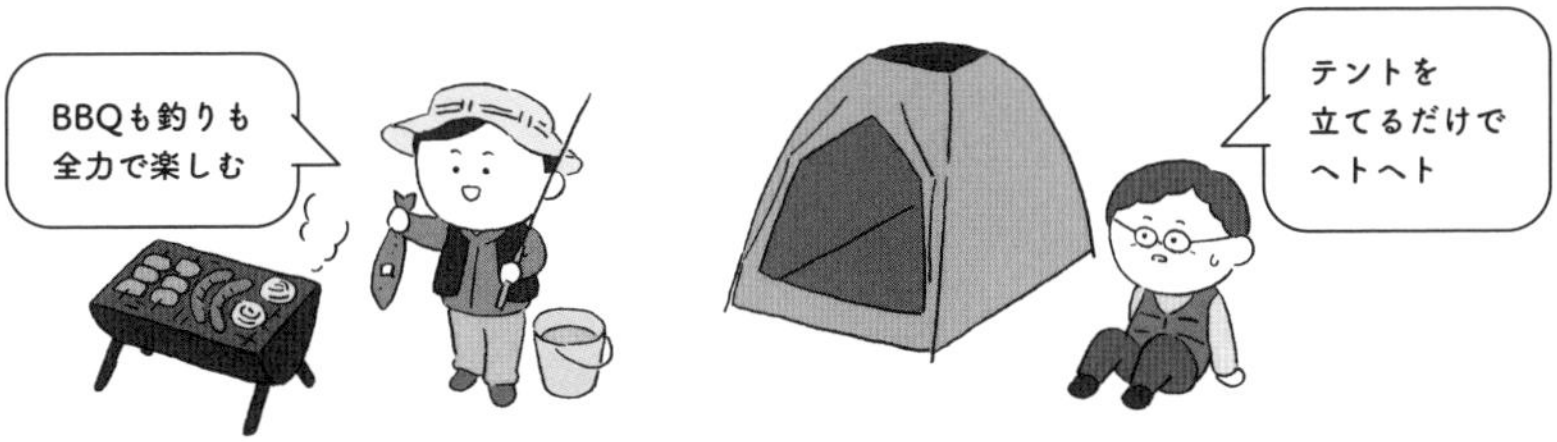

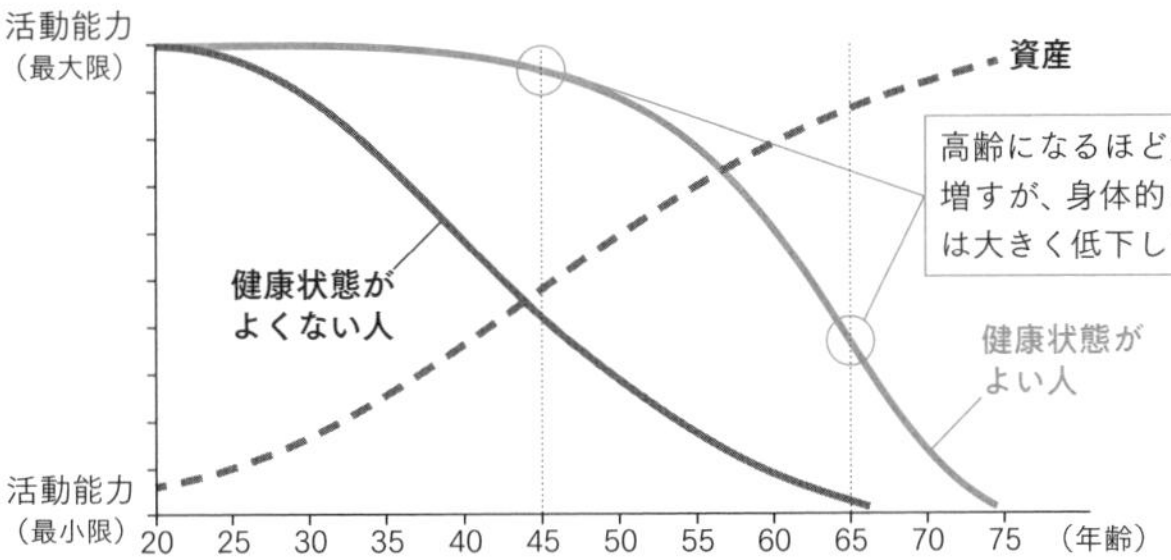

出典：『DIE WITH ZERO 人生が豊かになりすぎる究極のルール』（ダイヤモンド社）

好奇心も40代から衰えていく

［DATA］ 年齢が上がるにつれて
新しい音楽に興味を持たない

（スタンフォード大学の研究やさまざまな調査より）

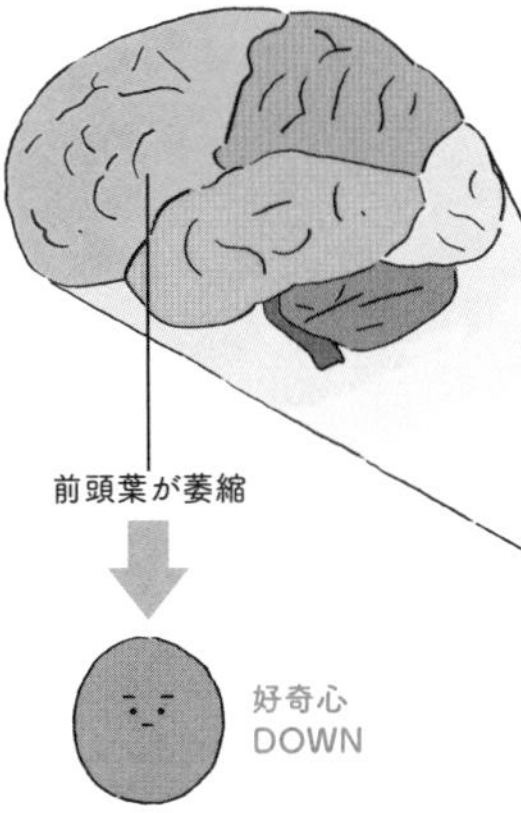

脳の前頭葉は40～50代から萎縮し始めます。スタンフォード大学の研究やさまざまな調査では、加齢とともに、新しい音楽に興味を示さなくなる傾向があることが示唆されています。

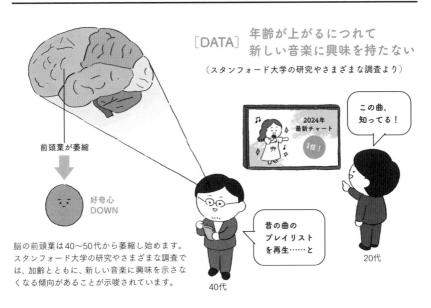

よくあるギモンを
ササッと解決

Q&A

ここからはよくあるNISAや投資の疑問を
Q＆A形式で解説します！

Q1 NISA口座の金融機関は1度決めたら変えられないの？

A1 変えることはできるけれど、その年に1度でも使っていたらできないよ

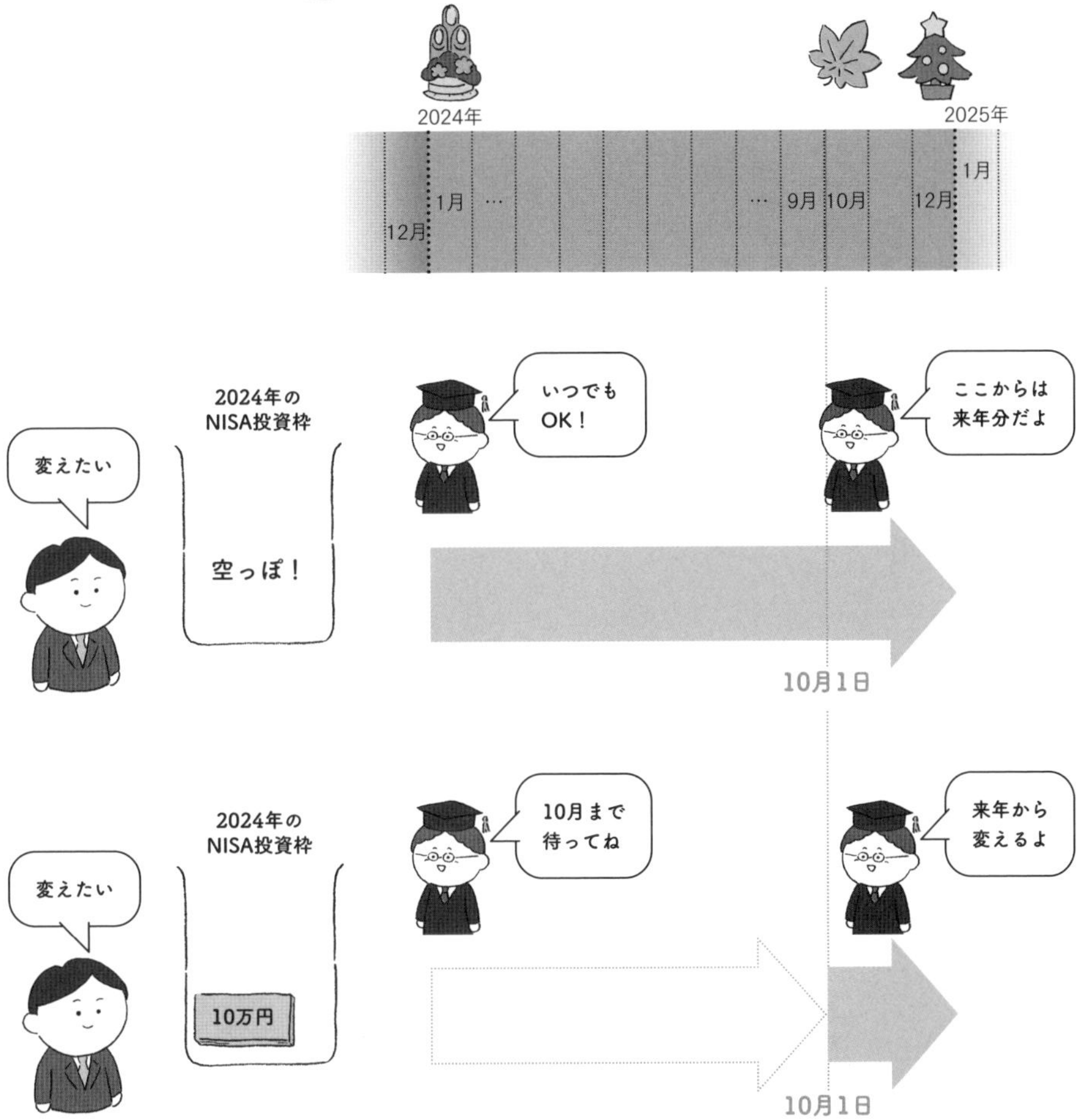

NISA口座は1人につき1つまでしか開設できません。もし、金融機関を変えたい場合は、NISA口座を開設済みの金融機関に申請が必要です。変更申請の期限は、その年のNISA口座の利用状況によって変わります。新規の買い付けをしていない場合はいつでも申請・変更が可能です。ただし、申請が10月1日以降になると、翌年から変更が適用されます。その年にNISAで買い付けをしている場合は年内の変更ができません。10月1日から、翌年分の金融機関変更の申請が可能です。

Q2 旧NISAの資産はどうしたらいい？

A2 新NISAの積立額によっては売却して新NISAに移すのもアリ

ライフイベントの支出は旧NISAから使う

期限があるこっちから
新NISA
非課税期間
無期限
旧NISA
非課税期間
20年
住宅ローン
子どもの学費

お金ちょーだい！
カーローン

新旧NISAの併用中にお金が必要になった場合は、非課税期間に期限がある旧NISAから引き出すのが無難。非課税期間が終わると、旧NISAで運用中の資産は課税口座に移され、以降の利益には税金がかかってしまいます。その前に、資産は使い切るか、1度売却して新NISAの口座で買い直しましょう。

生涯投資枠を使い切れないなら早めに売却&移し替え

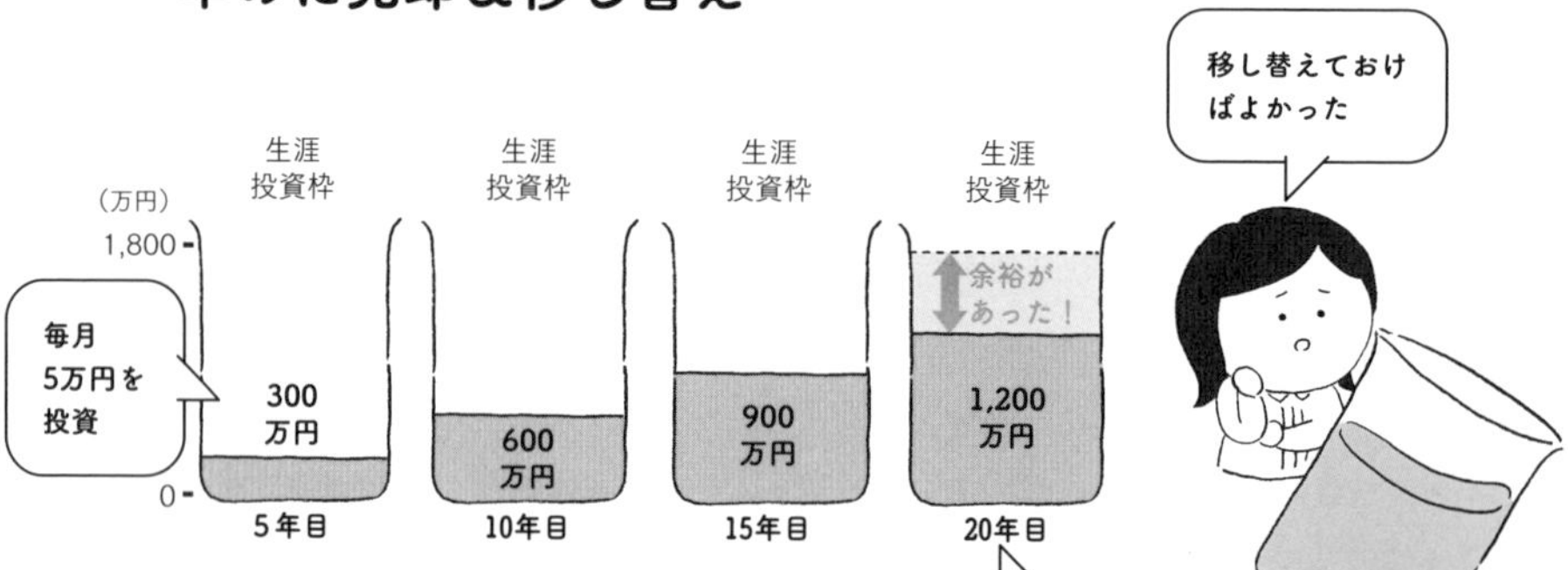

移し替えておけばよかった
(万円)
1,800
0
毎月5万円を投資
生涯投資枠
300万円
5年目
生涯投資枠
600万円
10年目
生涯投資枠
900万円
15年目
生涯投資枠
余裕があった！
1,200万円
20年目

旧NISAは最長でもここで売却
旧NISA

例えば、新NISAで毎月5万円を投資する場合、20年かけても生涯投資枠を使い切ることはできません。また、NISAは年間の投資上限額が決まっているので、1度に移し替えるのは難しい場合もあります。当初から生涯投資枠を使い切れないことが判明しているなら、早めに移し替えるのもアリ。新NISAへの移行が完了すれば、非課税期間の終了を心配する必要もありません。

Q3 iDeCoとNISAはどちらがおすすめ？

A3 まずはNISAを優先

■NISAとiDeCoの違い

NISAは
小回りの利く自転車

気楽にはじめようぜ〜
NISA

【引き出し】いつでも自由
【最低投資額】いくらからでもOK
【税制】運用益が非課税

引き出しやすいし、まずはNISAからやろう！

iDeCoは
目的地までしっかり運ぶ電車

老後の資金を作るよ！
iDeCo

【引き出し】原則60歳まで不可
【最低投資額】最低月5,000円から
【税制】拠出時・運用中・受け取り時に税制優遇がある

所得も多いし、iDeCoで節税しよう

iDeCo（個人型確定拠出年金）は自分が拠出した掛金を、自分で運用し、資産を形成する年金制度です。運用中の利益が非課税になる点はNISAと同じですが、iDeCoはさらに掛金が所得控除の対象となり、所得税や住民税が軽減されるほか、受取時も一定額までなら非課税となります。ただし、iDeCoは老後に向けた資産形成が目的であるため、原則60歳まで引き出しは不可。また、運用中は一定の手数料もかかります。どちらか一方の利用を考えているのなら、まずは自由度の高いNISAから始めるのがおすすめです。

Q4 50歳からのNISAってもう遅い？

A4 50歳から始めても資産形成は十分間に合う！！

■投資元本の増加イメージ

50～60代はお金の最後の貯めどき！

新NISAは50代からでも決して遅くありません。いまは70歳まで働ける労働環境が整っています。収入がある間は資産形成もしやすいでしょう。働くのをやめたあとも、資産運用はすぐ終了せず、運用しながら取り崩すことで資産寿命を延ばすことができます。また、子育てがひと段落した人であれば、より多くの金額を投資に回せるようになるでしょう。50代から退職までは、お金の最後の貯めどきです。50代は、その貯めどきに新NISAで節税のメリットを生かしながらお金を増やせる世代なのです。

Q5 円安ってよく聞くけれど、投資はやめておいたほうがいいの？

A5 世界経済は成長中だから気にせず投資してOK！

為替の未来は
どっち？
円安？
円高？

年３～４%ずつ
大きくなっています

2024年の世界人口は80億人、
2058年には100億人に達する見込み

投資した方が
利益になるね
円高・円安は
あまり気にしなくて
OK！

投資家

外貨から見て日本円の価値が低くなることを「円安」、高くなることを「円高」といいます。例えば同じ１ドル分の外国株式に投資する場合でも、円安が進むとより多くの円が必要になります。相対的に、海外への投資が不利になるということです。とはいえ、日々変動する円高・円安を気にしてもあまり意味はありません。世界経済は人口増大に伴い、年３～４%のペースで着実に成長しています。目先の小さな為替レートに一喜一憂するのではなく、長期の視点で大きな資産形成に取り組むことが大切です。

頼藤 太希（よりふじ　たいき）
マネーコンサルタント

株式会社Money&You代表取締役。中央大学商学部客員講師。慶義塾大学経済学部卒業後、外資系生保にて資産運用リスク管理業務に6年間従事。2015年に創業し現職へ。ニュースメディア「Mocha（モカ）」、YouTube「Money&YouTV」、Podcast「マネラジ。」、Voicy「1日5分でお金持ちラジオ」、書籍、講演などを通じて鮮度の高いお金の情報を日々発信している。『はじめての新NISA&iDeCo』（成美堂出版）、『定年後ずっと困らないお金の話』（大和書房）、『マンガと図解 はじめての資産運用』（宝島社）など書籍90冊、累計150万部超。日本証券アナリスト協会検定会員。宅地建物取引士。ファイナンシャルプランナー（AFP）。

X（旧Twitter）→ @yorifujitaiki

制作：ペロンパワークス
デザイン：平塚兼右（PiDEZA Inc.）、加藤雄一
イラスト：みの理

イラストを見《み》るだけでわかる新NISA《しんニーサ》

2024年5月25日　初版発行

著　　者　頼藤太希《よりふじたいき》
発 行 所　株式会社 二見書房
東京都千代田区神田三崎町2-18-11
電話　03（3515）2311［営業］
振替　00170-4-2639
印　　刷　株式会社 堀内印刷所
製　　本　株式会社 村上製本所

落丁・乱丁本はお取り替えいたします。
定価は、カバーに表示してあります。

ISBN978-4-576-24034-3